W0060226

Knaur.

Knaur.

Über die Autorin:

Rachel Swift ist das Pseudonym der bekannten britischen Wissenschaftlerin und Autorin Dr. Dido Davies. Sie wurde 1953 in London geboren, studierte Philosophie und Englische Literaturwissenschaften und lehrt an der Universität von Cambridge.

Rachel Swift

Ich komme, wann ich will

Die Geschichte mit dem O –
Wege zum weiblichen Orgasmus

Aus dem Englischen von
Eva Malsch

Knaur Taschenbuchverlag

Die englische Originalausgabe erschien 1993 unter dem Titel
»Women's Pleasure« bei Pan Macmillan Publishers, London.

Von Rachel Swift ist außerdem erschienen:
Wie Sie absolut einzigartig umwerfend schön sein können.

Besuchen Sie uns im Internet:
www.knaur.de

Vollständige Taschenbuchausgabe 2003
Knaur Taschenbuch. Ein Unternehmen der Droemerschen Verlagsanstalt
Th. Knaur Nachf. GmbH & Co. KG, München
Dieser Titel erschien bereits unter dem Titel »Die Geschichte mit dem O«
mit der Bandnummer 77207 und unter dem Titel
»Wege zum weiblichen Orgasmus« mit der Bandnummer 87120.
Copyright © 1993 Rachel Swift
Copyright © 1994 der deutschsprachigen Ausgabe
Ernst Kabel Verlag, Hamburg
Alle Rechte vorbehalten. Das Werk darf – auch teilweise –
nur mit Genehmigung des Verlages wiedergegeben werden.
Umschlaggestaltung: ZERO Werbeagentur, München
Umschlagabbildung: Stefan May
Druck und Bindung: Nørhaven Paperback A/S
Printed in Denmark
ISBN 3-426-62320-X

2 4 5 3

Inhalt

Teil I

1
Was für ein Buch ist das?

Ein Buch, das ich aus reiner Selbstsucht geschrieben habe. Ich bin eine Durchschnittsfrau über Dreißig, die bis vor kurzem keinen Orgasmus beim Sex mit einem Partner erlebt hat. Alles stimmte mit mir. Ich haßte Sex nicht, fand meine Bettgefährten nicht abstoßend, hatte keine unüberwindlichen psychischen Schwierigkeiten mit Männern oder Penissen, und es fiel mir auch nicht schwer, mich gehenzulassen. In körperlicher und seelischer Hinsicht war ich eine normale Frau. Trotzdem blieb mir der schlichte Genuß eines Orgasmus beim Koitus versagt.

Eines Tages, nach einer besonders frustrierenden Begegnung, hatte ich's satt, mit Männern zu schlafen, die problemlos zum Höhepunkt kamen, während mir nichts anderes übrigblieb, als ins Bad zu schleichen und mich heimlich selbst zu befriedigen. Deshalb beschloß ich zu *lernen*, einen Orgasmus herbeizuführen, *wann immer ich einen wollte*. Dieses Buch schildert, wie mir das gelungen ist. Es ist ein einfacher Selbsthilfekurs, der Ihnen zeigen wird, wie Sie so viele Orgasmen haben können, wie Sie möchten, wann immer Sie es wünschen, mit oder ohne volle Kooperation Ihres Partners.

Wer sollte dieses Buch lesen? Jede Frau auf der Welt – und der Mann jeder Frau. Wenn Sie noch nie einen Orgasmus hatten, können Sie diesem Buch entnehmen, was Sie tun müssen, um einen zu bekommen. Wenn Sie nur manchmal einen hatten, werden Sie erfahren, wie sich die Anzahl verdoppeln läßt. Und wenn Sie enthaltsam leben, finden Sie viele Fakten und Anekdoten, die Sie vor dem Einschlafen amüsieren werden. Falls Sie ein Mann sind, werden Sie einiges dazulernen, sollten Sie das Bedürfnis haben, alle erotischen Wünsche einer Frau zu erfüllen.

Dieses Buch enthält auch meine eigene, im großen und ganzen positive Geschichte, teils komisch, teils schockierend. Es stammt von keinem unpersönlichen Arzt oder sanftmütigen Therapeuten, sondern von einer Unzufriedenen, die es geschafft hat, ihr Problem zu lösen. Mit anderen Worten, es befaßt sich mit der Realität, nicht mit Idealen, mit Sex, wie er wirklich ist, nicht mit den Ansprüchen, die gewisse Sachbücher an ihn stellen.

Was ist ein Orgasmus?

Manche Leute betrachten den Orgasmus als das intensivste Gefühl körperlicher Lust. Wenn sie ihn beschreiben, drücken sie sich sehr poetisch aus und verwenden Worte wie »schwebend«, »pulsierend«, »glühend«, »eine wilde Ekstase von Liebe, Energie und Gefühlen«, »Schmetterlinge in meinem Bauch«, »heiß«, »wunderschön und vital«, »schmelzend«, »elektrische Wellen, die durch meinen Körper strömen«, »üppig, betörend und sinnlich«, »alles in mir scheint zu brennen«, »ein ebenso spirituelles wie physisches Erlebnis« ... Und natürlich will man »immer mehr« davon.

Das Wort wurde vom griechischen *organ* abgeleitet, das »anschwellen« bedeutet. Das *Oxford English Dictionary* definiert den Orgasmus als »Paroxysmus des Verlangens, der Raserei oder einer anderen Leidenschaft«. Ohne in eine allzu technische Sprache zu verfallen, beschreibt man ihn vielleicht am besten als jenen kurzen Augenblick, der zum höchsten Gipfel sexueller Lust führt, gefolgt von einem angenehmen, möglicherweise sogar überwältigenden Gefühl der Erleichterung. Orgasmen konzentrieren sich auf die Genitalien, strahlen aber, wie die oben zitierten Äußerungen zeigen, auf den ganzen Körper aus. Viele Leute empfinden sie wie Wellen, die zwischen mehreren Emotionen korrespondieren.

Es stimmt, daß Orgasmen, vor allem die weiblichen, in ihrer Intensität stark variieren. Manchmal bewirken sie nur sanfte, sogar enttäuschende Gefühle. Einige Frauen wissen nicht einmal, ob sie jemals einen Orgasmus erlebt haben, aber das ist ungewöhnlich.

Aber die Frage »Was ist ein Orgasmus?« läßt sich noch anders beantworten. Für viele Frauen stellt er ein nervenaufreibendes Schlachtfeld dar. Der Höhepunkt eines Mannes wird oft als notwendige Konsequenz von gutem Sex betrachtet, während der Orgasmus der Frau als Glücksfall gilt, als angenehme Draufgabe. Wenn sie ihn rechtzeitig kriegt – okay. Und wenn sie zu langsam oder zu verkrampft ist oder der Sex unzulänglich war, braucht man sich nicht den Kopf darüber zu zerbrechen. Weil es für einige Frauen schwierig ist, einen Orgasmus zu erreichen, kann er sich zu einem unerschöpflichen Thema entwickeln. Und das Problem läßt sich keineswegs mit der stillschweigenden Andeutung lösen, wenn eine Frau heutzutage nicht rechtzeitig zu einem erdbebenartigen Höhepunkt gelange, mit möglichst viel Gestöhne und Gekeuche, entspreche sie nicht den Anforderungen.

Warum die allgemeine Konzentration
auf den Orgasmus?

Eine gute Freundin, die wußte, daß ich dieses Buch schrieb, stellte mir eine sachdienliche Frage: »Ist es wirklich eine gute Idee, ein Buch zu verfassen, das sich ausschließlich mit dem Orgasmus beschäftigt? Immerhin ist er nur eines von zahlreichen Elementen, aus denen die Sexualität besteht, und zu einer Beziehung gehört viel mehr.«

Ich stimmte ihr voll und ganz zu. Niemals würde ich die Liebe unterschätzen, die Zärtlichkeit, die feste Bindung zwischen Mann und Frau, das Verständnis, das sie füreinander aufbringen sollten. Das sind die wesentlichen Faktoren einer erfolgreichen Beziehung und auch die besten Voraussetzungen für guten Sex. Aber über solche Dinge will ich mich nicht äußern. Jeder soll seine Partnerschaft auf seine eigene besondere Weise gestalten, da mische ich mich nicht ein. Was hingegen den Orgasmus betrifft, kann ich hilfreiche Ratschläge erteilen. Ich kenne die Probleme, die viele Frauen quälen, aus persönlicher Erfahrung, und ich weiß auch aus persönlicher Erfahrung, wie ihnen zu helfen ist.

»Ist der Orgasmus wirklich so wichtig?« fuhr meine Freundin fort. »Unzählige Frauen führen auch ohne ihn ein glückliches, erfülltes Leben.«

Auf diese Einstellung stieß ich während meiner Recherchen und meines Trainings sehr oft, und ich finde, sie geht am Kern der Sache vorbei. Ich glaube, für sexuell aktive Frauen ist der Orgasmus ein wesentliches Thema, zumindest etwas, das wir nicht einfach vergessen können. Eine ebenfalls betroffene Geschlechtsgenossin sagte dazu: »Ich sehe, wie *er's* Tag für Tag hinkriegt, und *selbstverständlich* bedeutet es auch mir sehr viel. Dieses Gefühl will ich mit ihm teilen.« Eine andere meinte: »Man muß taub, dumm oder blind sein, wenn man nicht an den Orgasmus denkt. Heutzutage wird *überall* von Sex geredet. Warum sollten wir Frauen uns mit dem Zweitbesten begnügen, wo wir doch über ein so großes Potential verfügen?«

In einer Gesellschaft, in der das Thema Orgasmus tatsächlich von Filmen, Büchern und unbefriedigenden sexuellen Erlebnissen ständig in den Mittelpunkt gerückt wird, wäre es vermessen von mir, so zu tun, als könnte ich den *status quo* mit der Forderung ändern, die Frauen dürften den Orgasmus nicht so ernst nehmen. Statt dessen werde ich zeigen, daß die Schwierigkeiten mit dem Orgasmus nicht so schlimm sind und wie man sie meistern kann, wenn man will. Shere Hite hat dreitausend Frauen in allen Altersgruppen zwischen vierzehn und achtundsiebzig interviewt und zitiert zahlreiche Aussagen von Befragten, die sich ohne Orgasmus »deprimiert«, »nervös«, »betrogen und neidisch«, »weniger begehrenswert«, »unvollkommen«, »frustriert«, »verunsichert« et cetera fühlen. Daraus schließt sie: »Fast jede Frau, die keinen Orgasmus bekommt, wünscht sich einen.«

Obwohl ich nicht behaupte, der Orgasmus sei für guten Sex unabdingbar, glaube ich, daß er für die Frauen als *Möglichkeit* wichtig ist. Um einen Vergleich anzuführen: Während den Frauen eine fundierte Ausbildung verweigert wurde, hielt man sie für Schwachköpfe. Erst seit sie studieren können, beweisen sie, daß sie die gleiche Intelligenz besitzen wie die Männer. So ähnlich ist es mit dem Orgasmus. Der Mythos von der überlegenen männlichen Sexualität lebt weiter – allein darum, weil viele Frauen einfach keine *Gelegenheit* finden, ihr großes sexuelles Potential auszuschöpfen.

Diese oder jene Frau mag beschließen, nicht nach höherer Bildung zu streben und nicht bei jedem Koitus auf einem Orgasmus zu bestehen. Aber wir alle müssen ihn erst einmal kennenlernen, ehe wir entscheiden, ob wir ihn brauchen oder nicht. Wenn wir alles darüber gelernt haben, *dann* können wir bestimmen, welche Rolle er in unserem Leben spielen soll.

Mein Partner

Obwohl mein Buch aus reiner Selbstsucht entstanden ist, führt es zu einem uneigennützigen Ergebnis. Ein befriedigendes Sexualleben wirkt sich günstig sowohl auf die individuelle Persönlichkeit als auch auf Beziehungen aus. Sexuelle Unzufriedenheit kann nämlich starke emotionale und zwischenmenschliche Spannungen auch außerhalb des Schlafzimmers verursachen.

Dieses Buch ist für Paare, die seit fünfunddreißig Jahren verheiratet sind, ebenso wertvoll wie für Leute, die jede Woche ihre Partner wechseln. In erster Linie erklärt es den Frauen, wie sie sich selbst helfen können. Deshalb erfordern die Übungen keinen stets verfügbaren, willigen Partner. Schauen wir den Tatsachen ins Gesicht – nicht jede Frau hat einen solchen Mann. Einen Großteil des Programms, vor allem die wichtigen ersten Schritte, muß die Frau allein absolvieren. Die späteren kann sie bewältigen, ohne den Partner merken zu lassen, daß sie einem Trainingsprogramm folgt. Ich erkläre Ihnen, wie Sie Ihren Mann dazu bringen können, unwissentlich zu kooperieren. Das Endergebnis wird für *Sie beide* solche kleinen Tricks wert sein.

Die Frauen mit einem geduldigen, liebevollen Partner stehen vor der Wahl, ob sie ihn in das Trainingsprogramm einbeziehen sollen oder nicht. Denken Sie gründlich darüber nach! Es könnte Sie beunruhigen und verwirren, eine Person vom anderen Geschlecht an einer so sensitiven, intimen Angelegenheit zu beteiligen. Wenn Ihr Mann besonders verständnisvoll ist und alles tut, worum Sie ihn bitten, bekommen Sie vielleicht Schuldgefühle und möchten ihn nicht enttäuschen. Mag er auch ein idealer Partner sein – wenn er weiß, daß Sie sich um einen Orgasmus bemühen, könnten seine Erwartungen Ihnen das unbehagliche Gefühl vermitteln, Sie würden sich wie auf einer Bühne produzieren. Eine besonders enge Beziehung würde Sie womöglich sogar hemmen, so paradox das auch klingt. Außerdem – wenn Sie mit einem Idealmann zusammenleben, haben Sie ihm vielleicht gelegentlich Orgasmen vorgespielt, und das würde peinliche Erklärungen erfordern. Aber falls Sie glauben, die Mithilfe Ihres Partners wäre vorteilhaft, ziehen Sie ihn ins Vertrauen.

Am besten absolvieren Sie das Programm in den ersten drei oder vier Stadien allein, und dann entscheiden Sie, ob Sie Ihren Partner einweihen wollen. Angesichts Ihrer großen Fortschritte werden Sie es vielleicht wichtig finden, mit ihm darüber zu sprechen. Oder Sie ziehen es vor, Ihr Geheimnis für immer zu bewahren. Die Wahl liegt bei Ihnen.

Wie benutze ich dieses Buch?

Viele Frauen – und hoffentlich auch Männer – werden sich damit begnügen, mein Buch einfach nur zu lesen wie jedes andere. Jeder kann darin etwas finden, das ihn interessiert. Wer sich am Selbsthilfeplan orientieren will, sollte folgendes berücksichtigen: Egal, an welchem Punkt Sie anfangen, meine Methode zielt darauf ab, Ihr Selbstvertrauen aufzubauen und Sie ganz allmählich in die Techniken einzuführen, so daß Sie in einem vernünftigen Tempo Fortschritte machen. Jede Phase wird mit einem bestimmten Teilerfolg abgeschlossen, und ich empfehle Ihnen, nach jedem Stadium *zu feiern*. Dann werden Sie in ausgezeichneter Stimmung und bereit sein, den nächsten Schritt zu wagen.

Während ich meinen Plan stufenweise entwickelte, gab ich meine Tips und Erkenntnisse an Freundinnen und Bekannte weiter. Diese »Versuchskaninchen«, zwischen siebzehn und einundsechzig Jahre alt und aus unterschiedlichen Gesellschaftsschichten, meldeten mir großartige Erfolge. In diesem Buch werden sie für sich selbst sprechen.

Ich zog auch die beiden großen Werke von Shere Hite zu Rate, die Hite Reports über die weibliche und die männliche Sexualität, um klarzustellen, daß gewisse Punkte keine schrulligen Ideen von mir selber sind, sondern Meinungen, die von einigen tausend Personen vertreten werden. Shere Hites Recherchen waren ungewöhnlich breit gefächert. Sie befragte nicht nur dreitausendfünfhundert Frauen, sondern auch über siebentausend Männer, zwischen dreizehn und neunundsiebzig Jahren alt. Diese beiden Bücher kranken nicht an jener Unpersönlichkeit und wissenschaftlichen Gefühllosigkeit, die viele solcher Studien kennzeichnen. Shere Hites Fragen und Kommentare sind intelligent und umfassend, aber keineswegs übervorsichtig, und sie weisen niemals auf ihre persönlichen Vorlieben oder Abneigungen hin. Sie läßt alle Leute ausführlich antworten und verlangt nicht, daß sie sich auf ein Ja oder Nein beschränken. Aber sie ist ja auch eine Frau ...

$\ominus$

Dieses Buch enthält achtzehn Kapitel.

Teil 1: Die ersten vier Kapitel erfüllen die Funktion einer Einleitung. Ihre Lektüre ist wichtig, damit Sie den Sinn des

Programms verstehen, die Motivation, die dahintersteckt, und den Stil, in dem es dargelegt wird.

Teil II: Das fünfte Kapitel ist eine Vorbereitung auf das Lernprogramm und enthält unter anderem sehr persönliche Fragen zu einigen in diesem Buch behandelten Themen. In den Kapiteln sechs bis dreizehn wird das Programm vorgestellt, in sechs Haupt- und zwei Nebenstufen. Falls das kompliziert klingt, lassen Sie mich versichern, daß diese Stufen flexibel angeordnet sind und Ihren persönlichen Bedürfnissen angepaßt werden können. Lesen Sie diese Kapitel genau durch, um sich ein Bild von der Funktionsweise des Programms zu machen und festzustellen, ob Sie irgend etwas an der sexuellen Beziehung zu Ihrem Partner ändern und Vorbereitungen für die nächsten Stufen treffen sollten, in denen seine Anwesenheit erforderlich ist.

Die Hauptstufen müssen sorgfältig und der Reihe nach absolviert werden. So wie beim Erlernen einer Sprache müssen Sie jeden Schritt gründlich einüben, bis Sie ihn restlos beherrschen. Am Ende wird sich die Geduld lohnen.

Wenn Sie eine Stufe perfektioniert haben, gehen Sie zur nächsten weiter. *Aber hören Sie nicht mit den Übungen der vorangegangenen auf!* Während des ganzen Programms sollten Sie Ihre Errungenschaften festigen, auch wenn Sie neue Fertigkeiten lernen.

Die Nebenstufen können nach der zweiten Hauptstufe jederzeit eingeführt werden. Das hängt davon ab, wann Sie sich damit befassen wollen.

Teil III: Die restlichen Kapitel erörtern verschiedene Themen, die mit dem weiblichen Orgasmus zusammenhängen. Lesen Sie, was immer Ihnen wichtig erscheint, ehe Sie mit dem Programm beginnen.

Die Fähigkeit, einen Orgasmus zu bekommen, *wann immer* Sie es wünschen, erzielt durch sorgfältiges Training, wird

Ihnen erhalten bleiben. So wie das Radfahren, das man ebenfalls nie verlernt. Hin und wieder werden Sie Ihre Geschicklichkeit auffrischen müssen, indem Sie alte Übungen wiederholen. Gelegentliche Umstände können Ihnen Schwierigkeiten bereiten – zum Beispiel ein selbstsüchtiger, rüpelhafter Bettgefährte oder zu viele Gläser Sekt. Aber sobald Sie die Kunst des Orgasmus beherrschen, werden Sie Ihr Leben lang Freude daran finden.

2
Meine Geschichte

In meine Schule ging ein ziemlich unsympathisches Mädchen namens Sophy. Sie hatte »fortschrittliche« Eltern und war Präsidentin des Liebesclubs. Die Clubmitglieder mußten die Bücherregale ihrer Eltern nach allem absuchen, was von »Liebe« handelte, und am nächsten Tag trafen sie sich hinter einem Baum auf dem Sportplatz, um einander besonders aufregende Texte zu zeigen.

»Leidenschaftlich packte er sie««, las Lorna eines Tages aus einem zerfledderten Taschenbuch vor, das sie im Arbeitszimmer ihres Vaters gestohlen hatte. »Seine Hand glitt langsam über ihren Hals, und sie spürte seine pulsierenden Lippen …‹«

»Igitt!«

»Halt den Mund!«

»Das steht wirklich da. Schaut mal – ›seine pulsierenden Lippen‹.«

»Mir wird ganz übel.«

In solchen niveauvollen Augenblicken degenerierten die Versammlungen des Liebesclubs für gewöhnlich zu heftigen Streitigkeiten oder Lachkrämpfen. Aber diesmal beugte sich Sophy vor und lächelte überlegen. »Ich wette um eine halbe Packung Toffees, daß ihr nicht wißt, was ein Orgasmus ist.«

»Wenn das irgendwas mit pulsierenden Lippen zu tun hat, geh ich nach Hause.«

»Wie buchstabiert man das?« fragte ich, um das Protokoll auf dem laufenden zu halten.

Lorna feilschte um den Preis. Schließlich einigte man sich, und Sophy senkte ihre Stimme. »Also, ein Orgasmus passiert, wenn der Vater in der Mutter aufs Klo geht.«

Wir brüllten vor Schreck.

Bei einer späteren Versammlung verkündete Sophy – eine Autorität in allen ausgefallenen Dingen –, sie wisse, was Männer und Frauen *wirklich* tun würden, wenn sie allein seien.

»Was denn?« Wir drängten uns um sie herum.

»Sie legen sich verkehrt aufs Bett und lecken einander ab.«

»*Was?*« schrien wir entsetzt im Chor.

»Ich *weiß* es«, erwiderte Sophy. »Ich *hab's gesehen.*«

Als wir uns von diesem Schock erholt hatten, behauptete Petra: »Wenn man einen Mann alles mit sich machen läßt, ist man ihn los.«

»Wieso?« fragte Fanny.

»Meine Mutter sagt, bei einem Mann darf man nie den ersten Schritt tun, sonst schreckt man ihn ab«, erklärte eine andere.

»Männer sind anders als Frauen«, sagte Sophy. »Sie müssen mit vielen Mädchen schlafen, bevor sie heiraten, weil das in ihrer Natur liegt. Wenn sie's unterdrücken, explodiert das alles später.«

»Es *explodiert?*«

»Ja. Und dann laufen sie mit einer anderen davon.«

Ich erinnere mich, wie ich meinen kleinen Bruder musterte und dachte, es müßte auch Ausnahmen geben. Trotzdem war er's, der dieses Thema das nächste Mal anschnitt. »Was ist Sex?« fragte er eines Morgens beim Frühstück in klagendem Ton. Unsere Eltern starrten ihn bestürzt an. Er war erst sieben.

»Warum fragst du so was?« murmelte meine Mutter.

»Weil ich mir ein Cowboy-Outfit schicken lassen will, und da steht drauf: ›Super Sex‹.«

⊖

Sex – und insbesondere der Orgasmus – war ein seltsames, irgendwie unangenehmes Thema. Manchmal sprachen meine

Eltern vom männlichen und weiblichen Geschlecht. Aber das hatte nichts mit dem Sex zu tun, über den Sophy so viel wußte. Zum Beispiel mußte das weibliche Geschlecht »Pflichten« erfüllen.

»Auch wenn du eine noch so tolle Karriere machst – ein Mann wird gern verwöhnt«, ermahnte mich mein Vater. »Immerhin ist es die Pflicht einer Frau, für ein gemütliches Heim zu sorgen.«

»Im Krieg haben wir Munition produziert«, wandte meine Mutter ein.

»Jetzt leben wir in Friedenszeiten«, entgegnete mein Vater energisch.

Ich schwärmte heftig für Terry Thomas und fand, die hirnlosen Püppchen mit ihren schwingenden Hüften und hohen Absätzen und leeren Augen wären seiner nicht würdig. Am besten gefiel er mir, wenn er aus einem offenen Sportwagen sprang und seine Krawatte zurechtrückte.

»Ein gräßlicher Lackaffe«, meinte mein Vater. »Vernünftige Mädchen lassen sich von so einem nicht beeindrucken, glaub mir«, fügte er hinzu und rückte unbewußt seine eigene Krawatte zurecht.

»Ach, sei doch still, Peter«, sagte meine Mutter. Aber sogar sie – in mancher Hinsicht eine bemerkenswerte Frau, wie ich jetzt erkenne, und ihrer Zeit weit voraus – vertrat die Ansicht, es sei tödlich für ein Mädchen, sich mit Jungs einzulassen.

»Jeder Mann will eine unberührte Frau heiraten«, warnte sie mich mit düsterer Miene, als ich siebzehn war und gerade zu einer Party aufbrach.

Und ich hörte voller Entsetzen, wie ein unverheirateter Freund meinem Vater anvertraute: »Wenn man ein Mädchen für eine einzige Nacht haben will, muß man sich eins von den häßlichen aussuchen. Die sind so dankbar für die Aufmerksamkeit, die man ihnen schenkt, daß sie alles tun, was man will.«

Fortschritte

In den wilden sechziger Jahren trug ich mein Haar offen, und die Säume meiner Miniröcke rutschten immer höher. Ich erinnere mich an meine ersten bestickten Schlagjeans – und an die Gesichter meiner Eltern, als ich darin in ihre Dinnerparty platzte. Nun konnte ich immerhin zweimal mit demselben Mann durch die Nachbarschaft spazieren, ohne daß sich Mrs. Wigglesworth über den Gartenzaun beugte und meinen Vater fragte, ob ich mich verloben würde.

Ich brachte Freunde nach Hause mit, gab ihnen wieder den Laufpaß und knutschte ein bißchen auf Autorücksitzen oder Partys, bevor ich mich der Tortur unterzog, um drei Uhr morgens eine knarrende Treppe hinaufzuschleichen. »Wir werden dich immer lieben, das weißt du«, sagten meine Eltern, die jene Dekade für eine Fortsetzung meiner pubertären Rebellion hielten. Sie versuchten, sich mit dieser Entwicklung abzufinden, wenn mein Vater auch seine kleinen Witze über die »neue Unordnung« machte.

Sophys Sex-Visionen verfolgten mich immer noch, insbesondere die Vorstellung, mein künftiger Ehemann würde mich als Pissoir benutzen. Aber ich verbannte diese seltsamen Ideen in den Hintergrund meines Bewußtseins. Eines Tages lud mich ein Junge, den ich in einem Café kennengelernt hatte, ins Kino ein, und danach landeten wir in seiner »Bude« im Garten seiner Eltern. Er lag auf mir, preßte seinen Penis an meinen Bauch und wand sich umher. Erstaunlich schnell schien er die Kontrolle zu verlieren, was meinen anderen Freunden nie passiert war. Ich fragte mich, ob er einen Anfall bekam, ob ich ihn rasch anziehen und seine Eltern holen sollte. Plötzlich war alles vorbei, und ich wollte wissen: »Bist du explodiert?«

Dann ging ich in einer anderen Stadt auf die Universität. Eines

Tages setzte sich ein Geographiestudent zu mir, der mir sehr gut gefiel. Er war groß und kräftig und neigte ein bißchen zur Angeberei, was mich beeindruckte, weil ich darin ein Zeichen für unabhängiges Denken sah. Meistens trug er eine dunkle Brille, und sein verächtliches Grinsen richtete sich an keine bestimmte Adresse. Das alles fand ich wahnsinnig cool. An diesem Wochenende gab er mir auf einer Party was zu rauchen, und ich mußte schrecklich husten. Dann brachte er mir einen Drink, der mich fast umwarf. Ich erinnere mich an wilde Tänze und eine Taxifahrt in irgendeine abgeschiedene Gegend, an meine Entkleidung, den Geruch von Räucherstäbchen und Mick Jagger, der »Satisfaction« sang. Ich entsinne mich auch, daß wir beide bewußtlos wurden, weiß aber nicht mehr, ob ich meine Jungfräulichkeit in dieser Nacht verlor oder erst am nächsten Morgen.

Als ich ihn wieder besuchte, lief laute Plattenmusik, und die Beleuchtung war gedämpft. Er schickte einen Freund weg, der gerade bei ihm war, und erklärte ihm mit kaum verhohlenem anzüglichem Zwinkern, er müsse jetzt was erledigen. Dann kleidete er mich langsam aus. In einer Hand hielt er ein Glas, mit der anderen faßte er mich überall an. Während er aus seiner Unterhose schlüpfte, flüsterte er mir ins Ohr: »Letzte Nacht war's fabelhaft, nicht wahr? Es hat dir doch auch Spaß gemacht?« Das bejahte ich und kam mir ziemlich albern vor, weil ich mich an gar nichts erinnern konnte. »Das hab ich dir angemerkt«, fügte er hinzu, zog mich auf den Teppich hinab, und als er in mich eindrang, versprach er: »Ich werde schon dafür sorgen, daß es dir kommt.«

Um fair zu sein – Gerry war nur ein aufgeblasener junger Bursche, der sich unüberlegt in ein Abenteuer gestürzt hatte, von einem Jahrzehnt beeinflußt, wo die Männer mehr Draufgängertum als Verständnis aufbrachten. Im Laufe der Zeit hat er sich möglicherweise zu einem einfühlsamen, angenehmen

Individuum entwickelt. Aber ich ärgere mich immer noch wahnsinnig, wenn ich mich entsinne, daß er im Sex ausschließlich eine Demonstration seiner Potenz sah.

Mein Höhepunkt war in seinen Augen ein Test, den er bestehen oder bei dem ich versagen konnte. Und indem er mir Angst vor meinem Fehlschlag einjagte, führte er ihn prompt herbei. Er glaubte, eine Heldentat zu vollbringen, und wenn ich nicht im richtigen Augenblick stöhnte und seufzte, mußte die Schuld bei *mir* liegen.

In den nächsten Jahren hatte ich eine ganze Menge lockere Beziehungen. Immerhin war es in jener Zeit üblich, daß man sofort miteinander schlief. Hin und wieder fand ich es ganz nett, manchmal grauenvoll und meistens uninteressant. Eines Tages lernte ich in der Bibliothek einen Mann kennen, den ich sehr gern mochte. Er war elegant, wirkte nicht zu gelehrt, und ich schien ihn zu faszinieren, was immer ein Bonus ist. Ein paarmal gingen wir essen, dann in meine Wohnung, wo wir uns eine halbe Stunde lang vor dem elektrischen Kaminfeuer liebten, das ich eben erst erstanden hatte und auf das ich sehr stolz war. Hinterher fragte er atemlos: »Ist es dir gekommen?«

»Nein, aber das spielt keine Rolle. Ich habe es sehr genossen.«

Nach einer Pause wollte er wissen: »Ist es dir überhaupt schon mal gekommen?«

»Nein.«

»Du hattest noch *nie* einen Orgasmus? Mit *keinem* Mann?«

»Noch nie«, gab ich zu und glaubte, seine wachsende Besorgnis zu spüren.

»Oh ...« Er grinste erleichtert. »Dann ist es wohl kaum meine Schuld, oder?«

Manchmal erwähnte ich es nicht und hoffte einfach das Beste. Einige Männer kümmerten sich gar nicht drum, ob es mir gekommen war oder nicht – in jenen Tagen war der weibliche Orgasmus kein so brennend heißes Thema wie heute. Aber wenn ich mein »Geständnis« nicht vorher ablegte, ging ich das Risiko ein, daß mein Liebhaber im leidenschaftlichsten Augenblick murmelte: »Bist du endlich soweit? Jetzt tun wir's schon seit zwanzig Minuten.«

Warum täuschte ich keinen Orgasmus vor? Ganz einfach – ich kam nie auf diese Idee. Und als eine andere Frau mir dazu riet, fehlte es mir am nötigen Selbstvertrauen. Erstens wußte ich nicht, wie man einen Höhepunkt mimte. Und zweitens fürchtete ich, die Männer würden eine solche Komödie sofort durchschauen, wo sie doch so reichhaltige Erfahrungen besaßen. Natürlich nicht alle. An die unerfahrenen, ungeschickten erinnere ich mich besonders deutlich, weil sie meiner sexuellen Empfindsamkeit übel mitspielten.

Aber mein erster Ehemann war wundervoll – zärtlich, rücksichtsvoll und ein Experte im Bett. Mit ihm fühlte ich mich zwischen den Laken besser denn je, und er zeigte mir aufregende Praktiken, die ich fast unanständig fand. Wenn ich dran denke, verspüre ich noch jetzt ein Prickeln, und ich wage kaum zu zählen, wie oft wir auf Partys oder bei anderen offiziellen Anlässen beinahe ertappt worden wären. Der Sex mit ihm machte mir Spaß – manchmal so intensiv, daß ich mich einem schmerzhaften Gipfel näherte, ohne Erfüllung zu finden, was mich sehr frustrierte. Immer wieder stand ich auf der Schwelle der Erleichterung, aber ich überquerte sie nicht. Ich hätte schreien können. Doch ich erlebte keinen Orgasmus.

Heutzutage *beschließe* ich beim Sex manchmal, keinen Orgasmus zu bekommen – wenn ich mich träge fühle oder ein bißchen beschwipst bin. Auch das bereitet mir Vergnügen, weil ich weiß, daß es mir jederzeit kommen kann, wenn ich's will. Aber bis vor kurzem deprimierte mich meine Unfähigkeit, den ersehnten Höhepunkt zu erreichen.

Mein Fehler oder seiner?

Je öfter ich einen Partner in wohliger Zufriedenheit neben mir liegen sah, desto fester glaubte ich an meine eigene Unzulänglichkeit. Irgendwas stimmte nicht mit mir. Es war nichts Offensichtliches, sondern etwas Geheimnisvolles, tief in meinem Innern verborgen, das mir einen Orgasmus verwehrte – etwas, von dem ich vielleicht nie geheilt werden konnte. Filme, Bücher, Zeitschriften – alles stempelte mich zur Außenseiterin. Andere Frauen genossen fröhlich und mühelos ihre Höhepunkte. Keine meiner Freundinnen zeigte sich unzufrieden mit der sexuellen Funktionsweise ihres Körpers. Wenn ich nach Einzelheiten fragte (natürlich tat ich so, als wollte ich nur eine anregende Story hören), machte die betreffende Frau entweder kokette Andeutungen, oder sie prahlte mit ihrem Sexualleben und behauptete, sie genieße es in vollen Zügen.

Ich erinnere mich an ein intimes Gespräch mit einer besonders guten Freundin, die unter ähnlichen Schwierigkeiten zu leiden schien wie ich. Sie war lange Zeit magersüchtig gewesen, sehr nervös veranlagt, und sie besaß ein unterentwickeltes Selbstbewußtsein. Zu jener Zeit hatte sie eine Affäre mit einem zwölf Jahre älteren Mann. »Sag doch«, drängte ich, »ist er gut im Bett?«

»Oh, er nimmt sehr viel Rücksicht auf mich. Er wartet immer meinen Höhepunkt ab, bevor es ihm selber kommt.«

Eine weitere Ohrfeige ... Manchmal wünschte ich sogar, ich wäre richtig frigide, also unfähig, überhaupt sexuelle Gefühle zu empfinden. Dann hätte ich die ganze Sache vergessen, ein angenehmes Leben führen oder andere Probleme in Angriff nehmen können.

Ich war keineswegs ein schüchternes kleines Ding und gewiß

nicht dran gewöhnt, mich mit dem Zweitbesten zu begnügen, sondern in anderen Aspekten sehr anspruchsvoll. Alles, was die Männer traditionsgemäß zustande brachten, konnte ich auch – also warum nicht *das?* Ich war intelligent und erfinderisch, konnte Autos reparieren, Schränke zusammenbauen, schneller laufen als sonst jemand im Büro (das fand ich bei unserem Wohltätigkeitssporttest heraus, bei dem ich das Eierlaufen gewann). Einmal schlug ich sogar einen Einbrecher zusammen – nicht mit meiner Handtasche, sondern mit einem Ellbogenhieb und einem Tritt gegen die Kniescheibe. Mit meiner Kindheit war offensichtlich alles in Ordnung gewesen. Ich las Storys über Frauen, die Traumata erlitten und ihre Orgasmusfähigkeit verloren hatten oder die sie niemals erreichten. Und ich las sogar die Geschichte einer armen frischgebackenen Ehefrau, die von ihrem Mann fallengelassen worden war, als er sie über die Schwelle getragen hatte, und die danach nie mehr zum Höhepunkt kam. Solche Entschuldigungsgründe konnte ich nicht anführen. Und was ich am unerklärlichsten und ärgerlichsten fand – wenn ich allein war, erzielte ich so viele Orgasmen, wie ich nur wollte.

Um die Mitte der achtziger Jahre kam die Angst vor Aids auf. Plötzlich wurde die sexuelle *Qualität*, nicht die Quanität wichtiger denn je. Viele meiner Freundinnen hatten genug von der wilden Promiskuität und gaben sich von nun an mit einem einzigen Partner zufrieden. Inzwischen von meinem ersten Mann geschieden, machte ich Karriere und nahm oft an Konferenzen teil. Dabei lernte ich einige Männer kennen, und bald ging ich wieder eine erfreuliche feste Beziehung ein. Ich war ein bißchen reifer geworden, akzeptierte meine eigene Persönlichkeit und wußte, welche Art der körperlichen Liebe ich bevorzugte, *aber ich hatte noch immer keinen Orgasmus.* Ganz egal, wie sehr ich den Sex genoß oder wie lange mein Partner durchzuhalten vermochte – mein Höhepunkt lag in weiter Ferne. Offenbar gehörte ich zu den Frauen, denen es niemals kommt, wenn sie mit einem Mann schlafen. *Und das mißfiel mir gründlich.*

Wie mir die Augen geöffnet wurden

Dann begann ich einen neuen Job – in einem Frauenteam. Nach einigen Wochen erfolgreicher Zusammenarbeit gingen wir in ein indisches Restaurant, um zu feiern. Der Wein floß in Strömen, und wir unterhielten uns angeregt. In den frühen Morgenstunden saßen wir in der Wohnung einer Kollegin und schwatzten immer noch. Unser Thema? Sex. Mittlerweile hatten sich die Zungen gelöst, und alle erzählten freimütig von ihren Ehemännern oder Liebhabern, von der Größe diverser Penisse, sexuellen Phantasien und Eskapaden – also von all den üblichen Dingen.

Aber was für mich ungewöhnlich war – sie redeten hauptsächlich *von ihrer mangelnden sexuellen Erfüllung.* Am erstaunlichsten fand ich, daß sie den Eindruck erweckten, dies würde zum täglichen Leben gehören. Ohne zu erröten, schilderten sie frustrierende Nächte, einsame Masturbationen, geheuchelte Orgasmen – als wäre es das Natürlichste von der Welt.

Welch eine Offenbarung! Wie naiv war ich gewesen! Endlich lernte ich, das Problem zu verstehen. Dies waren ganz normale, in keiner Weise ungewöhnliche Frauen, und wenn sie keinen Höhepunkt erreichten, mußte es auf der Welt unzählige geben, denen es genauso ging. Ich dachte an all die früheren Freundinnen meiner Partner, diese beneidenswerten Frauen, die »immer einen Orgasmus bekamen«, und erkannte, daß das keineswegs stimmte. Oft mußten sie die Erfüllung vorgetäuscht haben, oder die Männer hatten einfach angenommen, die Frauen wären befriedigt worden, und sich nicht die Mühe gemacht, es herauszufinden.

Jetzt sah ich das Problem in brandneuem Licht. Wann immer sich eine Gelegenheit bot, schnitt ich bei Gesprächen mit anderen Freundinnen sexuelle Themen an und stellte gezielte Fragen. Und neben all den häufigen Berichten über erfolgreichen oder bemerkenswerten Sex hörte ich immer öfter Geschichten über Frust und Widerwillen. Zahlreiche Frauen hatten, genauso wie ich, noch nie einen Orgasmus mit ihren Partnern erlebt. Viele waren zwar dazu fähig, schafften es aber nur manchmal.

»Eine reine Glückssache«, erklärte eine Frau. »Es kann klappen oder auch nicht.« Die meisten fanden es eher komisch als tragisch – eine Situation, die eben akzeptiert werden mußte. Eins störte sie allerdings – das Gefühl, daß es mehr war als ein persönliches Dilemma, daß viele Männer immer noch glaubten, die Frauen im allgemeinen wären in sexueller Hinsicht unterlegen. Einige waren wütend und verbittert. Und alle hätten gern etwas geändert. Endlich war es nicht mehr mein, sondern *unser* Problem.

Die reine Wahrheit

Ich beschloß, die Initiative zu ergreifen. Anfangs hatte ich keinen richtigen Plan, ich las einfach nur weitere Sachbücher über Sex, arbeitete mich seitenlang durch weibliche »Geständnisse«, Statistiken und die idiotische Prosa zahlreicher Sexualforscher. Ich studierte Werke von Feministinnen,

Soziologen, Anthropologen, Ethnologen, Biologen und Ärzten. Dann ging ich in Kliniken und zu Selbsthilfegruppen, auch wenn deren Ziele nur vage mit meinem Thema übereinstimmten, und lenkte die Gespräche auf die Dinge, die mich interessierten.

Und ich kam aus dem Staunen nicht heraus – die Frauen, mit denen ich nach jenem Restaurantbesuch geredet hatte, stellten nur die Spitze eines Eisbergs dar. Das Bild, das nun auftauchte, war noch dramatischer. Wann immer wir den Fernseher einschalten, eine Zeitschrift aufschlagen oder an einer Buchhandlung vorbeigehen, starrt uns Sex entgegen. Es entsteht der allgemeine Eindruck, sämtliche Erwachsenen – und auch sehr viele Kinder – in der westlichen Welt wären bestens über Sex informiert und Experten im Schlafzimmer. Doch die Wirklichkeit sieht anders aus. In sexuellen Dingen herrscht immer noch ein verblüffend hohes Maß an Ignoranz. Und das macht einige tausend Männer und viele hunderttausend Frauen unglücklich.

Je mehr ich las und mit den Leuten redete, desto deutlicher erkannte ich, wie groß die Zahl der Frauen ist, die Hilfe brauchen, um einen Orgasmus genießen zu können. Und wie ich hinzufügen muß – auch viele Männer müßten eine ganze Menge dazulernen.

Schließlich entdeckte ich den Hite Report. Wie Shere Hites Statistiken verraten, erlebten nur dreißig Prozent der befragten Frauen beim Geschlechtsverkehr regelmäßig einen Orgasmus. Neunundzwanzig waren dabei noch nie zum Höhepunkt gekommen. Der Rest lag irgendwo dazwischen. Eine spätere Auswertung von viertausend Antworten britischer Leserinnen des Magazins *Woman* ergab sogar noch geringere Prozentsätze. Ich war schockiert und (wie ich gestehen muß) auch ein bißchen froh. Solidarität ist das beste Mittel, um das weibliche Seelenleben aufzubauen.

Außerdem darf man annehmen, daß die Realität noch schlimmer aussieht, als die Statistiken vermuten lassen. Denn die Frauen, die sich bereitwillig über sexuelle Dinge äußern, gehören wohl großteils zu den erfolgreichen. Und während viele nur vorgeben, sie bekämen Orgasmen, gibt es wohl kaum Frauen, die welche erreichen und das bestreiten. Das ist ebenso unwahrscheinlich wie die Behauptung einer Frau, sie sei hundertvierzig Pfund schwer, wenn sie in Wirklichkeit nur hundertzwanzig wiegt.

Diese Erkenntnisse machten mich ganz schwindlig. Es war Weihnachten, und alle anderen schienen sich ihres Lebens zu freuen. Ich erinnere mich, wie ich lustlos in meiner Wohnung umherwanderte, den Weihnachtsbaum mit einem Engel zu schmücken versuchte und dabei überlegte, ob es vielleicht einfach das Schicksal der Frauen sei, beim Koitus keinen Orgasmus zu erzielen. Trotz der naheliegenden Geschichte von Christi Geburt konnte ich nur ans Alte Testament denken, an die Genesis, an Adam und Eva und den Sündenfall. Das ist es, entschied ich. Die Bibel hat doch recht! All das ist die reine Wahrheit. Damit bestraft der liebe Gott die arme Eva für den verdammten Apfel. Ich nahm den Engel vom Baum und hängte eine Schlange daran.

Zwei Tage später lachte mir das Glück. Die erste Phase meiner sexuellen Befreiung begann, als ich die Bewohnerinnen der Insel Mangaia kennenlernte.

Die wundervolle Insel Mangaia

Ich erinnere mich noch ganz genau. Es war 1981, und ich brütete gerade über einem meiner Weihnachtsgeschenke, einer Riesensonderausgabe des Bildbands von der königlichen

Hochzeit, die mir eine wohlmeinende Tante geschenkt hatte. Hochzeiten dachte ich, Flitterwochen – Sex – Orgasmen. Haben königliche Hoheiten Orgasmen? Soll ich der Queen mal schreiben und sie fragen?

Meine Spekulationen wurden von den Geräuschen unterbrochen, die mein Freund erzeugte, als er seine Bohnen auf Toast verschlang. In der vergangenen Nacht hatte er sich selber übertroffen und innerhalb einer knappen Stunde zweimal einen Höhepunkt erreicht. Nun saßen wir beim Frühstück. Niedergeschlagen knabberte ich an einem Croissant, während er sich in die Brust warf.

Bevor Sie den Eindruck gewinnen, er müßte ein eingebildetes Monster sein – er saß keineswegs da und sagte: »Mein Gott, war ich letzte Nacht großartig! Was für ein toller Hengst bin ich!« Wären solche Worte über seine Lippen gekommen, hätte er nicht mehr in einem Stück dagesessen. Statt dessen murmelte er: »Hm, war gut heute nacht ...« (Wobei er sich herüberbeugte, um mich zu küssen.) »Wirklich, eine starke Nummer ... Heute morgen bin ich zu allem fähig ...« Das alles äußerte er mit charmantem Lächeln und zauste (etwas geistesabwesend) mein Haar. Ein typisches Szenario vom Morgen danach.

Es gab nur ein einziges Problem – ich hatte keinen Orgasmus erreicht. Unsere Beziehung dauerte nun schon einige Monate und schien ihn sehr zu beglücken. Entweder kam er gar nicht auf die Idee, sich zu erkundigen, wie mir der Sex mit ihm gefiel. Oder – was ich wahrscheinlicher fand – er wollte eventuelle Klagen gar nicht hören, und deshalb zog er es vor, keine Fragen zu stellen. Außerdem – wenn irgendwas nicht stimmte, war es doch *meine* Sache, drüber zu reden, oder?

Mein Freund war Anthropologe und stand kurz vor einem weiteren Trip ins dunkelste Afrika. Es bekümmerte mich nicht sonderlich, ihn abreisen zu sehen. Er trank seine Kaffeetasse leer und ging unter die Dusche. Einige seiner Bücher lagen herum. Automatisch nahm ich eins in die Hand. Es enthielt einen Bericht über das Sexualleben und die Erziehung der Bewohner von Mangaia.

Was ich las, veränderte mein Leben – denn auf Mangaia, Polynesien, haben alle Frauen immer Orgasmen.

Mangaia gehört zu den Cook-Inseln im Pazifik. Es mag in weiter Ferne liegen und winzig sein, aber im Prinzip leben dort Frauen wie Sie und ich, körperlich genauso gebaut. Sie benutzen keine Sexdrogen, sie lassen sich nicht hypnotisieren, sie unterscheiden sich nur dadurch von uns, daß in ihrer Kultur Männer und Frauen eine spezielle Ausbildung erhalten, um beim Sex die größtmögliche Befriedigung zu erlangen.

Zielstrebig gehen sie ans Werk. In meinem schlimmsten Frust habe ich mich oft gefragt, wie es wohl wäre, dieses System in seiner ganzen Glorie auch bei uns einzuführen. Wenn die Jungen dreizehn oder vierzehn sind, beginnt ihre sexuelle Erziehung, unter der Aufsicht einer älteren erfahrenen Frau. Sie bringt ihnen die Techniken des Vorspiels und des Cunnilingus bei, die nur kurz praktiziert werden und den Zweck erfüllen sollen, die Frau ausreichend zu erregen und auf den Koitus einzustimmen. Dieser dauert – oh, welch ein Segen! – zwischen fünfzehn und dreißig Minuten. Währenddessen kommt die Frau, die ebenfalls schon in jungen Jahren alle Liebeskünste erlernt hat, zwei- oder dreimal zum Höhepunkt. Der Mann zögert die Ejakulation möglichst lange hinaus.

Wenn ein Mann eine Frau nicht befriedigt, darf sie ihn verlassen und auf der ganzen Insel von seiner mangelnden Leistungskraft erzählen. Damit bringt sie ihn in Verruf, und er wird nicht so bald eine andere finden, die bereit wäre, mit ihm zu schlafen.

Diesen bemerkenswerten Beweis für die Wichtigkeit einer Sexualerziehung findet man beim Studium der wenigen Kulturen auf unserer Welt, wo sie zum Alltag gehört. Erst neulich las ich von einer ähnlichen Gemeinde im Himalaja, den Lhasas, und einer weiteren in der Südsee. Auch dort genießen die Frauen während des Koitus Orgasmen.

Ich war fasziniert. Diese Lektüre hellte meine Stimmung sofort auf. Natürlich wußte ich, daß mich durch meinen Lebensstil und meine Erziehung ganze Welten von den Bewohnerinnen Mangaias trennten. Aber ihre Gebräuche machten mir klar, daß jede Frau – vorausgesetzt, sie absolviert die richtige Ausbildung – *lernen* kann, wie man einen Orgasmus bekommt. Der Bericht gab mir das Selbstvertrauen, das ich benötigte, um selbst mit einem solchen Training zu beginnen. Und so entwickelte ich meinen Plan.

3
Unsere Geschichte –
Der Weg zum Erfolg

Wenn Sie Schwierigkeiten mit dem Orgasmus haben, wissen Sie nun, daß viele Frauen, die Sie auf der Straße sehen, im selben Boot sitzen, wenn sie's auch nur ungern zugeben.

Ein Fehler, der häufig begangen wird, ist die Annahme, die Fähigkeit zum Orgasmus sei eine persönliche Eigenschaft, die man nolens volens akzeptieren muß, so wie eine große Nase oder kurze Beine. Viele Frauen beklagen, es würde nicht klappen, weil sie nicht mit diesem Talent geboren seien oder weil ihre Erziehung ihnen alle Chancen für immer verdorben habe. Das ist Unsinn. Nicht nur die Bewohnerinnen von Mangaia, sondern auch Wissenschaft, Theorie und Praxis zeigen, daß Frauen den Orgasmus *erlernen* können.

Das subtilere weibliche Geschlecht

Wie man schon seit langer Zeit weiß, ist der Orgasmus eines Mannes eine simple Angelegenheit und der Orgasmus einer Frau viel komplizierter. Das hat nichts mit Fehlverhalten oder Unzulänglichkeit zu tun, es gehört einfach zu den Tatsachen unserer Existenz. Auf entwicklungsgeschichtlicher Ebene betrachtet, *müssen* Männer schnell zum Höhepunkt kommen. Hätten sie's vor ein paar hunderttausend Jahren nicht geschafft, in Windeseile zu ejakulieren, wären sie von einem

Säbelzahntiger gefressen worden und die Menschen ausgestorben.

Das Überleben der Spezies hing, zum Nachteil der Frauen, niemals von ihrem Höhepunkt ab. Einer der faszinierenden oder – das kommt auf den jeweiligen Standpunkt an – ärgerlichen Aspekte des weiblichen Orgasmus liegt darin, daß niemand genau weiß, *warum* er passiert. Deshalb ist es wohl kaum verwunderlich, daß keine Übereinstimmung bezüglich der Frage herrscht, warum er *nicht* passiert.

Im sechzehnten Kapitel erörtere ich die verschiedenen Theorien, die Spezialisten aufgestellt haben, um die Existenz des weiblichen Orgasmus zu erklären. Hier genügt die Feststellung, daß die große Kluft zwischen der Bereitschaft der Männer und den Schwierigkeiten der Frauen nicht durch die in unserem fortschrittlichen, sexuell »aufgeklärten« Zeitalter immer noch vorherrschende Ignoranz über die sexuellen weiblichen Bedürfnisse verringert wird. Immer wieder staunen die Forscher über das große sexuelle Potential der Frauen. Aber wegen der Komplexität ihrer Sexualität und demzufolge ihrer Orgasmen wissen viele Frauen diese Qualitäten nicht zu nutzen. Und – vielleicht noch wichtiger – auch viele Männer wissen nichts damit anzufangen.

Nach übereinstimmender Erkenntnis der Wissenschaftler ist der weibliche Orgasmus in entwicklungsgeschichtlicher Hinsicht viel weiter fortgeschritten als der männliche. Hingegen existiert er bei den Weibchen der niedrigen Lebensformen nicht. Ob man das polemisch betrachten will oder nicht – niemand kann leugnen, daß es interessant ist. Und es wirft ein ganz besonderes Licht auf die Frage, warum die Frauen mit ihren Orgasmen größere Probleme haben als die Männer. Die weiblichen und die männlichen Orgasmen mögen ähnliche Gefühle bewirken, aber sie stellen völlig verschiedene Grade des Entwicklungsstandes dar.

Stimmt was nicht mit mir? Alles okay!

Ganz egal, warum Sie beim Koitus mühelos oder überhaupt einen Orgasmus erleben wollen (zur persönlichen Befriedigung, um etwas zu beweisen oder nur interessehalber), dieses Buch kann Ihnen dabei helfen. Sooft man uns auch einredet, wir sollen uns keine Sorgen machen, wenn wir nicht zum Höhepunkt kommen – der diesbezügliche Kummer wird nicht verfliegen, ebensowenig, wie wir unsere Mißerfolge bei Diäten akzeptieren, wenn uns jemand erzählt, wir müßten »lernen, mit unserer Figur zu leben«.

Die Begriffe »frigide« und »kalt« mögen aus den Sex-Büchern verschwunden sein, aber unglücklicherweise werden immer noch viele Frauen damit gequält. Neulich las ich in einer populären Frauenzeitschrift, eine Sechzehnjährige sei seit dem ersten Liebesakt mit ihrem »erfahrenen« Freund als »frigide« verschrien, weil sie das Erlebnis schmerzhaft und unangenehm gefunden habe. Und eine verheiratete Frau beklagte sich einmal bei mir: »Welch eine verrückte, ironische Formulierung! Da liege ich im Bett und koche geradezu vor Frust und Zorn, und er nennt mich ›kalt‹.«

Als die Sexualforscher endlich erkannt hatten, daß diese Bezeichnungen nicht nur niederträchtig, sondern wissenschaftlich unhaltbar sind, gratulierten sie sich zur Erfindung eines neuen Begriffs – »Funktionsstörung«. Keine umwerfende Verbesserung, aber immerhin ein kleiner Fortschritt. Nach meiner Ansicht enthält diese Bezeichnung immer noch sehr viel von dem unerfreulichen Beigeschmack der alten Wörter, verwischt ihn aber ein wenig mittels kühler wissenschaftlicher Objektivität. Der Terminus wird in zwei Teile gespalten – »primär« und »sekundär«. Wenn Sie noch nie einen Orgasmus hatten, sagen die Sexualwissenschaftler, leiden Sie an einer

»primären Funktionsstörung«. Falls Sie manchmal einen haben, mit einer Quote von unter fünfzig Prozent, an einer »sekundären«. Als ich mit meinem Selbsthilfeprogramm anfing, zählte ich eindeutig zur ersten Gruppe.

Doch die Situation verändert sich erneut. Um die bohrende Frage »Stimmt was nicht mit mir?« zu beantworten, beginnen die Wissenschaftler endlich zu erkennen, daß sie auf der falschen Fährte waren. Da die große Mehrheit der Frauen – etwa siebzig Prozent – Schwierigkeiten mit dem Orgasmus haben, ist es einfach falsch, sie für abnorm zu halten. Wie der englische Sexualwissenschaftler Martin Cole kürzlich schrieb: »Die Begriffe ›frigide‹ und ›funktionsgestört‹, auf Frauen angewandt, die keinen Orgasmus erreichen, sind ganz einfach ›aus intellektueller Sicht inakzeptabel‹.« Es ist ebensowenig sinnvoll, die Minderheit, die (zum Beispiel) Fußfetischismus betreibt, als »normal« einzustufen und alle anderen, die schlichten alten Geschlechtsverkehr bevorzugen, als »anomal«. Frauen, die früher »frigide« genannt wurden und jetzt im Zusammenhang mit dem Orgasmus als »funktionsgestört« gelten, sind völlig in Ordnung. Sie haben ihre orgastischen Fähigkeiten nur noch nicht voll entwickelt.

Also wollen wir die alten repressiven Begriffe wie »abnorm«, »gestört« und »unzulänglich« ad acta legen und unseren sexuellen Zustand »prä-orgastisch« nennen, ein Ausdruck, der in der Wissenschaft allmählich akzeptiert wird. Er klingt nicht nur angenehmer, er ist aus wissenschaftlicher Sicht auch präziser. Sie sind genausowenig »abnorm«, weil Sie noch nicht gelernt haben, das Beste aus Ihrem sexuellen Potential zu machen, wie Sie »abnorm« waren, ehe Sie lesen, schreiben, radfahren, ein Musikinstrument spielen, Bilder malen oder eine Fremdsprache gelernt haben. So wie Sie sich solche Fähigkeiten angeeignet haben, können Sie mittels einfacher Übungen *lernen*, einen Orgasmus zu bekommen.

Warum sind manche Frauen
prä-orgastisch und andere nicht?

Natürlich würde jeder gern eine Antwort auf diese Frage finden. Wie in so vielen Wissenschaften spielt die Ignoranz auch in der Sexualwissenschaft eine wesentliche Rolle. Ich bin weder leichtfertig noch arrogant. Der Durchschnittsmensch hält die Wissenschaft für allmächtig. Er braucht einen Physiker, um sich erklären zu lassen, wie *wenig* man über das Universum weiß, wie gering der Prozentsatz unseres absolut sicheren Wissens ist.

Das gilt auch für die Sexualwissenschaft. Trotz der zahlreichen, mit Sexualhandbüchern vollgestopften Regale (und ich habe mich durch sehr viele solcher Werke gekämpft) gibt es ausgedehnte Bereiche, die niemand richtig versteht. Die sexuelle Reaktion der Frauen ist besonders schwierig zu erforschen – nicht zuletzt, weil uns die Möglichkeit fehlt, unsere Erregung mittels einer Erektion unmißverständlich zu bekunden.

Es ist recht amüsant zu lesen, welcher Methoden und Geräte sich die frühen Forscher bedient haben, um weibliche Reaktionen zu messen. Kurz nach dem Ersten Weltkrieg entschied der Sexualwissenschaftler John B. Watson, die Sexualität sei zu wichtig, um der medizinischen Forschung überlassen zu werden, und entwickelte seine eigenen Instrumente. Wenn er mit einer Frau schlief, verband er seinen und ihren Körper mit einem sehr primitiven Apparat und erhielt so die vermutlich ersten verläßlichen Daten über die sexuellen Reaktionen des Menschen, die er sorgfältig katalogisierte. Aber die Story fand ein dramatisches Ende, als seine Frau herausfand, warum er so viel Zeit in seinem Labor verbrachte. Sie reichte die Scheidung ein und konfiszierte alle seine wissenschaftlichen Resultate.

Dieser Fall machte dicke Schlagzeilen, und Watson landete in einer Werbeagentur.

Heutzutage gibt es verfeinerte sexualwissenschaftliche Geräte. Weil unsere sexuellen Reaktionen von so vielen Faktoren beeinflußt werden, tendiert die Forschung zur Konzentration auf kleine Bereiche, mit wenigen Teilnehmern. Die Schlüsse, die aus solchen Experimenten gezogen werden, sind vage und können schon im nächsten Monat angezweifelt oder entkräftet werden. Die Sexualwissenschaftler können einfach keine Übereinstimmung erzielen.

Also ist es nicht erstaunlich, daß die Ursachen der weiblichen Orgasmus-Schwierigkeiten noch immer nicht verstanden werden. In manchen Fällen passen Mann und Frau in sexueller Hinsicht nicht zueinander, in anderen weiß der Liebhaber nicht, wie er die Klitoris stimulieren soll.

Aber im allgemeinen sind Orgasmus-Probleme auf mehrere Ursachen zurückzuführen, inklusive psychologischer. Immerhin erklären die Forscher einmütig, in fast allen Fällen gebe es keine *physischen* Gründe, warum eine Frau keinen Orgasmus erreicht. (Die seltenen medizinischen Ursachen und die Behandlungsmethoden werden im siebzehnten Kapitel besprochen.)

Von Fall zu Fall dominieren unterschiedliche Einflüsse. Die Angst vor der eigenen Unzulänglichkeit ist ein starkes Hemmnis, das schon viele Frauen verspürt haben. Doch wird es nicht auch von jenen empfunden, die manchmal zum Höhepunkt gelangen? Bedauerlicherweise fürchtet eine Frau, die keinen Orgasmus erreicht, immer neue Fehlschläge, die dann auch prompt eintreffen.

Manche Frauen bekommen keinen Orgasmus, weil sie im Grunde ihres Herzens Angst davor haben. Sie betrachten ihn als Verlust der Selbstkontrolle, beschreiben ihn sogar als »wilden Anfall« oder erklären, sie würden »sich selber nicht mehr kennen«. Dieses Programm wird Ihnen helfen, solche Befürchtungen auszuschalten, weil es überaus wichtig ist, das Gefühl der Selbstkontrolle zu kultivieren – die Kontrolle über den eigenen Körper, die eigenen sexuellen Reaktionen in allen Phasen, auch dann, wenn der Penis in die Vagina eindringt. Weit davon entfernt, beim Orgasmus die Kontrolle zu verlieren, werden Sie lernen, sie zu behalten wie nie zuvor.

Es ist eine weitverbreitete Überzeugung, die Orgasmus-Probleme vieler Frauen wären ein Erbe unserer kulturellen Vergangenheit, das Resultat unserer gesellschaftlichen Einstellung gegenüber den Frauen und über Jahrhunderte hinweg entstanden. Vereinfacht ausgedrückt – die Männer haben einen starken Sexualtrieb, der befriedigt werden muß, die Frauen nicht. Jahrhundertelang wurde den Frauen eingeredet, wenn sie nicht passiv blieben, sei das schmutzig, undamenhaft und äußerst unerwünscht. Da die weiblichen Orgasmen in viel höherem Maß von psychologischen Faktoren abhängen als die männlichen, können solche Vorurteile eine hemmende Wirkung hervorrufen, die wir überwinden müssen.

Obwohl diese repressive Denkungsart langsam verschwindet, färbt sie immer noch erheblich auf das Sexualleben ab und darf nicht unterschätzt werden. In vielen kleinen Belangen beeinflußt sie die Kindheit der Frauen, daheim und in der Schule wird in den Medien reflektiert, in zahlreichen gesellschaftlichen Gepflogenheiten, die – individuell betrachtet – unbedeutend erscheinen, aber in ihrer Gesamtheit eine verheerende Wirkung ausüben und im Schlafzimmer die Haltung der Männer gegenüber den Frauen bestimmen. Würden die Frauen so mühelos zum Höhepunkt gelangen wie die Männer, wären diese Einflüsse ärgerlich, aber nicht dramatisch. Doch sie können, weil der weibliche Orgasmus mit so vielen komplizierten, subtilen Dingen zusammenhängt, ein ernstliches Hindernis im natürlichen Lernprozeß bilden.

Welcher Frauentyp hat Schwierigkeiten
mit dem Orgasmus?

Da wir nun wissen, daß die Mehrzahl der Frauen bis zu einem gewissen Grad prä-orgastisch ist, wird die Frage, welcher Frauentyp Schwierigkeiten hat, zunehmend bedeutungslos. Das Problem betrifft uns alle, von der Prinzessin bis zur Bettlerin. Selbst wenn man das weite Feld reduziert und fragt, welcher Typ hat *große* Schwierigkeiten mit dem Orgasmus – zum Beispiel die Frau, die noch nie zum Höhepunkt gelangt ist –, fällt es einem schwer, eine präzise Antwort zu finden.

Es erübrigt sich wohl zu erwähnen, daß dies in einigen hundert Studien versucht worden ist. Ein Forscher kam beispielsweise zu dem Schluß, es gebe nur einen einzigen wesentlichen Faktor, wenn eine Frau keinen Orgasmus erlebe – die frühkindliche Beziehung zum Vater. Wenn er kein ernsthaftes Interesse an seiner Tochter gezeigt habe, werde sie später wahrscheinlich Orgasmus-Probleme bekommen. Mit der Beziehung zur Mutter wurde kein solcher Zusammenhang hergestellt. Aber ist das allgemeingültig oder nur eine Besonderheit jener Studie? Der Gedanke fand eine gewisse, nicht allzu emphatische Zustimmung, man behandelt ihn aber mit gewisser Vorsicht. Ich persönlich könnte mir vorstellen, daß eine Frau, die an eine entspannte, stabile Beziehung zu einem Mann gewöhnt ist, im Bett besser zurechtkommt als ihre diesbezüglich benachteiligten Geschlechtsgenossinnen.

Ich habe stets geglaubt, die Frauen, die mit religiösen Zwängen aufgewachsen sind, müßten wegen automatischer Schuldgefühle Orgasmus-Probleme bekommen, ebenso Frauen, die auf traumatische Erlebnisse wie Vergewaltigung oder Inzest zurückblicken. Aber laut eigener detaillierter Studien gibt es keine Hinweise auf solche Zusammenhänge. 1966 entdeckte D. F.

Shope in einer unveröffentlichten Dissertation sogar, unverheiratete, zum Orgasmus fähige Frauen hätten vor dem sechzehnten Geburtstag mehr traumatische sexuelle Begegnungen erlebt als andere, die nicht zum Höhepunkt kommen. Der Sexualwissenschaftler Seymour Fisher behauptet zudem, die Bildung habe einen gewissen Einfluß. Gebildete Frauen seien weniger von Orgasmus-Schwierigkeiten betroffen als ihre ungebildeten Schwestern – vielleicht, weil sie mehr von ihren Liebhabern verlangen und nicht bereit sind, sich mit dem Zweitbesten zu begnügen. Mein Lieblingsresultat stammt von einer Forschergruppe, die festgestellt hat, englische Kirchgängerinnen würden weniger unter Orgasmus-Problemen leiden als die ungläubigen Ladies – was vermuten läßt, daß die Höllenqualen gar nicht so schlimm sein können.

Im großen und ganzen ist der einzige wirklich relevante Faktor die Unterschiedlichkeit!

Ist eine Therapie nützlich?

Manche Frauen mögen Therapeuten, Psychologen und Berater finden, die ihnen bei sexuellen Schwierigkeiten helfen. Mir ist das nicht gelungen. Und nachdem ich mit anderen Frauen darüber gesprochen habe, bin ich noch skeptischer. Ich hörte zwar Erfolgsstorys, wenn es um Familienprobleme, mangelndes Selbstbewußtsein, Ängste oder Phobien ging. Aber offenbar fällt es sogar Profis wahnsinnig schwer, sexuelle Probleme zu definieren und zu behandeln.

Meine erste Therapeutin war freundlich, gab mir unbrauchbare Ratschläge und flüchtete sich in beschönigendes Wortgeklingel. »Wie kann ich einen Orgasmus glaubhaft genug

vortäuschen, so daß mein Freund mich nicht ›frigide‹ nennt?«
fragte ich eines Tages unschuldig. Da fiel sie fast vom Stuhl,
stotterte und faselte dann von Liebe, Aufrichtigkeit und wech-
selseitigem Verständnis. »Hören Sie ...« Ich *mußte* sie einfach
unterbrechen. »Das alles habe ich versucht. Merkwürdiger-
weise weiß auch *ich* Liebe und Verständnis in einer Partnerschaft zu schätzen. Aber davon kriegt man keineswegs automatisch einen Orgasmus.« Mit hängenden Schultern schlich
ich nach Hause.

Danach ging ich zu einem strengen jungen Mann, der so steif
dasaß, als wäre er in der falschen Position an seinem Stuhl
festgeklebt worden. Jede Woche mußte ich mich gewaltig
zusammenreißen, um seiner grimmigen Miene gegenüberzu-
treten. Die ermutigte mich nicht gerade zu freimütigen Äußerungen. Bald gewann ich den Eindruck, er würde sich erst allmählich an die Probleme seines Berufes herantasten, was er
mit entschlossenem Auftreten zu überspielen versuchte. Es
förderte mein Zutrauen keineswegs, als ich eines Tages sein
Sprechzimmer betrat und ein Sachbuch vom Typ »Wie lerne
ich möglichst schnell ...« in der Schreibtischschublade verschwinden sah, zusammen mit einem halbgegessenen Mars-
riegel. Ein weiterer seiner Tricks bestand darin, so zu tun, als
würde er niemals auf seine Uhr schauen, und statt dessen den
Hemdsärmel hochzuziehen oder sein Handgelenk zu kratzen.
Dieses Spektakel beobachtete ich einige Wochen lang, ehe ich
ihm vorschlug: »Warum schauen Sie nicht einfach auf die
Wanduhr, wenn Sie wissen wollen, wie spät es ist? Merken Sie
denn nicht, wie beleidigend so eine Komödie wirkt?« Es ist
keineswegs leicht, offenherzig über heikle Themen zu sprechen, wenn man befürchten muß, daß der Therapeut das Ende
der Sitzung herbeisehnt. Wenn ihm mißfiel, was ich sagte,
hüllte er sich einfach in Schweigen und setzte ein Buddha-
Lächeln auf.

Meinen Respekt vor ihm verlor ich endgültig, als ich ihn nach meinen Ferien wieder aufsuchte. Er kannte meine Begeisterung für Naturkunde, und ich hatte ihm eine hübsche Ansichtskarte von einer Spinne geschickt.

Bei unserer nächsten Sitzung lag er, die Karte in den Fingern, auf der Lauer. »Ich glaube, Sie wollen mich fressen«, platzte er heraus.

»*Was?*« fragte ich ungläubig.

Seine Kinnlade klappte nach unten. »Das machen die Spinnenweibchen doch? Sie fressen die Männchen, nicht wahr?«

Du lieber Himmel, er weiß es nicht einmal genau, dachte ich. Eine echte Hilfe bei meinen Problemen ...

Zwei Wochen vor dem Ende der Therapie spitzte sich die Situation dramatisch zu. Wegen einer häuslichen Krise hatte ich eine Sitzung versäumt und vergessen, ihm rechtzeitig Bescheid zu geben. Daraus folgerte er, ich würde ihm »davonlaufen«. Am nächsten Tag bekam ich einen Brief, in dem er mich auf meine »ernsthaften Schwierigkeiten« hinwies und mir dringend riet, die beiden letzten Sitzungen nicht zu verpassen. Seltsam, daß er es trotz meines angeblich labilen Seelenzustands für richtig hielt, mich zu ärgern ...

»Was glauben Sie, welches Allheilmittel Sie mir in zwei Stunden anbieten können, nachdem Sie zwei Jahre lang keins gefunden haben?« fragte ich, worauf er natürlich schwieg und wie einer dieser Plastikhunde nickte, die manche Leute am hinteren Fenster ihrer Autos postieren. Die Therapie nahm ein unerfreuliches Ende, das mir noch schlimmer erschien, als er mir mitteilte, ich sei unfähig, aus mir herauszugehen und mich meinen Problemen zu stellen. »Ja«, bestätigte ich, »bei *Ihnen* bin ich unfähig dazu.« Das stimmte. Ein paarmal war er krank gewesen, und mit seinem Vertreter hatte ich ganz entspannt reden können. Doch das wollte er nicht zugeben.

Ich verließ ihn, mit geringerem Selbstbewußtsein als am

Anfang der Therapie. Erst jetzt erkenne ich so richtig, wie verantwortungslos sein Verhalten war. Wir paßten nicht zusammen, und er zog es vor, mir die Schuld daran zu geben. Damals war ich besonders verletzlich und verließ mich auf ihn. Ich besaß nicht genug Selbstvertrauen, um wütend zu werden, also bekam ich Depressionen.

Diese Episode erwähne ich, weil die Therapie so oft als Universalheilmittel für alle Probleme betrachtet wird. Und man berücksichtigt zu wenig, was für einen beängstigenden Schaden ein inkompetenter Therapeut anrichten kann.

Das soll natürlich keineswegs heißen, daß eine Psychotherapie niemals hilfreich ist. Wenn die Sexualforscher auch wenig Beweismaterial gefunden haben, das zeigen würde, wie effektiv sie sexuelle Schwierigkeiten behandeln können, finden es manche Leute tröstlich und ermutigend, mit einer dritten, objektiven, fachkundigen Person über ihr Sexualleben zu sprechen. Wenn Sie das Glück haben, einen guten Therapeuten zu finden, sollten Sie Ihren Vorteil daraus ziehen.

Die Verhaltenstherapie auf sexuellem Gebiet, von Masters und Johnson entwickelt, ist viel erfolgreicher. Statt auf negative Weise an das Problem heranzugehen, indem man sich auf die Lösung »innerer Konflikte« konzentriert (was diese sind, hängt von den Theorien ab, die Ihr Psychotherapeut bevorzugt), wählt der Verhaltenstherapeut eine positive Annäherung. Er informiert die Frau über die wahre Natur ihrer Sexualität, erklärt ihr, wie sie ihr sexuelles Potential nutzen und ihre Hemmungen überwinden kann, und erzielt damit bemerkenswerte Ergebnisse. Aber es ist wichtig, daß Sie sich für ein solches Programm eignen.

Wenn Sie sich das Honorar leisten und die nötige Zeit einbringen können, wenn Sie den Nerv haben, so ein Programm rückhaltlos zu absolvieren – gemeinsam mit einem kooperationswilligen Partner (die meisten Verhaltenstherapeuten behandeln nur Paare), dann sollten Sie diese Möglichkeit erwägen.

Eins muß ich noch hinzufügen. Diese Therapeuten erreichen zwar gute Ergebnisse, aber man muß bei der Stange bleiben. Wenn man aus dem Programm aussteigt, kehren die früheren Schwierigkeiten oft zurück. Das liegt nach meiner Ansicht daran, daß sich diese Programme häufig nicht genug darauf konzentrieren, die individuelle Lernfähigkeit einer Frau zu fördern, und zu großen Wert auf das Zusammenspiel beider Partner legen – eine ausgezeichnete, aber nicht immer praktische Methode. Beziehungen verändern sich, und außerhalb der konstruktiven Atmosphäre einer Sexklinik können sich die Erfolge sehr rasch in Luft auflösen.

Ich persönlich erkannte, daß ich's allein schaffen mußte.

4

Frauen übernehmen die Kontrolle

Die Unfähigkeit der Frauen, mühelos zum Orgasmus zu kommen, ist kein Fehler, den wir ausmerzen müssen. Vielmehr ist die Fähigkeit zum Orgasmus – wie alle Errungenschaften der Zivilisation – eine angeborene Gabe, die nur einer gewissen Förderung bedarf. Man braucht nur die Bereitschaft, alles Nötige zu lernen. Sowohl Frauen als auch Männer werden davon profitieren.

Wie ich bereits erklärt habe, gibt es verschiedene Gründe, warum eine Frau Orgasmus-Probleme haben kann: unser kulturelles Erbe, die individuelle Erziehung, mangelnde Stimulation durch den Partner und so weiter.

Nun möchte ich auf einen wichtigen Punkt hinweisen, den die Sexualtherapeuten kaum beachten – die Kontrolle. Ich glaube, ein Gefühl für Kontrolle ist der wichtigste Faktor, wenn man einen Orgasmus anstrebt. Damit meine ich nicht Dominanz, sondern die Fähigkeit, über das eigene Leben, den eigenen Körper und den eigenen Orgasmus zu bestimmen. Und die Frauen üben immer noch zuwenig Kontrolle aus, besonders im Schlafzimmer.

Das Problem der unsichtbaren Barriere

Das klingt nach einer Sherlock-Holmes-Geschichte, nicht wahr? Lassen Sie mich erklären, was ich meine.

Während ich mich fragte, warum ich beim Koitus keinen

Orgasmus erreichte, und mein Trainingsprogramm zu entwickeln versuchte, erschien es mir besonders signifikant, daß die Frauen fast ausnahmslos und ohne Mühe zum Höhepunkt kommen, wenn sie masturbieren. Die Mehrheit der Frauen, die Alfred Kinsey für seinen Report befragte, konnten bei der Masturbation nach vier Minuten einen Orgasmus herbeiführen. Trotzdem fiel es denselben Frauen schwer, auch beim Geschlechtsverkehr gleichermaßen Befriedigung zu finden. Und vielen gelang das – so wie mir vor Beginn meines Trainings – überhaupt nicht.

Bis zu einem gewissen Grad läßt sich diese Diskrepanz mit dem unzulänglichen Verhalten der Männer erklären. Sie stimulieren ihre Partnerinnen nicht ausreichend, sie ejakulieren zu schnell, sie sind zu grob, nehmen die falschen Positionen ein et cetera. Dies alles nenne ich die »technischen Elemente« der Sexualität, die natürlich sehr wichtig sind.

Aber diese Erklärung genügt nicht. Viele Männer sind aufmerksam und verständnisvoll, und es klappt trotzdem nicht. Susannahs Problem ist typisch:

»Der Bursche kam mir vor wie ein Gott. Schöne muskulöse Beine, ein phantastischer Hintern, starke Arme und ein Gesicht, das ich immer nur anschauen wollte. Außerdem war er ein wundervoller Liebhaber – zärtlich, geduldig und erfinderisch. Aber wußte das meine Muschi zu würdigen? Nein. Und was mich am allermeisten ärgerte – als er fertig war (wir hatten es anderthalb Stunden getrieben, vielleicht sogar noch länger) und ich mich immer noch verzweifelt nach einem Orgasmus sehnte, brauchte ich nur ins Bad zu laufen und mich innerhalb weniger Minuten selber zu befriedigen. Was für miese Streiche spielt uns die Natur?«

Frauen sollten sogar dann zum Höhepunkt gelangen, wenn die Umstände nicht hundertprozentig ideal sind. Auch unter ungünstigen Bedingungen lernen sie sehr schnell, bei der

Masturbation einen Orgasmus zu erzielen, wie Deborahs Geschichte zeigt:

»Meine Masturbationstechnik ist ziemlich primitiv und phantasielos – das weiß ich seit der Lektüre des Hite-Reports. Ich muß da nur ein bißchen reiben, nicht einmal besonders zielstrebig, und schon kommt es mir. Aber Vince, der wirklich viel Geduld aufbringt und sehr fingerfertig ist, muß mich endlos lange bearbeiten, ehe ich auch nur an einen Orgasmus *denke*. Und selbst dann ist der Erfolg nur fünfzigprozentig.«

Was unterscheidet Deborahs und Susannahs eigene Manipulationen von den Bemühungen ihrer Partner? Die Antwort gilt auch für viele tausend andere Frauen. Eine *Barriere* entsteht – *unsichtbar*, aber effektiv, ein sehr ärgerliches Phänomen.

Wie kann man das erklären? Die unsichtbare Barriere ist auf den *Verlust der Kontrolle* zurückzuführen. In Susannahs und Deborahs Fällen lag es nicht einfach nur an technischen Unterschieden zwischen der Masturbation und dem Sex mit ihren Partnern, sondern am Unterschied zwischen der völligen oder nur teilweisen Kontrolle über die Situation. Viele Frauen stört die Anwesenheit eines »anderen« vielleicht unbewußt. Wir erlauben anderen Personen nicht bereitwillig, uns zu »kontrollieren«. Insbesondere dann nicht, wenn sich der »andere« mit so intimen Dingen wie sexueller Stimulation befaßt.

Als ich mein Programm entwickelte, gelangte ich zu einer wesentlichen Erkenntnis über mich selbst. Ich genoß den Sex erst richtig, seit mir klargeworden war, daß der Mann in sexueller Hinsicht nicht dominieren muß. Mit anderen Worten, je mehr Kontrolle ich im Schlafzimmer ausübte, desto mehr Spaß hatte ich, desto näher kam ich meinem Ziel, die gräßliche Barriere zu überwinden.

In meinem Fall hing das mit meinem Selbstvertrauen zusammen, das im Lauf der Jahre wuchs. Davor hatte ich im Bett schöne und unangenehme Stunden erlebt. Ich war immer erregt worden, hatte mich aber nie völlig *ungezwungen* gefühlt, sondern stets den Eindruck gewonnen, der Mann würde mich führen und ich müßte ihm folgen. Das mißfiel mir. Ich wollte *gleichberechtigt* sein.

Und so begann ich zu analysieren, warum meine frühen sexuellen Begegnungen so unbefriedigend verlaufen waren. Während ich Erfahrungen sammelte, lernte ich die Situation zu beeinflussen. Ich war meinem Partner nicht mehr »unterlegen«, fühlte mich in psychischer Hinsicht wohler mit ihm, und es stimmte mich nicht mehr so unbehaglich, daß er ein »anderes«, möglicherweise kritisches Individuum war. Und natürlich konnte ich ihn selbstbewußter veranlassen, mich ebenso zu erfreuen wie ich ihn.

Wie ich herausfand, genossen die älteren meiner Freundinnen erfolgreicheren Sex als die jüngeren. Viele hatten sich in der Jugend mit großen Problemen herumgeschlagen, aber später Befriedigung gefunden, oder sie waren zumindest näher an den Orgasmus herangekommen. Warum? Die älteren Frauen hatten gelernt, ihre jugendlichen Ängste und ihre Unsicherheit zu überwinden. Sie gingen lockerer mit ihrer Sexualität um und entwickelten mehr Selbstbewußtsein.

Das Gefühl mangelnder Kontrolle beim Sex läßt sich schwer in Worte fassen. Denken Sie intensiv an Ihre eigene Situation, dann werden Sie zu verstehen beginnen, worauf ich hinauswill. Da gibt es eine hilfreiche Analogie. Wenn man Auto fahren lernt, hat man das Gefühl, das Lenkrad eines bösartigen Dinosauriers aus Metall zu umklammern. Es sieht so aus, als würde das Vehikel jeden Augenblick beschließen, die Person am Steuer nicht mehr zu beachten und aus eigenem Antrieb irgendeine Dummheit zu machen. Es kommt einem wie ein glücklicher Zufall vor, wenn man von A nach B gelangt. Allmählich wird man vertrauter mit dem Biest, bis jener wundervolle Moment eintritt, wo man – lange nach der bestandenen Fahrprüfung – endlich merkt, daß man die Karre unter Kontrolle hat, nicht umgekehrt. Das Element des Zufalls ist verschwunden, man beherrscht das Auto.

Das gilt für alles, was man lernt – für das Radfahren, den Umgang mit einem Word Processor, fürs Kuchenbacken, sogar für die Babypflege. Das Gefühl *totaler* professioneller, ungezwungener Kontrolle über die eigenen Aktivitäten müssen Sie auch beim Sex anstreben, nicht in bezug auf Ihren Partner, sondern auf sich selbst und die Partnerschaft.

Das Gefühl der Kontrolle ist ein wesentlicher Faktor bei der sexuellen Erfüllung der Frauen. Trotzdem verlieren viele Frauen im Schlafzimmer die Kontrolle – oft ohne es zu merken. Sie ist so wichtig, daß ich sie in zwei Arten unterteilt habe, wenn sie einander auch manchmal überschneiden: die sichtbare und unsichtbare Kontrolle.

Die sichtbare Kontrolle

Die sichtbare Kontrolle ist die erste, die Sie in meinem Programm lernen werden. Ich nenne sie so, weil sie sichtbare, berührbare Teile Ihres Körpers und seine Reaktionen betrifft. Schritt für Schritt werden Sie Ihrem Körper beibringen, sexuell zu reagieren. Am Ende werden Sie genau wissen, was Sie mögen und was nicht – ungeachtet der Praktiken, die in Sexbüchern gepriesen werden. Barbara führt ein treffendes Beispiel an:

»Wie oft habe ich gelesen, daß Ohrläppchen erogene Zonen sind! Also dachte ich, okay, laß die Männer dran knabbern. Aber ich konnte das nicht ausstehen – und glaubte, ich wäre nicht normal. Deshalb redete ich mir ein, wenn ich's lange genug ertrage, wird's mir vielleicht mit der Zeit gefallen. Schließlich erkannte ich, daß ich mich damit verleugne, und ich hatte genug Selbstbewußtsein, um nein zu sagen. Ich hasse es, werde es immer hassen, und ich mag's viel lieber, wenn man an meinem Hals und an meinem Rücken knabbert. Falls das irgend jemand sonderbar findet, ist es mir verdammt egal.«

Sex wird dann auch nicht mehr bedeuten, daß man sich »einfach hinlegen und auf das Beste hoffen« muß. So wie Rosalind.

»Ich dachte, wenn ich mich wirklich entspannen und alles Weitere dem Kerl überlassen könnte, wäre alles okay. Entspannen, entspannen, entspannen, sagte meine Psychologin bis zum Überdruß. Sie behauptete, ich würde gegen den Sex ›kämpfen‹ und müsse lernen, mich zu entspannen. Ich tat mein Bestes, und schließlich entspannte ich mich so sehr, daß ich einschlief. Damals dachte ich, es wäre ein Fehler, meinen Partner ein bißchen zu steuern, ich müßte dankbar alles annehmen, was er tat, und nichts dran ändern. Doch das brachte mich nicht weiter. ›Sich hinlegen und entspannen‹ – das schlimmste Schlafzimmer-Märchen!«

Auch die Methode, »alles zu versuchen und auf das Beste zu hoffen«, führt nicht unbedingt zum Erfolg. Phillipa hat es am eigenen Leib erlebt.

»Als ich meine Orgasmus-Probleme erkannte, dachte ich, es müßte dran liegen, daß ich so langweilig war. In vielen Büchern las ich, welch ungeheuerliche Dinge Männer und Frauen miteinander machen können und was für wilde Orgasmen sie dabei haben. Ich bildete mir ein, etwas mehr Experimentierfreude würde mich zum Erfolg führen. Das war ein Irrtum. Die meisten ausgefallenen Spielereien fand ich äußerst unangenehm. Jetzt weiß ich, daß man sie nur genießen kann, wenn man die grundlegenden Praktiken beherrscht. Ich wünschte, jemand hätte mir das schon vor einigen Jahren klargemacht.«

Rosalind und Phillipa haben recht. Um nach Belieben einen Orgasmus zu bekommen, genügt es nicht, einfach dazuliegen und sich zu entspannen. Ebenso unklug ist es, sich von Sexbüchern zu exotischen Techniken verleiten zu lassen. Dem Weg zum dauerhaften Erfolg muß man langsam und umsichtig folgen – und dabei eine Hauptrolle übernehmen.

Die unsichtbare Kontrolle

Die unsichtbare Kontrolle ist subtiler und schwerer zu definieren.

Ich glaube, wir alle wissen, auf welche Weise die sogenannte Gleichberechtigung von Mann und Frau im Alltag eine ganze Reihe von Unterschieden bemäntelt. Zum Beispiel haben sich die Frauen das Recht erkämpft, die zuvor ausschließlich den Männern vorbehaltenen Berufe im ärztlichen und juristischen Bereich auszuüben, die gleichen Gehälter zu beziehen und theoretisch – auch die gleichen Aufstiegschancen zu erhalten. Das alles wird eindeutig als Gleichberechtigung definiert. Trotzdem müssen wir uns mit subtilen Unterschieden herumschlagen, die das Gesetz nicht ausmerzen kann: In vielen dieser Jobs müssen Frauen doppelt so gut sein wie die Männer, um akzeptiert zu werden. Bei Beförderungen werden sie oft übergangen. Und die demütigende sexuelle Belästigung am Arbeitsplatz wird immer noch stillschweigend geduldet. Angelica Huston beschrieb das Problem sehr treffend, als sie kurz nach der Premiere dem »Addams-Family« interviewt wurde.

»Sie sagten einmal, die Frauen würden dazu erzogen, sich den Männern unterzuordnen. Gilt das auch für Sie?«

»Nun«, erwiderte sie, »man sollte es nicht Unterordnung nennen, eher die Bereitschaft, sich zu fügen, weil so etwas für Männer wichtiger ist als für Frauen. Für mich kommt das nicht in Frage, aber wenn manche Frauen glauben, sie dürften nicht aggressiv sein, wenn sie feminin wirken wollen, dann ist das okay.«

Im Schlafzimmer wird weibliche Gleichberechtigung häufig als Aggressivität betrachtet, auch von den Frauen selber.

Unter unsichtbarer Kontrolle verstehe ich zunächst, daß Sie sich nicht verpflichtet fühlen sollen, die Bedürfnisse des Partners über Ihre eigenen zu stellen. »Das ist doch klar«, werden meine fortschrittlicheren Leserinnen protestieren. Für mich war das auch klar – bis ich erkannte, wie schwierig es ist, dieses theoretische Prinzip in die Praxis umzusetzen. Veronica sprach mir aus der Seele:

»Ich halte mich für restlos emanzipiert – in *allen* Belangen. Trotzdem ertappe ich mich immer wieder dabei, wie ich im Bett kleine Zugeständnisse ans Vergnügen meines Partners mache. Ich glaube, ich müßte seinen Genitalien mehr Aufmerksamkeit widmen als er meinen. Wenn er sehr erregt ist und kurz vor dem Orgasmus steht, wage ich's nicht, ihn zurückzuhalten, damit ich ihn auf dem Weg zum Höhepunkt einholen kann. Ich erlaube ihm, seinen Genuß auszukosten, und bleibe frustriert zurück. Und selbst *wenn* er sich liebevoll um mich kümmert, fühle ich mich oft ein bißchen schuldig, so als würde ich ein großartiges Geschenk erhalten, das ich gar nicht verdiene. Diese Reaktionen scheinen in mir programmiert zu sein. Wann immer ich das merke, bin ich wütend auf mich selber – aber es fällt mir schwer, meine Gleichberechtigung wirklich geltend zu machen.«

Ähnliche Geständnisse bekam ich von vielen Frauen zu hören.

Auch ich glaube leidenschaftlich an die weiblichen Rechte. Aber es ist keineswegs eine feministische Wahnvorstellung, daß den Frauen quasi von Geburt an eingetrichtert wird, in sexueller Hinsicht müßten sie hinter den Männern an zweiter Stelle stehen. Diesen Eindruck gewann ich im Lauf der Jahre bei vielen Gesprächen mit Frauen und Männern. Um meine Erkenntnisse zu veranschaulichen, zitiere ich hier einige Männer, die ich interviewt habe.

»So energisch eine Frau auch außerhalb des Schlafzimmers auftritt – sobald sie drin ist, paßt sie sich dem Mann an. Fast alle Frauen, mit denen ich im Bett war, lagen einfach nur da und ließen mich machen. Das gefällt mir nicht. Ich erinnere mich nur an eine einzige Ausnahme, eine Französin, die ich in Paris kennengelernt habe. O Gott, ich wünsche, die Frauen wären aktiver. Das wäre sehr sexy.«

Der Mann wurde rot und wollte nicht mehr zu diesem Thema sagen. Nur einer von zwanzig bevorzugte ganz eindeutig passive Frauen:

»Gott sei Dank scheinen die Frauen von der angeborenen Überzeugung durchdrungen zu sein, daß der Mann im Schlafzimmer an erster Stelle kommt. Auch die aggressiven? Jaaa – zweifellos. Nur ein einziges Mal habe ich mit einer Frau geschlafen, die mich im Bett herumkommandierte, und die war ansonsten ziemlich zurückhaltend. Hätte ich geahnt, wie sie sich benehmen würde, wäre ich nie auf die Idee gekommen, sie zu verführen.«

Das Problem der Gleichberechtigung im Schlafzimmer liegt darin, daß sie erst einmal *erkannt* werden muß. Das vage, hinderliche Gefühl sexueller Unterlegenheit, der mangelnden Kontrolle in einer Partnerschaft schleicht sich auf allen möglichen heimtückischen Wegen an uns heran, so »emanzipiert« wir uns auch vorkommen. Wie Veronica es klar zum Ausdruck brachte – wir brauchen Sensitivität und Wachsamkeit, um zu merken, daß wir viel zuwenig auf unsere Gleichberechtigung pochen, und sehr viel Selbstbewußtsein, um dem Übel abzuhelfen.

Viele verschiedene, miteinander kombinierte Faktoren führen zu einem Fehlstart, wenn die Frauen sexuelle Gleichberechtigung anstreben. Erstens kommen die Männer mühelos zum Orgasmus, was die Frauen an den eigenen sexuellen Fähigkeiten zweifeln läßt und ihnen das Gefühl der Unterlegenheit gibt. (Genau dieses Gefühl will ich mit diesem Buch ausmerzen.) Der Frau zuliebe wartet der Mann, nur um ihretwillen zieht er das Vorspiel in die Länge, und so weiter. Für sich selber braucht er das alles nicht. Weil die Sexualität der Frauen verfeinert ist, dauert es länger, bis sie sich erwärmen, und sie benötigen aufwendigere Liebeskünste als die Männer. Viele Sexualwissenschaftler glauben, die Orgasmus-Probleme einer Frau würden nur mit der Unfähigkeit ihres Partners zusammenhängen, sein Sperma zurückzuhalten.

Zweitens besitzen die Männer oft reichhaltigere sexuelle Erfahrungen. Das muß nicht heißen, daß sie ihre Partnerinnen besonders oft gewechselt, sondern vielleicht nur, daß sie – nach der Erkenntnis, wie leicht sie sexuelle Befriedigung finden – sehr schnell gelernt haben, das Beste draus zu machen. Ein neulich erschienener Artikel in *Woman's Own?* verriet, daß achtundvierzig Prozent der Mädchen schon vor Vollendung des sechzehnten Lebensjahrs Geschlechtsverkehr hatten (1989 wurden 8382 Mädchen in dieser Altersgruppe schwanger). Unweigerlich sind diese frühen Sexualkontakte für den Mann viel erfreulicher als für die Frau. Die Jagd nach sexueller Erfüllung hat begonnen, mit einem gewaltigen Vorsprung des Mannes. Es kann Jahre dauern, bis die Frau ihn einholt.

Sexuelle Sachbücher und Ratgeber nützen da nicht viel. Mehrere Frauen erklärten mir, sie würden sich vor allem an die Illustrationen erinnern, die demonstrieren, wie man einen

Penis streichelt oder daran saugt. Das hängt teilweise damit zusammen, daß die Frauen kleinere, diskret verborgene Genitalien besitzen als die Männer (zum Beispiel ist die Klitoris kaum zu sehen). Die Bilder vom Cunnilingus zeigen normalerweise einen Männerkopf mit ein bißchen Schamhaar um den Mund herum. Aber beim »Fellatio« sieht man einen großen Phallus, ebenso wie beim »Penis streicheln« oder bei »Ejakulation mit Zeigefinger und Daumen hinauszögern«. Im Grunde sind das nur Kleinigkeiten, aber sie summieren sich und verstärken das Gefühl, der Mann wäre wichtiger. Die Größe und die Augenfälligkeit der männlichen Genitalien, verglichen mit den dezenten weiblichen, bleiben nicht ohne Wirkung. Auf den altgriechischen Vasenbildern, die erotische Szenen darstellen, haben die Männer gewaltige Erektionen und machen aus ihrer »Geilheit« keinen Hehl. Aber wie merkt man den Frauen an – ganz egal, welche Position sie einnehmen –, ob sie erregt sind?

Auch wirtschaftliche Faktoren spielen eine Rolle, was die mangelnde Kontrolle der Frauen im Schlafzimmer betrifft. Viele glauben, sie müßten die sexuellen Wünsche ihres Partners vor die eigenen stellen, weil sie ihn sonst verlieren würden. An dieser Situation wird sich nichts ändern, solange die Frauen von den Männern wirtschaftlich abhängig sind, und wenn sie Kinder haben, können sie oft nichts dagegen unternehmen. Eine vierfache Mutter gestand mir: »Es gefällt mir nicht, mit meinem Mann zu schlafen. Aber was kann ich schon tun? Wenn er mich verläßt, sitze ich mit vier Kindern da, ohne Geld, und die Chance, einen neuen Partner zu finden, wäre sehr gering. Wenn man's aus diesem Blickwinkel betrachtet, ist mieser Sex ein kleiner Preis, den ich für meine Sicherheit zahlen muß.«

Es gibt noch einen weiteren Grund für den Kontrollverlust im Schlafzimmer. Statt uns völlig auf den Sex zu konzentrieren, überlegen wir dabei, wie wir gerade aussehen, und fragen uns ständig: »Bin ich im Bett verführerisch genug? Schlank genug? Hübsch genug?« Und natürlich: »Bin ich eine gute Liebhaberin?« Aber die meisten Männer, die ich interviewte, versicherten mir, um solche Dinge würden sie sich nur am Anfang einer Beziehung kümmern. Allein schon die simple Fähigkeit, im Schlafzimmer nackt und ungeniert herumzulaufen, verschafft den Männern einen großen Vorteil. Viele Frauen, eifrig bestrebt, in den Augen ihres Liebhabers »makellos« auszusehen, greifen hastig nach einem Morgenmantel, um ihre »Makel« zu verbergen. Daß den Mann diese »Makel« wahrscheinlich gar nicht stören, macht keinen Unterschied. Wie eine Umfrage der Zeitschrift *Woman* ergab, finden sich vierundachtzig Prozent der Frauen zu dick. Bringen Sie das mit dem Schlafzimmer in Verbindung, wo wir uns nicht unter gutgeschnittenen Jacketts oder weiten Röcken verstecken können, und rechnen Sie sich aus, in welchem Maß es dem weiblichen Selbstbewußtsein schadet.

Wie zahlreiche Studien beweisen, schätzen sich die Männer viel positiver ein als die Frauen. Als eine Gruppe von Leuten gebeten wurde, ihre äußere Erscheinung zu beschreiben, nannten die Frauen fast einmütig nur Mängel (»Ich habe einen zu großen Hintern.« – »Ich hätte gern einen anderen Mund.« Und so weiter ...). Hingegen zählten die Männer ihre Pluspunkte auf (»Ich habe wohlgeformte Beine, hübsche Haare«, und so weiter ...). Die *Woman*-Umfrage enthüllte auch die erstaunliche und etwas tragische Tatsache, daß nur sieben Prozent der Frauen genug Selbstbewußtsein besitzen, um sich nicht zu wünschen, wie jemand anderer auszusehen. Prinzessin Diana, Victoria Principal und Yasmin Le Bon stehen an der Spitze der bevorzugten Ideale. Natürlich fordern diese Minderwertigkeitsgefühle im Sexualleben ihren Tribut.

Einer weitverbreiteten Ansicht zufolge ist eine Frau jahrelang mit demselben Partner zufrieden, während der Mann Abwechslung braucht. »Das verflixte siebente Jahr« war das Thema zahlreicher Filme, und im gleichnamigen berühmtesten Streifen spielte Marilyn Monroe (raten Sie mal, was!) eine kurvenreiche Blondine, die einen Mann von seiner seriösen Ehefrau weglockt. Also beginnen viele Frauen nach einer mehrjährigen Beziehung, wenn sie sich sexuell und emotional sicher fühlen müßten, zu befürchten, der Partner könnte ihrer müde werden.

Bevor Sie überlegen, ob Sie lieber mit dem Hund spazierengehen sollen, statt diese düstere Lektüre fortzusetzen, lassen Sie mich betonen, daß ich nicht unbedingt *Tatsachen* erwähne, sondern gewisse Dinge, die den Frauen *angst machen*. Wenn man diese Dinge erkennt, unternimmt man bereits den ersten Schritt, um sie zu beseitigen.

Außerhalb des Schlafzimmers gibt es einen weiteren demütigenden Faktor, der Sie veranlassen kann, in sexueller Hinsicht die Kontrolle zu verlieren – das Gefühl, die »Beute« eines Mannes zu werden und seinem abschätzenden Blick ausgesetzt zu sein. Immer noch ist es der Mann, der für gewöhnlich seine Wahl trifft und sich an die Frau heranmacht. So groß unser Selbstvertrauen auch sein mag – bei einem aggressiven Annäherungsversuch fühlen wir uns oft nicht mehr wie ein Individuum, sondern wie ein anonymes weibliches Wesen.

Meine Freundin Letitia sammelte böse Erfahrungen mit einem sexuell dominanten Partner. Glücklicherweise fand sie ausgezeichnete – und unverhoffte – Mittel und Wege, um ihren Kontrollverlust zu verhindern. Eines Tages fuhr sie mit Freunden nach Epsom zum Derby, wurde aber von ihnen getrennt. Sie bekam Durst, und da alle Tische besetzt waren, nahm sie bei einem einzelnen Mann Platz, der ein paar Jahre jünger war als sie und ziemlich nervös wirkte. Nach einer Weile begannen sie sich zu unterhalten. Er lud sie zu einem Drink ein und dann – selber erschrocken über seine eigene Dreistigkeit – zum Essen. Dafür hatte er nicht genug Geld bei sich, und so teilten sie sich die Rechnung. Bei den meisten Männern wäre sie von Anfang an auf der Hut gewesen, doch dieser mußte offensichtlich seinen ganzen Mut zusammennehmen, während er sie umwarb, und so fühlte sie sich kein bißchen bedroht. »Das war kein Typ, der sich auf eine Frau stürzt«, erzählte sie, »und selbst wenn er's getan hätte, wär's mir nicht schwergefallen, ihn abzuwimmeln.« In ihrer Wohnung verlor er die Nerven. Er war charmant und intelligent, sah gut aus, und Letitia begann, sich ernsthaft für ihn zu interessieren. Aber die Angst, sie mit tollkühnen Avancen zu erschrecken, schien ihn zu lähmen. Schließlich beugte sie sich hinüber und küßte ihn ...

»Ich erinnere mich noch ganz genau, wie überrascht und befreit ich mich gefühlt habe. Als wir beisammenlagen und uns auf ganz gewöhnliche Art liebten, gewann ich nie den Eindruck, die Kontrolle würde mir entgleiten. *Er* war es, der sich Sorgen machte. Wäre ich nicht befriedigt worden, hätte er sich selbst die Schuld daran gegeben, nicht mir. Und weil er so jung und unerfahren und nervös war, kam es mir nie so vor, als würde er mich taxieren. Ich hatte nicht die Absicht, ihn zu unterjochen, aber ich genoß seine totale Unfähigkeit, eine dominante Rolle zu spielen. Offenkundig besaß er nichts von jenem Gefühl der Überlegenheit, das so vielen Männern angeboren ist. Ich wußte, daß ich ihn ermutigen konnte, mich zu befriedigen, und mein Vergnügen blieb nicht mehr dem Zufall überlassen.«

Letitias Geschichte führt uns vor Augen, wie wichtig es für eine Frau ist, sich beim Sex zu entspannen und nicht taxiert zu werden. Natürlich muß sie in einer solchen Situation nicht unbedingt dominieren.

»Da gab's nur ein einziges Problem. Mehr als alles andere wünschte ich mir, Mark würde mir die Arme festhalten, mich aufs Bett werfen und zum Sex zwingen. Ich werde gern ein bißchen grob angefaßt. Andererseits widerstrebte es mir, seinem Genuß meinen eigenen zu opfern. Wenn er einen Orgasmus bekam, wollte ich auch einen erleben. In dieser Hinsicht wünschte ich mir Gleichberechtigung und Kontrolle, niemals durfte der Eindruck entstehen, mein Vergnügen wäre nicht so wichtig wie seines. Nachdem ich ihm das klargemacht hatte, klappte alles großartig. Wir spielten sehr oft ›männliche Dominanz‹, aber ich fühlte mich kein einziges Mal unterlegen. Das mag ein sehr subtiler Unterschied sein, doch er macht eine ganze Menge aus.«

Bei einem Experiment wurde amerikanischen College-Studenten und -Studentinnen eine erotische Erzählung über die sexuellen Aktivitäten eines Paares vorgelegt. Die Mädchen »berichteten von größerer Erregung und positiveren Gefühlen, sobald die Frau als dominant beschrieben wurde«. Ein Forscher namens Heiman stellte fest, Frauen würden von erotischer Literatur, in der eine Frau im Mittelpunkt steht und die Initiative ergreift, besonders stark angesprochen.

Viele Frauen leben Tag für Tag mit dem Gefühl, die »Beute« eines Mannes zu sein. Lassen Sie mich ein Beispiel anführen. Jahrelang fand ich es ungeheuer schmeichelhaft, wenn mir ein Bauarbeiter nachpfiff, aber gleichzeitig empfand ich das als Bedrohung. Nach meinem dreißigsten Geburtstag legte ich nicht mehr so viel Wert auf mein Äußeres, ging ungeschminkt aus und trug bequeme Kleidung (manche Leute würden sie schlampig nennen). Nach der anfänglichen Enttäuschung über die Grabesstille auf den Baustellen und die mangelnden bewundernden Blicke in den Straßen erkannte ich, welch ein Machtgefühl mir meine Verwandlung schenkte. Endlich kam ich mir wie eine richtige Persönlichkeit vor, nicht mehr wie ein Geschöpf, das nur in den abschätzenden Augen anderer Leute existierte.

Sheila Kitzinger zitiert eine Frau, die wegen ihrer Schwangerschaft nicht mehr als verfügbares Sexobjekt galt: »Sobald ich mit keinerlei sexuellen Annäherungsversuchen bombardiert wurde, fühlte ich mich stark und attraktiv, und was am wichtigsten war – ich merkte, daß ich existierte.«

Germaine Greers scharfsinniges, einfühlsames und sehr inspiratives Werk *Wechseljahre* schildert, wie sie auf einer Reise nach Sizilien beschloß, die Trauer um ihren Vater zu bekunden, sich schwarz zu kleiden und ihr Haar zu verbergen. »Ich fand die neue Befreiung von männlicher Aufmerksamkeit eher erfrischend als deprimierend. Und es tat mir ungeheuer gut, nicht mehr überlegen zu müssen, was ich anziehen und welche Farben ich wählen sollte. Schwarz paßt zu Schwarz. Man muß nur die Stoffe aussuchen und kann tragen, was einem selber gefällt.«

Natürlich möchten wir alle gern hübsch aussehen, für den richtigen Mann oder wenn wir bewundernde Blicke auf uns lenken *wollen*. Aber eine »unsichtbare« Unabhängigkeit kann, wie ich inzwischen erkannt habe, einer Frau ein viel stärkeres Machtgefühl geben als sexuelle Anziehungskraft. Versuchen Sie es einmal – sicher werden Sie meinen Standpunkt teilen. Und worauf es in erster Linie ankommt, es hilft Ihnen, das überaus wichtige Gefühl für *Kontrolle* zu entwickeln.

⊖

Machen Sie sich mit der sichtbaren und mit der unsichtbaren Kontrolle vertraut. Jede wird eine besondere Bedeutung für Sie und Ihre Partnerschaft gewinnen. Sobald Ihnen bewußt ist, auf welche Weise wir in einer sexuellen Beziehung die Kontrolle verlieren, werden Sie sich selber helfen können.

Mein Plan bezieht beide Arten der Kontrolle ein. Er nutzt die besten Sextechniken und baut gleichzeitig Schritt für Schritt die unsichtbaren Barrieren ab. Deshalb ist es *Vorschrift*, mehr Kontrolle zu übernehmen.

Der Mythos von der passiven Frau

Dieses Kapitel will ich mit einem heiteren Thema beenden. Ich habe das Erbe unserer Kultur erörtert, in der die Frauen für lange Zeit als sexuell passiv galten. Trotz der sexuellen Befreiung in den achtziger und neunziger Jahren existiert der Mythos, daß Frauen passiv sind – oder es sein sollten – immer noch. Ich selber gebe da ein gutes Beispiel ab. In meiner Familie durfte eine Frau alles mögliche sein – selbstsicher, energisch, karrierebewußt, konnte einen Mann bei Diskussionen anschreien, sich weigern, für ihn zu kochen, und ihm die Tür vor der Nase zuschlagen. Aber niemals durfte sie in sexueller Hinsicht die Initiative ergreifen. Wenn sie einen Mann zum Essen ausführte oder auf andere Weise den ersten Schritt machte, hielt man sie für »billig«. Ich bin jetzt über dreißig, aber der alte Viktorianismus bleibt bestehen. In gewisser Hinsicht ist das nicht erstaunlich. Ich besitze das Buch des prominenten Sexualwissenschaftlers Krafft-Ebing, *Psychopathia Sexualis,* erschienen im Jahr 1931 und als Lehrbuch fürs Medizin- und Jurastudium empfohlen. Darin heißt es, eine Frau, die in körperlicher und geistiger Beziehung normal und richtig erzogen worden sei, würde nur ein sehr geringes sexuelles Verlangen spüren.

»Das ist doch schon dreiundsechzig Jahre her«, werden Sie vielleicht protestieren. »Kein Wunder, daß es so altmodisch klingt.« Nun, meine Eltern sind in jener Zeit aufgewachsen, und »altmodische« Ideen übertragen sich mühelos von einer Generation zur nächsten. Sie sterben nur ganz langsam. Die neuen machen Schlagzeilen und prägen extravagante Filme, aber die alten leben noch lange weiter.

Blättern Sie in Romanen, sehen Sie sich Filme an, und Sie werden merken, daß die wahre Liebe letzten Endes nur die Frau beglückt, die sich dem Mann unterordnet. Sie mag zahlreiche Abenteuer, Wutanfälle, Eskapaden und Revolutionen absolvieren – wenn sie eine feste Bindung mit einem Mann eingeht, steht eindeutig fest, wer von nun an der Boß ist. Nehmen wir als Beispiel den Film *Die Waffen der Frauen*, das Porträt einer modernen Amerikanerin, die zu einer einflußreichen Position aufsteigt. Und was passiert am Ende? Zwei Frauen streiten sich um einen Mann. Weltweit werden Millionen Heftchenromane verkauft. In jedem – zumindest in vielen, die ich gelesen habe – unterwirft sich die Frau nach einer Rebellions- oder Selbstverwirklichungsphase mehr oder weniger bereitwillig einem dominanten Mann. In vielen Fällen dominiert er geradezu aggressiv, und eine Vergewaltigung wird nur vermieden, weil »es ihr so großen Spaß macht«.

Verwechseln Sie die Weigerung einer Frau, sich passiv zu verhalten, niemals mit Aggressivität und »Unweiblichkeit«. Ich persönlich finde die begrenzten Verhaltensweisen, die man einer »femininen« Frau zubilligt, einfach lächerlich. Immerhin können starke, dominante Frauen genauso attraktiv wirken wie schwache, feminine Männer. Aber darauf kommt es nicht an. Zeigen Sie sich so energisch und beharrlich oder so zurückhaltend und sanft, wie Sie wollen. Übrigens sind sanfte Beharrlichkeit oder die höfliche Weigerung, nachzugeben beziehungsweise Kompromisse zu schließen, oft am wirksamsten.

Nachdem ich nun meinen Standpunkt bezüglich der sexuell passiven Frau vertreten habe – was wird Ihr Partner denken?

»Beim Sex kann ich nicht allzu selbstbewußt auftreten«, erklärten mehrere Frauen, mit denen ich sprach. »Die Männer hassen so was.«

Früher glaubte ich das auch. Wie gesagt, ich wurde in diesem Sinne erzogen. Und nun lesen Sie die folgenden Aussagen:

»Ich *hasse* es, sexuell die Initiative zu ergreifen. Ich komme mir dabei gewöhnlich und grob vor.«

»Ich tue meistens den ersten Schritt, aber ich fühle mich dabei nicht wohl in meiner Haut. Falls die Frau dann keinen Sex haben will, fühle ich mich verletzt, und meine Selbstachtung hat einen beträchtlichen Knacks erlitten.«

»In fast allen meinen Beziehungen habe *ich* die ersten sexuellen Annäherungsversuche gemacht, und ich *hasse* das! Dabei gewinne ich den Eindruck, ihr irgendwas zu stehlen oder sie zu etwas zu zwingen, das sie gar nicht will.«

»Ich habe große Schwierigkeiten, den ersten Schritt zu tun. Wenn ich erst anfange, lange zu überlegen, dann kommen mir soviel Zweifel, daß ich gar nichts unternehme.«

Wie Sie inzwischen vermutlich erraten haben, stammen diese Äußerungen von Männern, und zwar aus dem Hite-Report *Das sexuelle Erleben des Mannes*, und es gibt noch zahllose ähnliche Aussagen. Ich führe diese Zitate hier an, um zu zeigen, daß ich nicht nur meine eigenen Ideen präsentiere. Shere Hite bezeichnet es als hauptsächliche Beschwerde der Männer, daß sich die Frauen nicht oft genug Sex wünschen. Und zweitens, *daß die Frauen zu passiv sind.* Sie weist – wenn es auch Ausnahmen gibt – auf einen wesentlichen Grund für die sexuelle Unzufriedenheit der Männer hin – die mangelnde Initiative der Frauen, ihren geringen Eifer im Bett. Kurz gesagt – zeigen Sie Ihr Gefühl für Kontrolle!

»Eine wirklich aggressive Annäherung seitens meiner Frau wäre eine Wucht, z. B., wenn sie mir den Reißverschluß an der Hose öffnen würde, meinen Schwanz rauszöge und anfangen würde, damit zu spielen, oder wenn sie beginnen würde, mich zu entkleiden.«

»Ich wäre gern ein Sexobjekt, zumindest für eine Weile. Aber wahrscheinlich bekäme ich einen Herzanfall, wenn eine Frau zu mir sagen würde: ›Du machst mich an, und ich möchte es mit dir treiben.‹«

»Ich wünsche mir oft, die Weiber wären frecher und sagten mir, was sie eigentlich wollen. Ich möchte mal wissen, ob sie's dem Redford vorher sagen.«

Shere Hite faßt zusammen: »Nur eine Handvoll Männer erklärte, sie würden es vorziehen, immer der Initiator zu sein.« Und: »Immer wieder sagten die Männer, sie wünschten sich, daß die Frauen den ersten Schritt tun würden.«

Haben *Sie* jemals einen Mann verführt? Damit meine ich nicht, ob Sie einen veranlaßt haben, Sie zu verführen. »Ich rannte ihr so lange nach, bis sie mich einholte«, bemerkte einmal ein Witzbold. Nein, es würde mich interessieren, ob Sie jemals in einer Situation waren, wo Sie einem Mann gegenüber die Oberhand gewannen. Hatten Sie jemals die Gewißheit, einen Abend *wirklich* zu kontrollieren, von dem Augenblick an, wo Sie aus Ihrer Haustür traten, bis zu jenem, wo Sie an der Seite des Mannes einschliefen? Ein wundervolles, schwindelerregendes Gefühl! Und glauben Sie mir, es kann Ihre sexuellen Fähigkeiten ganz enorm fördern!

Teil II

5
Die Vorbereitung auf den Orgasmus

Um sich auf mein Programm vorzubereiten, brauchen Sie nur eins – sich selbst. Dieses Kapitel enthält einige Überlegungen, die Ihr Training ergänzen werden. Es ist ein langes Kapitel – nicht, weil es so viel zu tun gibt, sondern wegen der vielen unterschiedlichen weiblichen Bedürfnisse.

Wie paßt der Plan in mein Leben?

Zunächst müssen Sie entscheiden, wie Sie den Plan in Ihr normales Sexualleben einbauen wollen. Wenn Sie möchten, können Sie einen drastischen Anfang machen und sich von Ihren normalen Praktiken verabschieden, um dem Programm Schritt für Schritt und ohne Unterbrechung zu folgen. Diese Methode wird in den meisten Sexkliniken angewandt, ist aber nach meiner Ansicht ziemlich unangenehm und keineswegs produktiv. Einer der großen Vorteile meines Plans liegt darin, daß er sich nicht in einem starren Schema bewegt. Sie sollten sich weder von Ihren eigenen Wünschen noch von Ihrem Partner unter Druck setzen lassen und nicht versuchen, alles möglichst schnell hinter sich zu bringen.

Es ist viel besser, wenn Sie Ihr normales Sexualleben ganz *allmählich* durch die einzelnen Stufen des Plans ersetzen. Anders ausgedrückt – am Ende des Plans wird Ihr neues Sexleben das alte verdrängt haben, und in der Zwischenzeit müssen Sie sich darauf konzentrieren, beide einander anzugleichen.

Wie ich bereits erklärt habe, eignet sich dieser Plan für alle Frauentypen – für jene, die in einer langjährigen Beziehung leben ebenso wie für diejenigen, die ihre Partner häufiger wechseln. Eine langfristige Beziehung wird vermutlich den Vorteil genießen, daß die Partner unbefangener miteinander umgehen und nicht so ungeduldig versuchen, Fortschritte zu erzielen. Falls Sie aber gerade einen neuen Partner haben und sich in einer sexuellen Sturm-und-Drang-Periode befinden, wird es Ihnen vielleicht schwerfallen, mit einem solchen Programm zu beginnen. Einige Frauen, die in festen Beziehungen leben und den Plan ausprobiert haben, sind zu dem Schluß gelangt, er würde am besten funktionieren, wenn man auch im sonstigen Leben einige Änderungen vornimmt. Dann wird die sexuelle Neuerung Ihrem Partner nicht so ins Auge fallen. Da gibt es verschiedene Möglichkeiten, je nach Ihrer individuellen Situation. Ein neuer Job, ein Ehrenamt, eine exotische Urlaubsreise, ein Abendkurs, ein neuer Modestil, eine Umgestaltung Ihrer vier Wände. Und in den Whirlpool dieser kleinen Veränderungen können Sie Ihre sexuellen Neuerrungenschaften einfließen lassen.

Wie lange wird das Training dauern?

Eigentlich müßte ich Ihre Ungeduld mißbilligen. Aber ich verstehe natürlich nur zu gut, daß Sie möglichst schnell Ergebnisse sehen wollen. Die beste Antwort, die ich Ihnen geben kann, lautet: Je nachdem. Es hängt von Ihrem Partner ab, von den Umständen, von dem Punkt, den Sie vor dem Beginn der Übungen erreicht haben, und so weiter. Aber wie lange es letzten Endes dauern wird – das hängt prinzipiell von Ihnen ab. So wie eine Diät wirkt sich das Programm auf jede Frau anders aus, und es wäre beharrlich, Ihnen einen bestimmten Zeitraum zu garantieren. Wenn Sie beharrlich an sich arbeiten, werden Sie früher oder später den großen Durchbruch schaffen. Ich kenne eine Frau, die vorher nie einen Orgasmus hatte und innerhalb von vier Wochen eine Erfolgsquote von sechzig Prozent erzielte. Andere brauchten genauso lange, nur um die Stufe drei abzuschließen.

Aber eines kann ich Ihnen garantieren – jeder kleine Erfolg wird Ihnen wie ein ungeheurer Durchbruch erscheinen und Ihre Zuversicht verzehnfachen. Es mag etwas albern klingen, wenn ich behaupte: Lernen macht Freude. Aber in diesem Fall trifft es zu. In einer angenehmen festen Beziehung ist jeder kleine Erfolg beglückend. Und wenn Sie Ihre Partner gelegentlich wechseln, ist die Freude ganz auf Ihrer Seite. *Das verspreche ich Ihnen.*

Nehmen Sie Ihre Ängste und Sorgen zur Kenntnis

Weil Ihr sexueller Erfolg in hohem Maß von Ihrem Seelenleben abhängt, müssen Sie Ihr Bestes tun, um Ihr Selbstwertgefühl zu steigern und sich von Ängsten zu befreien. Wie Sie dabei vorgehen, müssen Sie natürlich auf Ihre Persönlichkeit und den Grad Ihres Selbstbewußtseins abstimmen. Aber es gibt einige Möglichkeiten und Faktoren, die Sie berücksichtigen sollten.

Ehe Sie mit diesem Programm beginnen, stellen Sie am besten eine Liste Ihrer sexuellen Ängste und Kümmernisse zusammen. Wenn Sie ehrlich sind, dürfte das eine sehr lange Liste werden. Meine war's jedenfalls. Lassen Sie sich nicht entmutigen, denn sobald Sie Ihre Sorgen zur Kenntnis nehmen, haben Sie auch schon den ersten Schritt getan, um sie auszumerzen. Vielleicht wäre es hilfreich, auch all das aufzulisten, was Sie beim Sex besonders genießen. Sie können lernen, die Lust daran zu steigern.

Achten Sie auf die Dinge, die Sie in Ihrem Sexualleben als unfair empfinden. Vielleicht verlangt Ihr Partner häufig oralen Sex, ist aber nicht gewillt, Gleiches mit Gleichem zu vergelten. Oder er strebt möglichst schnell seinen Höhepunkt an, ohne sich um Ihre Befriedigung zu kümmern.

Jetzt nenne ich ein paar Beispiele, die vielleicht auf Ihrer Liste stehen werden:

- Ich fühle mich unbehaglich, wenn beim Sex das Licht brennt. Es mißfällt mir, wie der Penis meines Partners aussieht.
- Mein Partner hat's beim Sex immer sehr eilig.
- Ich fürchte, er will es ganz rasch hinter sich bringen.
- Ich habe Angst, daß ich zu dick bin.
- Ich habe Angst, daß ich nicht feucht genug bin.
- Ich fühle mich von meinem Partner immer ein bißchen manipuliert.
- Beim Sex kann ich mich nur richtig entspannen, wenn ich beschwipst bin.

Wenn Sie die Liste aufgestellt haben, beschreiben Sie die einzelnen Punkte etwas genauer. Wenn Ihnen zum Beispiel der Penis Ihres Partners mißfällt, versuchen Sie herauszufinden, woran das liegt. Ist es wirklich der Penis an sich oder vielleicht die Art, wie der Mann damit umgeht? Wenn er sich aggressiv verhält, kann sein Penis in der Tat bedrohlich wirken. Oder mögen Sie es nicht, wie er sich in Ihrem Mund anfühlt und wie er schmeckt?

Eruieren Sie die jeweilige Intensität Ihrer Vorbehalte, und überlegen Sie, wie sie entstanden sein mögen. Teilen Sie alle nach ihrer Wichtigkeit ein, und fragen Sie sich, wie sie sich vielleicht verringern lassen. Falls Ihr Partner auf Praktiken besteht, die Ihnen unangenehm sind, beschließen Sie, diese zumindest für die Dauer des Trainings *abzulehnen*. Das mag nicht einfach sein, aber jetzt ist es an der Zeit, eindeutig Stellung zu beziehen. Seien Sie *stark* genug, um ihm zu sagen, auf diese oder jene Weise würden Sie es nicht mehr mit ihm treiben. Entschuldigen Sie sich nicht, setzen Sie keine mißmutige, vorwurfsvolle Miene auf, seien Sie einfach nur energisch. Sogar arrogant, wenn Sie wollen.

Einer meiner Freunde bemerkte einmal: »Eine Frau, die genau weiß, was sie will und was nicht, ist wahnsinnig sexy. Dadurch wirkt sie manchmal unerreichbar. Man gewinnt den Eindruck, sie wäre nicht so leicht zu haben, und dadurch erscheint sie noch begehrenswerter. Eine Frau, die mir freundlich, aber unmißverständlich sagt, sie *hasse* es, oralen Sex zu praktizieren, mag ich viel lieber als eine, die's widerstrebend macht.«

Es ist erstaunlich, wie Ihre Freude am Sex wachsen kann, wenn Sie sich einfach nur von dem Druck befreien, etwas tun zu müssen, was Sie ganz und gar nicht schätzen. Wenn Sie Glück haben, wird Ihr Partner das merken, und sein Groll – falls vorhanden – könnte verfliegen.

Bevor Sie sich über seine unangenehmen Gewohnheiten ärgern, versuchen Sie Erfindergeist zu entwickeln und ihn davon abzubringen. Falls nötig, heucheln Sie eine besondere Begeisterung für eine Praktik, von der Sie wissen, daß er sie nicht mag. Und dann schlagen Sie so liebenswürdig wie möglich einen Tauschhandel vor. Ärger erzeugt eine angespannte, kämpferische Atmosphäre, die Sie gerade jetzt nicht brauchen können.

Robert fand seinen Designer-Stoppelbart irrsinnig flott, aber Jacqueline klagte: »Er kratzt mich im Gesicht und an der Möse.« Trotzdem wollte er den Bart nicht abrasieren. Sie bettelte und schimpfte und bekam Wutanfälle, ohne Erfolg. Schließlich fand sie ein wunderbares Mittel, um Robert von seiner Sturheit zu heilen. Sie klebte sich große Pflaster aufs Kinn, und damit tauchte sie in seinem Büro auf. Er war so verlegen, daß er kapitulierte – und letzten Endes lachten sie beide darüber.

Erst einmal müssen Sie Ihre verschiedenen Ängste und Sorgen analysieren. Wenn Sie mit den Übungen beginnen, dürfen Sie nicht erwarten, diesmal würde plötzlich alles anders sein.

Die Vorbereitung Ihres Körpers

Um den Zweck dieses Programms zu erfüllen, müssen Sie nicht nur Ihren Körper, sondern auch Ihre Seele vorbereiten. Denn unsere Einstellung zu unserem eigenen Körper kann unsere seelische Entspannung erheblich beeinträchtigen.

Wenn man sich in seinem Körper wohl fühlt, ist das ein wesentlicher Schlüssel zur sexuellen Erfüllung. Eine Frau, die verlegen wird, wenn sie nackt ist, die sich Sorgen wegen ihres Übergewichts macht oder unbequeme Kleidung trägt, wird sich niemals entspannen können. Ich weiß, es ist leichter gesagt als getan. Blicken wir der Tatsache ins Auge – die meisten Frauen sind mit ihrem Aussehen unzufrieden. Sogar die Bildschönen finden irgendeinen Fehler, wenn sie in den Spiegel schauen.

Ich brauche wohl nicht eigens zu erwähnen, daß wir fast von Geburt an auf die Bedeutung unseres Aussehens hingewiesen werden. Ständig sollen wir schön, schlank und verführerisch sein, mit sinnlichen Lippen und großen Augen, was immer die gängige Mode verlangt, und auch noch betörend duften. Kategorisch fordern die Illustrierten makellosen Glamour, und beim Anblick der Mädchen auf Seite 3, die uns täglich beim Frühstück wohlgeformte Brüste entgegenrecken, kriegen wir Minderwertigkeitskomplexe. Eine normalerweise sehr selbstsichere Frau bemerkte: »Jeden Morgen rege ich mich auf, wenn ich mit der U-Bahn zur Arbeit fahre. Da wird man von zwanzig Versionen der ›perfekten Frau‹ umzingelt und überlegt voller Unbehagen, ob der Kerl, vor dem man sich abends ausziehen wird, vielleicht auch auf diese ach so vollkommenen Brüste gestarrt hat. Ein angenehmer Tagesbeginn, nicht wahr?«

Wenn ich Premierministerin werde, erlasse ich sofort ein neues Gesetz. Tagtäglich soll ein nackter Mann auf Seite 3 prangen. Ein hübscher Bursche mit perfektem Körper und großem, formschönem Penis wird die Männer in der U-Bahn angrinsen, jeden Morgen. Das wäre eine wirksame Methode, den Zeitungslesern zu zeigen, wie das Selbstvertrauen dahinschwindet, wenn man dauernd ans derzeitige Ideal eines »begehrenswerten Exemplars« erinnert wird.

Natürlich verlangen die Feministinnen, wir sollten nicht versuchen, den Männern zu gefallen, sondern lernen, mit uns selber zu leben. Ein sehr guter Rat – wenn wir ihn bloß befolgen könnten ... Was in der Theorie vernünftig klingt, läßt sich oft schwer in die Praxis umsetzen.

Vielleicht gehören Sie zu den Glücklichen, die mit ihrem Körper zufrieden sind. Wenn nicht, ist es für dieses Programm sehr wichtig, *daß Sie ein Gleichgewicht herstellen* – nämlich zwischen Ihrem Entschluß, sich mit Ihren weniger hübschen Zügen abzufinden, und der Mühe, etwas daran zu ändern. Sie müssen Ihren eigenen Körper möglichst wohlwollend betrachten und dürfen nicht in hektische Aktivitäten verfallen, um seine Mängel zu beseitigen.

Dabei können Sie sich von Selbsthilfegruppen und einem Selbstbewußtseinstraining ermutigen lassen. Ich fand meinen Gedankenaustausch mit anderen Frauen sehr nützlich. Das Wissen um die Schwierigkeiten anderer, um ihre Sorgen, von denen man oft gar nichts geahnt hat, ist ein wirksames Mittel gegen den Frust, den die »Perfektion« der Illustriertenfotos hervorruft.

»O schmölze doch dies allzu feste Fleisch ...«

Natürlich ist diese Shakespeare-Zeile nicht wörtlich gemeint. Hamlet hatte gewiß keine Probleme mit seiner Figur (meistens wird er von kleinen, dünnen Schauspielern dargestellt). Aber das Zitat paßt zu den Fakten, die hier erörtert werden.

Ich wuchs in der Twiggy-Ära auf und litt unentwegt, weil ich keine Sylphide war. Twiggy und die anderen Models jener Jahre waren flach wie Bügelbretter, weshalb ich meinen Busen mit engen Kleidern zusammenzuquetschen versuchte. Als das fehlschlug, ging ich nie mehr aus, ohne ein großes Buch an meine Brust zu pressen. Wenn ich jetzt dran denke, brülle ich vor Lachen. Weiß Gott, was die Nachbarn von mir gedacht haben müssen ...

Welch eine groteske Situation! Ich wollte »attraktiv« sein, war aber zu naiv, um zu begreifen, daß das Modediktat (nach dem wir damals alle wie Bohnenstangen aussehen sollten) nur selten mit den sexuellen Vorlieben der Männerwelt übereinstimmt. (Die ändern sich wenigstens nicht Jahr für Jahr.) Und ich besaß auch zuwenig Selbstvertrauen, um zu erkennen, daß ich sehr gut ohne die Bewunderung irgendeines Mannes leben konnte.

Wie die meisten Frauen schlug ich mich jahrelang mit Diäten herum. Manche zeigten Wirkung, andere nicht. Ein paar sind vernünftig und sehr viele absurd. Wann immer ich wieder mit einer Diät beginne, denke ich an Christina Rosettis Worte: »Es ist besser, zu vergessen und zu lächeln, als sich zu erinnern und traurig zu sein.« Das ist nicht nur ein bemerkenswerter Satz, sondern ein äußerst nützlicher Tip für Ihre Diät. Die führt unweigerlich zum Mißerfolg, wenn Sie sich unentwegt damit beschäftigen. Leute, die Diät halten, um möglichst schnell abzunehmen, können nicht aufhören, ans Essen zu denken. Ständig überlegen sie, welche Nahrungsmittel erlaubt sind, und schmachten nach den verbotenen. Alle paar Stunden springen sie auf die Waage und hoffen auf positive Veränderungen. Letzten Endes geben die meisten auf, weil die gewünschten Ergebnisse nicht schnell genug erzielt werden und die fortgesetzte Konzentration auf den Speiseplan zu anstrengend ist.

Also beginnen Sie zu hungern, dann »vergessen Sie's und lächeln«. Lassen Sie sich nicht von der Diät beherrschen. Innerhalb weniger Tage können Sie Ihre Figur unmöglich verbessern, wenn Sie sich auch noch so verbissen darum bemühen. Es dauert Wochen, bis man die ersten Ergebnisse sieht. Akzeptieren Sie diese Tatsache. Stellen Sie eine Liste Ihrer Lieblingsdiätprinzipien zusammen, da besteht die Chance, daß Sie sich dran halten werden. Und dann vergessen Sie's.

Im Schlafzimmer

Was Sie im Bett anhaben und wie Sie Ihr Schlafzimmer einrichten, ist natürlich Ihre persönliche Sache und geht mich nichts an. Aber dem Programm zuliebe rate ich Ihnen, sich an ein paar allgemeine Regeln zu halten:

1. Tragen Sie nicht zuviel Make-up im Bett. Sonst müßten Sie ständig befürchten, es könnte verschmieren. Außerdem ist das Licht wahrscheinlich gedämpft, also verzichten Sie auf die Malerei.

2. Ziehen Sie fürs Bett nur Sachen an, in denen Sie sich wohl fühlen. Brandneue Hemden und Pyjamas können sehr unbequem sein. Tragen Sie etwas, das Ihnen gut steht, und fürchten Sie nicht, Sie würden zuviel von sich verstecken. Lange Männerhemden oder die Oberteile von Pyjamas sehen immer attraktiv aus und sind sehr bequem. Sie bedecken Ihren Körper, falls Sie das für nötig halten, und Sie können so viele Knöpfe öffnen, wie Sie wollen – zu Beginn des Abends oder später, wenn's richtig heiß wird. Machen Sie sich niemals wie die Jungfrau zurecht, die zur Schlachtbank geführt werden soll, in den obligaten schwarzen Strümpfen mit Strapsen. Erstens sind die Dinger schrecklich unkomfortabel, und zweitens lenken Sie damit die Aufmerksamkeit zu sehr auf den Lustgewinn Ihres Partners. Damit verstoßen Sie gegen eine der Grundregeln meines Programms. Außerdem – *er* braucht ja keine Hilfsmittel, um seinen Höhepunkt zu erreichen. Und ihn zur Eile zu animieren, ist ja wohl das letzte, was Sie wollen. Jetzt sind erst mal *Sie* an der Reihe.

3. Ein hübsches, gemütliches Schlafzimmer stärkt Ihr Selbstvertrauen. Wie ich bereits betont habe, und ich werde es

noch mindestens ein dutzendmal erwähnen – unterschätzen Sie nicht die Bedeutung von scheinbaren Kleinigkeiten. Wenn Sie sich in Ihrem Schlafzimmer unbehaglich fühlen, gestalten Sie es um. Schließen Sie keine Kompromisse, richten Sie es so ein, wie's *Ihnen* gefällt. Kaufen Sie keine schwarzseidene Bettwäsche und Leopardenfelle, nur weil Sie gehört haben, daß Mata Hari damit erfolgreich war. In einer solchen Umgebung würden Sie sich vermutlich eher verlegen als sexy fühlen (und er auch). Planen Sie Ihr neues Schlafzimmer ein oder zwei Wochen lang, und dann statten Sie es genauso aus, wie's Ihnen vorschwebt. Und wenn's vor allem auf die Farbe ankommt – der Preis für einen neuen Anstrich lohnt sich, wenn er zu Ihrem Wohlbefinden beiträgt. Hängen Sie Bilder auf, die Sie mögen, kümmern Sie sich nicht drum, ob dies oder jenes zu den übrigen Räumen paßt. Ihr Schlafzimmer soll ein Refugium sein, in dem *Sie* sich gern aufhalten, kein überwältigendes Boudoir.

4. Im Zusammenhang mit meinem Programm ist die Beleuchtung ein besonders wichtiger Aspekt. Auch damit müssen Sie sich wohl fühlen, und das Licht soll Sie so zeigen, wie Sie sich am liebsten sehen. Am besten nehmen Sie zwei Nachttischlampen mit 60 oder sogar nur 40 Watt-Birnen, die erzeugen einen sanften Schimmer mit suggestiven Schatten. Falls Sie Probleme mit Ihrem Äußeren haben, wird Ihnen eine gedämpfte Beleuchtung helfen, sich zu entspannen. Aber bedenken Sie eins – nehmen Sie nur Veränderungen vor, die *Ihnen* zusagen. Wenn Ihnen alles so gefällt, wie's ist, kümmern Sie sich nicht drum, und gehen Sie zum nächsten Punkt über.

5. Versuchen Sie es immer so einzurichten, daß der Sex bei *Ihnen* stattfindet, nicht bei *ihm* (natürlich vorausgesetzt, Sie haben ein eigenes Schlafzimmer). In einer vertrauten

Umgebung fühlen Sie sich wohler. Wenn Sie ins Bad gehen, finden Sie es angenehmer, einen Flur zu durchqueren, den Sie kennen, und Ihre eigenen Sachen zu benutzen. Um einen Macho-Vergleich anzuführen – einen sehr nützlichen: Bei einem Match ist die Heimmannschaft immer im Vorteil.

Empfängnisverhütung

Für Ihr erfolgreiches Sexualleben ist es ungeheuer wichtig, daß Sie mit Ihrer Methode der Empfängnisverhütung zufrieden sind. Die Angst vor einer Schwangerschaft zählt zu den häufigsten Ursachen, die einen Orgasmus verhindern. In manchen Fällen stellt sie sogar die *einzige* Barriere dar. Viele Frauen, die von dieser Sorge befreit wurden, kamen danach mühelos zum Höhepunkt. Ich kann gar nicht oft genug darauf hinweisen, wieviel davon abhängt, daß Sie eine Methode zur Empfängnisverhütung finden, die Ihnen angenehm und vor allem sicher ist.

Erfolgreicher Sex – eine goldene Regel

Wenn es in Ihrer Partnerschaft nicht üblich ist, wird es Ihnen am Anfang vielleicht schwerfallen, aber die Mühe lohnt sich, und Sie sollten es so bald wie möglich in Angriff nehmen: Wenn Ihr Partner im Bett etwas tut, das Ihnen mißfällt, *sagen Sie's ihm sofort!* Sollte er zum Beispiel Ihre Klitoris schmerzhaft stimulieren, scheuen Sie nicht davor zurück, ihm das mitzuteilen. Ich weiß, das kann unangenehm sein, aber es ist viel unangenehmer, wenn er's sechs Monate lang macht.

Erstens wollen Sie's nicht über sechs Monate hinweg ertragen oder so lange, bis Sie ihn gut genug kennen, um das Thema anzuschneiden. Das würde Ihren Nerven schaden und verhindern, daß Sie während des Programms Fortschritte erzielen.

Zweitens, wenn Sie's sofort erwähnen, braucht gar keine Verlegenheit aufzukommen – vorausgesetzt, Sie sagen's in nettem Ton. Und in einer Situation wechselseitiger Offenherzigkeit wird er vielleicht sogar erleichtert sein, weil er Ihnen nun gestehen kann, daß Sie ihn zu fest in die Hoden kneifen, wenn Sie damit spielen. Stellen Sie sich einmal vor, Sie wenden Ihre Spezialtechnik ein halbes Jahr lang an, und plötzlich erklärt er, das sei ihm die ganze Zeit unangenehm gewesen. Wie furchtbar peinlich! Vielleicht glauben Sie dann, Sie hätten noch andere Dinge falsch angepackt, und Ihr Selbstbewußtsein sinkt auf den Nullpunkt. Also ist es für beide Teile am besten, wenn von Anfang an Klarheit herrscht.

Drittens ist es prinzipiell falsch, kleine Zugeständnisse zu machen. Damit untergraben Sie das Gefühl Ihrer Kontrolle über die Situation. Wenn Sie den Mut aufbringen, Ihrem Partner die Wahrheit mitzuteilen, sind Sie auf dem besten Weg dazu, die Kontrolle zu übernehmen.

Lernen Sie, nein zu sagen

Nein zu sagen, wenn man keine Lust auf Sex hat – das gehört eigentlich noch zum obigen Abschnitt. Aber weil dieses Thema für die Frauen so wichtig ist, will ich es gesondert behandeln.

Niemand hat das Recht, von einer anderen Person Sex zu verlangen, nicht einmal ein Mann, der seit sechzig Jahren mit seiner Frau verheiratet ist. Bedenken Sie – wenn *er* nicht wollte, könnte er gar nicht.

Natürlich ist es wichtig, *wie* Sie nein sagen. Am besten freundlich, aber bestimmt. Gewöhnen Sie sich nicht an, Kopfschmerzen vorzuschützen. Solche Ausreden haben Sie nicht nötig. Anfangs mögen Ihnen kleine Notlügen einfacher erscheinen, aber sie unterminieren ernsthaft Ihre Position innerhalb der Partnerschaft. Wenn Sie wirklich Kopfweh haben, sagen Sie: »Ich habe Kopfweh.« Wenn Sie müde sind, sagen Sie: »Ich bin müde.« Vergessen Sie nicht, daß Sie gleichberechtigt sind. Deshalb ist es Ihr gutes Recht, nein zu sagen, wann immer Sie es wollen. Mit Ausreden entwürdigen Sie sich selbst und Ihre Rechte.

Außerdem kränkt es einen Mann, wenn er merkt (was früher oder später passieren wird), daß Sie Ausreden gebrauchen. Er ist verletzt, weil er keine richtigen Anhaltspunkte findet und nur den deprimierenden Eindruck gewinnt, es würde Ihnen mißfallen, mit ihm zu schlafen. Das ist viel unheimlicher und bedrohlicher als die Wahrheit, der er vielleicht abhelfen kann. Wenn Sie sich freimütig äußern, bekommt er wenigstens die Chance herauszufinden, *warum* Sie keine Lust auf Sex haben.

Kein Orgasmus – sollen Sie's Ihrem Partner sagen oder nicht?

Vor dieser wichtigen Frage steht jede Frau, die beim Koitus keinen Höhepunkt erreicht: »Soll ich meinem neuen Partner verraten, daß ich noch nie einen Orgasmus hatte«? Wie im zweiten Kapitel erörtert, habe ich bei dieser Überlegung immer großes Unbehagen empfunden.

Im allgemeinen empfehle ich den Frauen, es nicht zu erwähnen. Aber ob Sie es geheimhalten oder aussprechen wollen, hängt letztlich von Ihnen, Ihrem Partner und Ihrer Beziehung zu ihm ab. Wenn er verständnisvoll ist und wenn Sie den Kummer über Ihre mangelnden Orgasmen mit ihm teilen möchten, weil Ihnen das vielleicht helfen würde, dann setzen Sie sich mit ihm zusammen und fangen etwa folgendermaßen an: »Niemand hat mich jemals so nahe ans Ziel geführt ...« Und dann lassen Sie die Katze aus dem Sack. Aber vor dem Sex, nicht währenddessen.

In der Zwischenzeit versuchen Sie, Ihr Sexualleben Ihren Bedürfnissen möglichst anzupassen. Wenn Sie mehr Zeit brauchen, bedenken Sie, daß es zu den Grundängsten eines Mannes gehört, zu schnell zu ejakulieren. Nutzen Sie das aus. Immerhin hängt ein erfolgreicher Beischlaf vom Genuß *beider* Partner ab – und wenn er keine Geduld aufbringt, hat er seinen Beitrag nur unvollkommen geleistet.

In einer langfristigen Beziehung mag die Frage »Hattest du einen Orgasmus?« schon aufgetaucht sein. Dann haben Sie bereits Ihre eigene Methode gefunden, damit umzugehen. Nur in einer neuen Partnerschaft ist das ein heißes Thema. Am besten schauen Sie den Mann freundlich an und sagen: »Mal sehen, wie sich die Sache noch entwickelt.« Damit verlagern Sie die Bedeutung der Frage von Ihrer Orgasmusunfähigkeit auf seine unzulängliche Leistung.

Zeigen Sie niemals Verlegenheit oder Schuldgefühle. Geben Sie ihm zu verstehen, wie sinnlos die Frage ist, wenn sie auf so abstrakte Weise gestellt wird – und daß die Antwort nicht nur von Ihnen abhängt, sondern in noch größerem Maße von ihm. Und wenn er mitten beim Sex wissen will: »Ist es dir schon gekommen?«, noch dazu mit scharfem Unterton – dann zahlen

Sie's ihm heim und erwidern: »So wie *du* dich aufführst?«
Wälzen Sie die Schuld von Ihren Schultern auf seine. Auch er
muß begreifen, daß zum Sex *zwei* gehören.
Sie können auch sagen: »Nein, es ist mir noch nicht gekommen, aber regen wir uns deshalb nicht auf.« Vermeiden Sie es,
in dieser Phase das Problem aufzubauschen. Dann können Sie
Ihr persönliches Training ungezwungener durchführen.
Oder Sie täuschen einen Orgasmus vor. Falls Sie das für nötig
halten, lesen Sie das vierzehnte Kapitel.

Die sexy Tage in Ihrem Leben

An welchen Tagen des Monats fühlen Sie sich besonders
sexy? Im Gegensatz zu den weiblichen Säugetieren genießen
die Frauen den großen Vorteil, jederzeit koitieren und – ein
etwas fragwürdiger Bonus – das ganze Jahr hindurch Nachkommenschaft empfangen zu können. Und da wir bezüglich
unserer sexuellen Erregung jede verfügbare Hilfe begrüßen,
lohnt es sich, herauszufinden, an welchen der achtundzwanzig Zyklustage wir die größte Lust verspüren.
Wie Shere Hite berichtet, empfinden die meisten Frauen, die
den Fragebogen ausgefüllt haben, kurz vor und während der
Menstruation ein gesteigertes sexuelles Verlangen. Die Folge-
rung, die sie daraus zieht, ist der einzige Punkt, in dem ich ihr
nicht zustimme. Sie erklärt, im allgemeinen seien die Frauen
an den unfruchtbaren Tagen eher am Sex interessiert, und das
würde auch den Forschungsergebnissen anderer Sexualwissenschaftler entsprechen. Um es ganz unverblümt zu sagen –
Sexualforscher stimmen nur selten in irgendwelchen Dingen
überein, und der Menstruationszyklus bildet da keine Aus-

nahme. Welches Buch man auch immer in die Hand nimmt, in jedem scheint was anderes zu stehen – wie eine neue Abhandlung von zwei Kanadiern bestätigt. In ihrer Zusammenfassung der Forschungsarbeit während der letzten paar Jahre stellen sie fest, einige Wissenschaftler seien zu der Überzeugung gelangt, der Gipfel der sexuellen Lust werde kurz vor der Menstruation erreicht. Andere behaupten, dies würde kurz danach geschehen. Manche meinen, der Zeitpunkt würde mit dem Eisprung zusammenhängen, und einige haben sogar drei oder vier Phasen entdeckt. Natürlich gibt es auch Wissenschaftler, die kein erhöhtes weibliches Sexualinteresse in diesem oder jenem Monatsabschnitt gefunden haben. (Eins sollte man vielleicht noch bedenken. Wenn viele Frauen erklären, nach der Periode seien sie leidenschaftlicher als sonst, dann hängt das vielleicht mit ihrer Abstinenz während der Blutung zusammen.)

Hier finden wir eine wunderbare Gelegenheit, unsere eigenen Forschungen durchzuführen. Die Übungen in diesem und in den folgenden Kapiteln sind – zur besseren Orientierung – mit Zahlenkombinationen bezeichnet, die das Kapitel und die Übung selbst angeben.

Übung 5.1 Kreuzen Sie auf dem Kalender Ihres Monatszyklus die Tage an, an denen Sie sich besonders sexy fühlen. Aber zerbrechen Sie sich nicht täglich den Kopf darüber, ob sie nun Lust haben oder nicht. Womöglich können Sie es gar nicht feststellen, und das würde Sie nur verwirren. Vergessen Sie's einfach. Aber an den Tagen, wo Sie ganz eindeutig scharf sind, machen Sie ein Kreuzchen.

Nach einigen Wochen erkennen Sie vielleicht ein bestimmtes System. Wenn ja, wäre es dumm, an diesen Tagen kein Treffen mit Ihrem Liebhaber zu arrangieren. Wenn Sie mit Ihrem Partner zusammenleben, sehen Sie vielleicht keinen Vorteil in der

Bestimmung Ihrer sexy Tage, weil Sie ihn ohnehin jederzeit ins Bett locken können. Trotzdem lohnt sich die Übung, denn jede kleine Information über Ihre eigene Sexualität ist nützlich. Man weiß nie, wann man sie mal verwerten kann.

Was noch wichtiger ist – Sie sollten stets an diesen Tagen mit den jeweils neuen Übungen des Programms beginnen, denn dann werden Sie am besten darauf reagieren. Natürlich behaupte ich nicht, es würde wie ein Uhrwerk funktionieren. Viele Frauen werden vielleicht gar kein System auf ihrem Kalender erkennen, und das macht überhaupt nichts. Außerdem wird unsere Einstellung zum Sex von mehreren anderen Faktoren beeinflußt – von unserem Seelenleben, unserer Harmonie mit dem Partner, von unserer körperlichen Verfassung, sogar vom Wetter. In alten Zeiten glaubte man sogar an »Frühlingsgefühle«, die mit den Fortpflanzungsperioden der Tierwelt zusammenfielen.

Eine meiner Freundinnen arbeitete im Kartenbüro eines großen Opernhauses. Einmal im Monat besuchten eine große, temperamentvolle rothaarige Frau und ihr schüchterner Begleiter eine Vorstellung. Stumm wartete er im Hintergrund, während sie zielstrebig zum Vorverkaufsschalter ging und nach einer kurzen Berechnung mit Hilfe ihrer Finger zwei Karten für die Aufführung in genau achtundzwanzig Tagen kaufte. Einmal fiel der Termin auf einen Sonntag, und da hatte die Oper geschlossen. Meine neugierige Freundin fragte, ob das Datum denn eine so große Rolle spiele. »Nun ja, ein oder zwei Tage machen keinen großen Unterschied«, erwiderte die Dame strahlend und erklärte dann, sie sei verheiratet und lebe auf dem Land. Bei ihren Aufenthalten in der Stadt gebe sie vor, bei einer Freundin zu übernachten. In Wirklichkeit gehe sie mit ihrem Liebhaber »davor« in die Oper. »Und es ist natürlich günstig«, fügte sie mit schwungvoller Geste hinzu, »wenn dieser Tag *in die wildeste Monatsphase fällt.*«

Vielleicht können Sie nicht so präzise Pläne für Ihre »wildeste Monatsphase« machen, aber so wie diese Frau vertraut mit sich selbst werden. Lernen Sie die Stimmungen und Gefühle kennen, die Ihnen verraten, daß Sie bereit zum Sex sind – nicht, weil Ihr Partner gerade will, sondern weil *Ihr Körper es Ihnen sagt.*

Der Kalender Ihres sexuellen Verlangens

Machen Sie jeden Monat Ihre Eintragungen. Tag 1 ist der erste Tag Ihrer Periode. Kreuzen Sie jeden Tag an, an dem Sie sich besonders sexy fühlen (unabhängig davon, ob Sie Sex hatten oder nicht). Führen Sie mehrere Monate lang Buch.

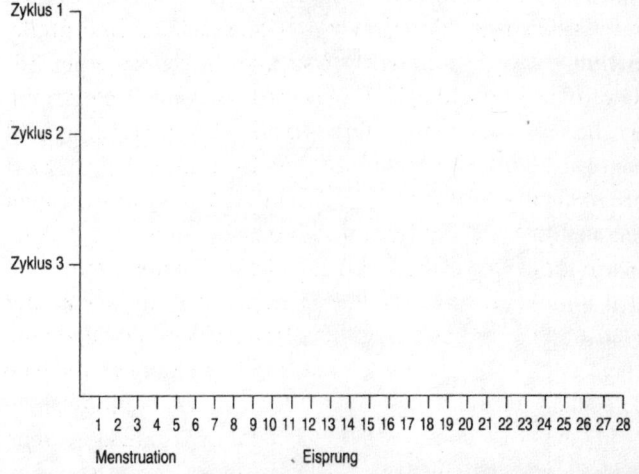

Übung 5.2 Im zweiten Kalender tragen Sie Ihre Reaktionen an den Tagen ein, an denen Sie mit Ihrem Partner geschlafen

oder masturbiert haben. Bewerten Sie den Grad Ihrer Erregung mit drei Noten. Wenn Sie zum Beispiel am Tag 1 sehr erregt waren, schreiben Sie eine 3 hin. Wenn Sie einige Daten gesammelt haben, vergleichen Sie sie mit den Eintragungen im ersten Kalender.

Der Kalender Ihrer sexuellen Reaktionen

An jedem Tag, an dem Sie Sex mit Ihrem Partner hatten, tragen Sie Zahlen ein – je nachdem, wie es Ihnen gefallen hat. Wenn Sie masturbiert haben, verwenden Sie einen andersfarbigen Stift. Und wenn Sie einen Orgasmus erzielt haben, malen Sie einen Kreis um die Ziffer.

1. Hat keinen Spaß gemacht.
2. Mittelmäßig.
3. Super.

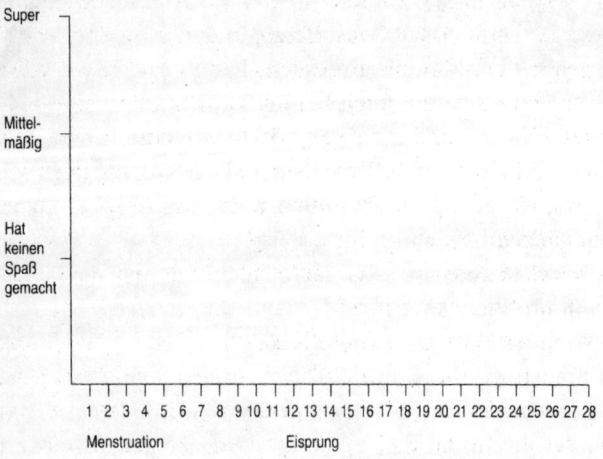

Ein Tip: Haben Sie sich schon einmal gewünscht, während der Menstruation Liebe zu machen, ohne daß Sie im Blut schwimmen? Das können Sie! Bitten Sie Ihren Arzt, Ihnen ein Diaphragma anzupassen, und bei Ihrer Periode setzen Sie es ein – natürlich nicht, um eine Empfängnis zu verhüten, das wäre in diesen Tagen überflüssig, sondern um die Blutung abzufangen.

Die Kegel-Übungen

Seit langem ist bekannt, daß eine muskulöse Vagina das Vergnügen des Mannes erheblich steigert, wie die folgende etwas überzogene Beschreibung der weiblichen »Nußknacker«-Technik demonstriert – einem französischen Werk aus dem neunzehnten Jahrhundert, betitelt *Tableuux Vivants*, entnommen.
»Ich drang ein, ich stieß zu – o Himmel! Welch eine Wonne! Die Scheide dieser Kammerjungfer glich einer Kneifzange. Diese Dienerin besaß, was Herzoginnen mangelte, was ich vergeblich bei Marquisen gesucht hatte – die *casse-noisette* Sie verengte sich um mich herum, kniff in mich hinein. Und dieses Zwicken und Zwacken wirkte wie eine furiose Saugpumpe auf mein verblüfftes Glied und überraschte mich selbst ebenso. Ich genoß es, ich entlud mich, ich versank mit meinem ganzen Gewicht in ihr ...«
Die *wirklich* gute Neuigkeit lautet allerdings, daß auch *Frauen* davon profitieren können.
1952 entwickelte Dr. Arnold Kegel eine Reihe von Übungen für Frauen, die ihre Kontrolle beim Urinieren verbessern mußten, indem sie den Pubococcygeus- oder P. C.-Muskel stärkten, der die Größe und Spannkraft der Vagina-Öffnung be-

stimmt. Wie sich zum Entzücken seiner Patientinnen herausstellte, steigerten diese Übungen ihre Fähigkeit zum Orgasmus und auch dessen Intensität. Durch die Kräftigung des Muskels verstärkte sich die Durchblutung, die eine wichtige Rolle bei der sexuellen Erregung spielt und die Sensitivität erhöht. Kegels Übungen sind nicht mehr so populär wie früher, aber einige Sexualtherapeuten empfehlen sie immer noch. Ich bin überzeugt, daß sie funktionieren. Eine gute Muskulatur an der richtigen Stelle fördert den Orgasmus. Wenn Sie ein paar einfache Übungen durchführen, können Sie sowohl die Quantität als auch die Qualität Ihrer Orgasmen verbessern. Wenn Sie also keinen gut ausgebildeten P. C.-Muskel besitzen, machen Sie sich an die Arbeit.

Erst einmal müssen Sie wissen, welchen Muskel ich meine. Unterbrechen Sie auf der Toilette Ihren Urinfluß. Der Muskel, den Sie dabei benutzen, ist es. Vergewissern Sie sich, daß die Kontrolle nur von ihm ausgeht, nicht von Ihren zusammengepreßten Beinen. Sie wollen sich doch nicht versehentlich allzu ausgeprägte Oberschenkelmuskeln einhandeln!

Wenn Sie Ihren P. C.-Muskel zu kennen glauben, beginnen Sie mit dem Training. Wunderbarerweise können Sie diese Übungen überall und jederzeit machen, mitten im Supermarkt, in der Privatsphäre Ihres Schlafzimmers, im Stehen, Sitzen oder Liegen. Wie andere Übungen sind sie anfangs ein bißchen ermüdend, aber sie werden Ihnen schon bald ganz leichtfallen.

Übung 5.3

1. Ziehen Sie den Muskel zusammen und entspannen Sie ihn. Zwanzigmal.
2. Ziehen Sie den Muskel für drei Sekunden zusammen, dann entspannen Sie ihn. Zehnmal.
3. Ziehen Sie den Muskel zusammen, während Sie einatmen. Vermeiden Sie, gleichzeitig die Bauchmuskeln anzuspan-

nen. Das ist am Anfang schwierig, wird aber mit der Zeit einfacher. Zehnmal.

Das wär's. Üben Sie drei- oder viermal pro Tag. Die Mühe wird sich für Sie und Ihren Partner lohnen.

Der Fragebogen

Nehmen Sie einen Stift und ein Blatt Papier. Sie sollen gleich ein paar sehr persönliche Fragen beantworten.
Es ist wichtig, daß Sie präzise und detailliert antworten. Falls nötig, illustrieren Sie die Angaben mit Geschichten und Anekdoten, vielleicht sogar mit Zeichnungen. Aber Sie müssen vor allem ehrlich antworten. Das ist bei so heiklen Themen wie Sex nicht leicht, schon gar nicht, wenn's um den Orgasmus geht. Sollten Sie also gerade in einem Café sitzen, blättern Sie ein paar Seiten weiter und kehren Sie zu dieser zurück, wenn Sie allein und ungestört sind. Falls Sie mit jemandem zusammen sind, der darauf besteht, daß Sie weitermachen, dann tun Sie's, ohne Ihre Seele bloßzulegen. Aber dann müssen Sie sich den Fragebogen später noch einmal vornehmen und die Wahrheit gestehen. Es ist für den Erfolg dieses Programms unerläßlich, daß Sie Ihre eigenen Stärken und Schwächen genau kennen.
Beantworten Sie die Fragen in beliebiger Reihenfolge. Wenn Sie fertig sind, können Sie das Papier verbrennen, in einem Geheimfach verwahren oder Flugzeuge draus falten. Noch besser Sie schicken die Antworten an meinen Verlag. Das würde einen zweifachen Zweck erfüllen. Erstens – wenn Sie so veranlagt sind wie ich und wissen, daß jemand anderer Ihre

Antworten lesen wird, werden Sie besonders sorgfältig zu Werke gehen. Und zweitens werden Ihre Antworten ein einzigartiges, faszinierendes Material für eine weitreichende, internationale Erforschung (dieses Buch wird in vier Sprachen erscheinen) der weiblichen Sexualität und des Orgasmus liefern, wie sie noch nie zuvor durchgeführt wurde. Natürlich werden Ihre Angaben streng vertraulich behandelt. Sie müssen Ihren Namen gar nicht nennen. Und die irrelevanten Details, die nichts mit Sex zu tun haben, können Sie, falls nötig, erfinden.

Zur Einführung

1. Bringt Sie das Wort »Orgasmus« in Verlegenheit? Wenn ja, warum?
2. Wären Sie verlegen, wenn andere Leute wüßten, daß Sie dieses Buch besitzen? Wenn ja, warum, und an welche Leute denken Sie dabei?
3. Glauben Sie, der Orgasmus wird überschätzt?

Masturbation

4. Wie oft masturbieren Sie? Wechselt die Häufigkeit Ihrer Masturbationen? Falls Sie es niemals tun, warum nicht?
5. Finden Sie die Masturbation in physischer und psychischer Hinsicht angenehm?
6. Bekommen Sie jedesmal, wenn Sie masturbieren, einen Orgasmus? Für gewöhnlich? Manchmal? Selten? Geben Sie Einzelheiten an.
7. Wie lautet die Höchstzahl der Orgasmen, die Sie bei einer Masturbation erreicht haben? Sind sie von unterschiedlicher Intensität? Wie viele brauchen Sie im ganzen, um sich restlos befriedigt zu fühlen?

Koitus

8. Wie oft haben Sie beim Koitus (durchschnittlich) einen Orgasmus? Nie? Selten? Manchmal? Für gewöhnlich? Immer? Denken Sie gründlich darüber nach. Überschätzen Sie sich nicht, und bedenken Sie – vor dem Beginn meiner Übungen wäre meine Antwort ein schlichtes »Nie« gewesen.

9. Falls Sie noch nie einen Orgasmus erlebt haben – glauben Sie, daß Sie jemals nahe daran gewesen sind? Wissen Sie, was Sie behindert?

10. Waren Sie jemals verzweifelt, weil es anscheinend keinen Grund gab, warum Sie nicht zum Orgasmus gelangen sollten?

11. Kommen Sie während des Koitus leichter zum Orgasmus, wenn Sie gleichzeitig mit der Hand Ihre Klitoris stimulieren? Können Sie ohne zusätzliche klitorale Stimulation einen Orgasmus erreichen?

12. Empfinden Sie beim Koitus manchmal körperliches Unbehagen? Wenn ja, wissen Sie, warum?

Orale und manuelle Stimulation

13. Genießen Sie manuellen Sex physisch und psychisch?

14. Genießen Sie oralen Sex physisch und psychisch?

15. Kommen Sie beim manuellen Sex leichter zum Orgasmus? Falls nein, warum nicht?

16. Kommen Sie beim oralen Sex leichter zum Orgasmus? Falls nein, warum nicht?

17. Hängt die Qualität Ihrer Orgasmen von sexuellen Praktiken ab? Wie läßt sich der bei einer Masturbation erzielte Orgasmus mit dem Orgasmus vergleichen, den Sie beim Sex mit Ihrem Partner erleben?

18. Unterscheiden sich Ihre Orgasmen in der Intensität? Wenn ja, gibt es besondere Umstände, die diese Intensität beeinflussen?

19. Wirkt sich die Monatsphase auf Ihre sexuelle Genußfähigkeit aus?

20. Kommt es vor, daß es Ihnen nichts ausmacht, keinen Orgasmus zu haben, selbst wenn Ihr Partner einen erlebt? Falls es Sie stört, wie sehr?

21. Glauben Sie, Ihre Orgasmus-Schwierigkeiten beeinflussen Ihre Einstellung zum Sex? Beeinflussen sie (soweit Sie das feststellen können) Ihre Einstellung zu Männern? Zum Leben im allgemeinen?

22. Hatten Sie, wenn Sie beim Koitus keinen Orgasmus bekamen, jemals das Gefühl, es wäre Ihre »Schuld«? Wenn ja, warum? Hat Ihr Liebhaber jemals angedeutet, Sie seien »schuld« daran?

23. Vertreten Sie den Standpunkt, die meisten Frauen würden sich nicht so für Sex interessieren wie die Männer? Und wie sieht es mit dem Orgasmus aus?

24. Glauben Sie, Männer würden keine Frauen mögen, die beim Sex die Initiative ergreifen? Sollte sich eine Frau beim Sex unterordnen?

25. Glauben Sie, daß Frauen die Sexualität emotionaler betrachten als Männer? Wie würden Sie den Geschlechtstrieb der Durchschnittsfrau mit dem des Durchschnittsmannes vergleichen?

26. Sind sexuelle Phantasien für Sie wichtig? Welche?

27. Hatten Sie schon einmal während des Schlafs einen Orgasmus?

28. Fühlen Sie sich beim Sex befangen? Wenn ja, warum?

29. Wenn Sie und Ihr Partner unterschiedliche sexuelle Praktiken mögen, wie oft setzen Sie sich durch?

30. Täuschen Sie häufig Orgasmen vor? Manchmal? Selten? Nie? Falls Sie jemals einen Orgasmus geheuchelt haben – warum? Wenn nicht, warum nicht?

31. Was glauben Sie, wie leicht es Ihrem Partner fällt, festzustellen, ob Sie einen echten Orgasmus hatten oder nicht? Wie leicht kann das jemand erkennen, mit dem Sie erst ein einziges Mal im Bett waren?

32. Fühlen Sie sich durch die konstante Beschäftigung der Medien mit Sex eingeschüchtert? Fürchten Sie zum Beispiel, Sie wären in sexueller Hinsicht nicht so kunstfertig wie andere Frauen?

33. In Sexbüchern wird oft betont, wie wundervoll und bedeutsam Orgasmen sind, eine der großartigsten Erfahrungen, die das Leben zu bieten hat. Gewinnen Sie manchmal den Eindruck, Ihre eigenen Erfahrungen würden diesem Ideal nicht entsprechen?

34. In welcher Weise haben Ihnen Sexbücher geholfen? Haben Sie etwas daraus gelernt oder nur Gesprächsstoff für Ihre Zusammenkünfte mit Freundinnen gefunden? Damit meine ich, ob Sie gelernt haben, dies oder jenes wirklich zu *genießen*, oder ob Sie nur über die Dinge informiert worden sind, die Sie genießen *sollten*.

35. Möchten Sie noch etwas hinzufügen? Haben Sie irgendwelche Tips (so seltsam oder albern sie auch klingen mögen) für Frauen mit Orgasmus-Schwierigkeiten? Können Sie aufschlußreiche oder nützliche Geschichten erzählen?

6
Stufe 1 – Der Spiegel

Dieses Programm fing in dem Augenblick an, wo Sie das Buch aufschlugen. Die ersten Kapitel sollten Ihnen (abgesehen von Informationen über mich selbst und die Probleme des weiblichen Orgasmus) klarmachen, daß Sie nicht allein sind und daß Sie eine ganze Menge für sich tun können. Sie wurden gebeten, einen Fragebogen auszufüllen, Ihre Sorgen, Ängste, Enttäuschungen und Zukunftshoffnungen schriftlich festzuhalten. Nun beginnen Sie, Ihre Schwierigkeiten entschlossen und professionell zu meistern. Sie befinden sich bereits auf dem Weg zum Erfolg.

Nachdem Sie den einleitenden Teil des Programms gelesen haben, ist es an der Zeit, mit dem Training zu beginnen. Ich habe bereits betont, wie wichtig es ist, daß Sie sich in Ihrem Körper wohl fühlen, damit Sie sich entspannen können und Selbstvertrauen gewinnen – zwei wesentliche Voraussetzungen für den Orgasmus.

Nehmen Sie sich an einem Abend, an dem Sie wissen, daß man Sie nicht stören wird, Zeit für sich selber. Sie brauchen mindestens zwei Stunden, vorzugsweise etwas mehr. Schalten Sie das Telefon ab, gießen Sie sich einen Drink ein, hören Sie Musik, die Ihnen gefällt – vielleicht sanfte, beruhigende Klassik. Oder ein romantisches Liebeslied. Es kann auch Jazz oder fröhlicher Disco Sound sein. Dann stellen Sie sich vor einen großen Spiegel, im Bad oder im Schlafzimmer. Sie müssen Ihr Gesicht und mindestens die Hälfte Ihres Körpers sehen, am besten den ganzen.

Auch auf die Beleuchtung kommt es an. Keine grellen, kompromißlosen Glühbirnen, sondern weiches, schmeichelndes

Licht, so wie es Fotografen verwenden, damit ihre Models möglichst hinreißend aussehen. Falls nötig, holen Sie Lampen aus einem anderen Raum. Keine Notlösungen! Geben Sie sich nicht mit dem Zweitbesten zufrieden! Wenn das Licht noch immer nicht stimmt, kaufen Sie ein oder zwei rosa Glühbirnen.

Jetzt machen Sie sich so zurecht, wie Sie in Ihren eigenen Augen am besten aussehen. Beginnen Sie mit einem ausgiebigen entspannenden, duftenden Bad. Dann machen Sie sich so hübsch wie möglich. Sie sollen sich nicht so herrichten, als würden Sie zu einer wichtigen Dinnerparty gehen, sondern nur Ihr Wunschbild berücksichtigen, nicht die Meinung anderer Leute. Ihr Ideal-Look kann süß oder spröde, romantisch oder extravagant sein. (Die Stufe 1 wandte ich zum erstenmal an, nachdem ich mit einem Mann Schluß gemacht hatte, der bei unserem letzten Streit besonders ekelhaft gewesen war. Ich schenkte mir einen Cocktail ein und überhäufte mich selber mit Schmeicheleien, bis ich einschlief.)

Um ein heiteres Beispiel anzuführen – Susan wollte schon immer wie die Bardame in einem Wildwestfilm aussehen: »Wissen Sie, wie eine dieser kurvenreichen Frauen mit hochgeschnalltem Bügel-BH. Ich kaufte mir sogar einen, aber den wagte ich nie zu tragen, zumindest nicht in der Öffentlichkeit. Eines Abends zog ich ihn an, dazu Netzstrümpfe. Ich dachte, die wären zerrissen, aber dann merkte ich, daß die Löcher dazugehörten. Dann schlüpfte ich noch in mehrere Petticoats und hochhackige Schuhe, fand mich großartig, stelzte in der Wohnung herum und amüsierte mich köstlich. Schließlich war ich sternhagelvoll – klar, als *Bardame* ... Schade, daß kein Fotograf dabei war. Natürlich hätte ich mich so nie vor die Tür getraut. Aber das nächstemal machte ich's mit meiner besten Freundin, und das war der tollste Abend des Jahres.«

Annie zieht sich gern schwarz an:

»Schwarz, von Kopf bis Fuß. Dann pudere ich mein Gesicht aschfahl. Das sieht wirklich irre aus. Ich wünschte, ich hätte den Nerv, mal in dieser Aufmachung auszugehen.«

Kurz gesagt, Sie müssen Ihre geheimen Träume ausleben, Ihrer Phantasie freien Lauf lassen. Wenn Sie als spärlich bekleidetes Model posieren wollen, dann tun Sie's. Zum Teufel mit Ihrer prinzipiellen Abneigung gegen den *Playboy* und ähnliche Magazine – Sie sollen nicht irgendwelche anonymen Männer scharfmachen, sondern *selber* Ihren Spaß dran haben.

Manchmal trage ich liebend gern hochhackige Lederstiefel und ein langes tiefblaues Samtcape, das ich vor einigen Jahren auf einem Trödelmarkt in London gekauft habe, dazu einen Spazierstock mit Silberspitze – und sonst nichts. Dann stelle ich mir vor, ich würde spätabends an einem Kai entlangwandern und von ausgehungerten Hafenarbeitern angestarrt werden, die sich nicht an mich rantrauen. Wenn ich mich im Spiegel bewundere, mache ich ganz große Schritte, so daß mein Cape die Schenkel entblößt.

Eine meiner Freundinnen – eine eingefleischte Sozialistin, die so lobenswerte Dinge tat, wie ihr eigenes Sesambrot zu backen und im Herbst Pilze zu sammeln – sieht sich in ihren Tagträumen als skandalöse, in Pelz gehüllte Gesellschaftslöwin mit Seidenstrümpfen und Zigarettenspitze. Sie genießt es, laut zu sprechen und ein imaginäres Publikum zu betören. Wenn man die Leute erst mal zum Reden bringt, erfährt man die kuriosesten Geheimnisse!

Die etwas zu dicke Roberta erklärte, sie würde gern heimkommen und sich »bewegen, ohne meine Rundungen zu kaschieren. Nur zu Hause fühle ich mich mit meiner Figur wohl. Da muß ich nicht ständig Zeitschriften sehen, die eine neue Diät anpreisen und diesen ganzen Unsinn. Ich stehe da, einen Schal um die Taille, wie diese schönen Insulanerinnen in ihren Baströckchen. Die sind recht üppig gebaut und schämen sich deswegen kein bißchen. Ich sagte mir: ›Bobby, das alles bist du. Davon ist eine ganze Menge da, und du möchtest keinen einzigen Kubikzentimeter missen!‹«

Benutzen Sie Accessoires, die Ihnen gefallen – sexy Höschen, eine offenherzige Bluse. Schlüpfen Sie in hochhackige Schuhe, damit Ihre Beine verführerisch aussehen. Ziehen Sie einen Schmollmund, blicken Sie über die Schulter, posieren Sie auf einem Stuhl wie die *Playboy*-Models – alles nur zu Ihrer eigenen verwerflichen Befriedigung!

Wenn Sie in den Spiegel schauen, denken Sie nicht: Mein Gott, wie sexy ich aussehe! Ich wette, Harry / Sam / Steve (oder wer auch immer) wäre ganz verrückt nach mir. Statt dessen müssen Sie sich sagen: Mein Gott, wie sexy ich aussehe ... Stop! Machen Sie sich nicht hübsch, um diesen oder jenen Mann zu beeindrucken, sondern um Freude an sich selber zu finden.

Während Sie vor dem Spiegel stehen, legen Sie ein oder zwei Kleidungsstücke ab. Lassen Sie einen Schal von Ihren Schultern gleiten, öffnen Sie die Strapse, rollen Sie die Strümpfe nach unten, knöpfen Sie Ihre Bluse auf. Entblößen Sie ganz langsam Ihren Körper, und zwar so, daß Ihnen jede einzelne Phase Spaß macht.

Genießen Sie es, sich selber im Spiegel zu beobachten. Statt wie üblich mit kritischer Miene auf der Waage zu stehen, da und dort in Fettpölsterchen zu kneifen und über die Zellulitis an den Hüften zu jammern, sollen Sie so verführerisch wie nur möglich posieren. Sie müssen sich nicht ganz ausziehen, nur die Kleidungsstücke, auf die Sie gern verzichten. Egal, ob Sie nackt oder nur halbnackt sind – nehmen Sie eine Stellung ein, die Ihnen reizvoll erscheint. Wenn Sie mit der Form Ihres Busens unzufrieden sind, rücken Sie ihn so vorteilhaft wie möglich ins Bild.

Drehen Sie sich um, schauen Sie über die Schulter und

betrachten Sie Ihren Körper von hinten – vielleicht, während Sie Ihr Hemd über einer Pobacke hochziehen. Was immer Sie wollen.

Reiben Sie sich dabei mit Körperlotion ein. Das mag Ihnen Spaß machen oder auch nicht – manche Frauen hassen es (zum Beispiel ich), aber einige finden es wundervoll, die Lotion über die Brüste und Schenkel zu streichen.

Falls Sie eine Kamera mit Selbstauslöser besitzen (heutzutage gang und gäbe, sogar bei billigen Apparaten), fotografieren Sie sich selbst. Wenn nicht, richten Sie die Kamera auf den Spiegel. Ihr Gesicht werden Sie nicht knipsen können (wegen des Blitzlichts), aber alles andere. Am besten machen Sie diese Übung mit einer guten Freundin. Fotografieren Sie sich gegenseitig. Sollten Sie sich unbehaglich fragen, was die Leute im Fotolabor denken könnten, benutzen Sie eine Polaroidkamera. Wenn die Fotos entwickelt sind, sortieren Sie die unvorteilhaften aus und zerschnipseln sie mit einer besonders scharfen Schere. Alle gelungenen heben Sie auf, und die schauen Sie immer wieder an. Das stärkt Ihr Selbstvertrauen.

Es kommt einfach nur darauf an, daß Sie sich selbst aus einem möglichst schmeichelhaften Blickwinkel sehen, Ihr Äußeres attraktiv finden, sich als Power-Frau betrachten, die es versteht, Freude an der eigenen Person zu finden und aus ihrer Sexualität alles rauszuholen, was sie will. Das ist eine ganz zwanglose Übung, aber auch der erste Schritt zur Kontrolle über Ihren Körper.

Und das wär's auch schon. Sobald Sie Ihre erste Feier hinter sich haben (die dürfen Sie auf keinen Fall vergessen) gehen Sie zur Stufe 2 über. Wiederholen Sie diese simple, anspruchslose, wenn auch etwas theatralische Übung, wann immer Sie möchten.

7
Stufe 2 – Masturbation

Die grundlegende Voraussetzung für Ihren sexuellen Fortschritt ist die Fähigkeit, aus eigener Kraft einen Orgasmus zu
erreichen. Das ist der einfachste Teil des Trainings und außerdem sehr vergnüglich. Aus zwei Gründen ist die Masturbation
wichtig für mein Programm:

1. Sie bringt Ihrem Körper bei, sexuell zu reagieren. Aus
   naheliegenden Gründen üben Sie am besten, wenn Sie
   allein und völlig entspannt sind. Nachdem Sie Ihre ele-
   mentaren sexuellen Bedürfnisse kennengelernt und festgestellt haben, wie sie sich am ehesten befriedigen lassen,
   sind Sie immer noch ein ganzes Stück vom Ziel entfernt.
   Sie werden vorankommen, während Sie bei der Masturbation experimentieren und verschiedene Methoden ausprobieren, allein einen Orgasmus zu bewirken. Das ist
   unerläßlich, weil

2. die Masturbation ein Mittel ist, den eigenen Körper unter
   Kontrolle zu bringen. Wie ich bereits betont habe, ist die
   Selbstkontrolle ein wesentlicher Faktor, was die sexuelle
   Erfüllung betrifft. Indem Sie sich mit der eigenen Sexualität restlos vertraut machen und damit experimentieren, lernen Sie sie zu beherrschen. Am Ende dieser Pro-
   grammphase werden Sie imstande sein, auf viele verschiedene Arten erfolgreich zu masturbieren. Diese Fähigkeit müssen Sie erwerben. Das erfordert Zeit und Geduld,
   aber sobald Sie's können, werden Sie's nicht mehr ver-
   lernen und bereit sein, das Training beim Koitus fortzusetzen.

Ich muß auch darauf hinweisen, daß fast alle Sexualforscher und -therapeuten die Masturbation als wichtigen Schritt auf dem Weg zum Orgasmus beim Geschlechtsverkehr betrachten.

Über die Masturbation

Nahezu alle Frauen, die masturbieren, kommen zum Orgasmus. Erstaunlich. Frauen, die beim Sex mit einem Partner niemals einen Orgasmus erleben, erreichen fast immer einen, wenn sie sich selbst befriedigen – und zwar schnell und mühelos.

Trotzdem lassen sich viele Frauen immer noch durch Ignoranz und Schuldgefühle von der Masturbation abhalten. Die Ignoranz kann man relativ leicht überwinden. Lesen Sie einfach weiter! Die Schuldgefühle sind problematischer. Den Frauen zuliebe, die das Masturbieren beschämend finden, möchte ich dieses Thema etwas ausführlicher diskutieren. Ich erwarte nicht, daß Sie diese Gefühle in so kurzer Zeit überwinden – wie ich aus bitterer Erfahrung weiß, können sie sehr hartnäckig sein. Ich weiß auch, wie wütend man werden kann, wenn jemand versucht, diese Schwierigkeiten mit ein paar banalen Phrasen aus der Welt zu schaffen. Aber nachdem ich selber große Hemmungen bezüglich der Masturbation hatte, kann ich Ihnen hoffentlich helfen, diese Hindernisse zu eliminieren – mit Geduld, Ermutigung und Praxis. Das können Sie ebenso lernen wie ich.

Manche Frauen beginnen schon als Kinder zu masturbieren, ohne zu wissen, was sie tun. Viele stolpern später ganz zufällig darüber: Sie fühlen einen Drang zwischen den Beinen, beginnen an sich selber zu reiben und erreichen eher unerwartet einen Orgasmus. Meine Freundin Laurelle entdeckte die Masturbation, weil sie Puzzles liebte:

»Vor ein paar Jahren wohnte ich in einem schäbigen kleinen Apartment in Edinburgh. Ich besaß nicht viel Geld, und statt abends auszugehen, blieb ich zu Hause und verdrängte meine Sorgen mit Puzzles, die aus fünftausend und zehntausend Teilchen bestanden. Kein Tisch war groß genug dafür, und so breitete ich sie auf dem Boden vor dem Kamin aus. Da ich immer mit gekreuzten Beinen dasaß, preßte ich eine meiner Fersen zwischen meine Schenkel, und als ich mich vorbeugte, um nach einem Puzzleteilchen zu greifen – nun, ich kann nur sagen, daß sich meine Stimmung ein bißchen besserte. Es regte mich richtig auf, das zu machen, wenn Leute da waren – besonders einer der zahlreichen Freunde meiner Wohnungsgenossin.«

Komischerweise stieß ich neulich auf eine ähnliche Masturbationsmethode, in einer von Ibara Saikakus Kurtisanengeschichten aus dem 17.Jahrhundert. Sie wurde vor mehreren hundert Jahren in Japan praktiziert.

»Eines Tages betrachtete ich ein faszinierendes Bild von Hishikawa, das eine erotische Szene darstellte. Unwillkürlich wurde ich dadurch sehr erregt. Ich versuchte, die leidenschaftlichen Flammen in meinem Körper zu löschen, mit der Ferse oder mit einem Mittelfinger. Das waren zu kalte, zu gefühllose Werkzeuge, um meine Wollust zu stillen. Vor allem überwältigte mich die Sehnsucht nach intensiveren Liebesformen.«

Ich selbst war schon ziemlich alt, als ich zu masturbieren begann – schon weit über Zwanzig. Nie zuvor hatte ich es versucht. Ich wollte es gar nicht, und ich wußte auch nicht so richtig, worum es dabei ging. Wie ich mich erinnere, wurde in dieser Zeit in den Medien sehr viel Aufhebens um einen fortschrittlichen Sexualerziehungsfilm gemacht, der eine junge Frau – offensichtlich eine Schullehrerin – bei der Masturbation zeigte. Ich glaubte, die Bedeutung des Worts »Masturbation« zu kennen, hatte aber buchstäblich keine Ahnung, was diese Frau mit sich selber anfangen konnte. Die Möglichkeit eines Orgasmus kam mir gar nicht in den Sinn. Da ich mir den Film nicht anschaute, dauerte es noch eine ganze Weile, bis ich es herausfand. Als ich eines Tages auf einem Ast saß und ein schrecklich langweiliges Kricketmatch beobachtete, entdeckte ich zu meiner Freude, worum sich damals die ganze Publicity gedreht hatte.

Ein paar Wochen nach dieser Entdeckung gebrauchte ich alle möglichen Ausreden, damit ich früh ins Bett gehen und mich amüsieren konnte. Aber jedesmal quälten mich Gewissensbisse. Ich befürchtete, etwas Falsches zu tun – nicht so sehr in den Augen des lieben Gottes (ich hatte schon immer die Ansicht vertreten, meine körperlichen Schwächen würden ihn weniger interessieren als meine seelischen Unzulänglichkeiten), sondern im Hinblick auf die Gesellschaft und die Natur. Es war ein so intimes, selbstsüchtiges Vergnügen – diese ausschließliche Konzentration auf die eigene Befriedigung erschien mir unschicklich. Ich kam mir vor wie ein fetter Vielfraß, der allein vor einem riesigen Teller voller Kaviar oder türkischem Honig sitzt, einen Jahrgangswein dazu trinkt und diese Wonnen mit niemandem teilt. Es mußte unbemerkt geschehen und in aller Heimlichkeit. Ständig hatte ich Angst, jemand könnte an die Tür klopfen und zwischen den Vorhängen hindurchspähen oder mich keuchen hören.

Nur selten diskutieren die Leute offen und ehrlich über die Masturbation. Bestenfalls besteht die allgemeine Reaktion aus Kichern, Glucksen und Erröten. Und schlimmstenfalls findet man allein schon das Wort ekelhaft. Es klingt nicht nur unschön, es wurde auch tatsächlich vom Lateinischen *manu stuprare* abgeleitet, und das bedeutet »sich die Hand beschmutzen«. Und der derbe Ausdruck für masturbieren – wichsen – hört sich noch viel abscheulicher an.

Wenn ich, kurz nachdem ich meinem »Laster« gefrönt hatte, die Straße hinabging, glaubte ich, alle müßten mir mein schlechtes Gewissen ansehen. Und wann immer ich zufällig dem Blick eines Passanten begegnete, stieg mir die Schamröte ins Gesicht. Ich fühlte mich wie Mary McCarthys Heldin Libby in *Die Clique*, die »ein kleines Geheimnis« hatte. »Sie erlöste sich manchmal selbst, auf dem Badevorleger, nach dem Bad. Hinterher fühlte sie sich immer gräßlich, ganz knieweich und ausgelaugt, und fragte sich, was man wohl von ihr denken würde, wenn man sie dabei sehen könnte – besonders wenn sie sich auf den Höhepunkt brachte.«

Nach einer Weile zwang ich mich, die Masturbation aufzugeben. Wie schmerzlich das war! Ich kam mir sehr edel vor – gelegentlich. Aber sobald ich in meiner eben erst errungenen Tugend schwelgte, überwältigte mich das Verlangen von neuem.

Wie wir alle wissen, kann es peinlich sein, über Sex zu reden. Aber ich verstand nicht, warum die Masturbation doppelt schandbar sein sollte. Erstens ist sie vergnüglich, zweitens kostet sie nichts, schadet niemandem, und sie ist völlig *ungefährlich*. Wir gehen dabei nicht das Risiko ein, uns von einem Partner mit einer Geschlechtskrankheit anstecken zu lassen, und deshalb sollte die Masturbation als besonders *saubere* Form des Amüsements betrachtet werden. Trotzdem ist sie von einer schmutzigen, häßlichen Aura umgeben.

Ich glaube, das hat sehr viel mit den Männern zu tun. Wenn sie masturbieren, produzieren sie Sperma. Beim Sex mit einer Partnerin kann man das Sperma ordentlich »unterbringen«. Bei der Masturbation rinnt das nasse, klebrige Zeug überallhin, wo man's nicht brauchen kann. Kein Wunder, daß die Masturbation als »schmutzig« bezeichnet wird.

Da genießen wir Frauen den Männern gegenüber einen großen Vorteil – es gibt keine unangenehme Absonderung, nichts ist zu sehen. Oft brüllte ich vor Lachen über die Geschichten, die mein Freund Sam über die Schwierigkeiten der Männer erzählte:

»Manchmal muß man's einfach tun, ob's einem gefällt oder nicht. Aber glaub mir, es kann grauenvoll sein. Erstens läßt sich eine Erektion nicht so leicht verstecken – es ist verdammt peinlich, wenn man in einen dichtbesetzten U-Bahn-Waggon steigt, und peng – plötzlich hat man aus keinem besonderen Grund einen verdammt großen Hammer in der Hose. Da steht man dann da, das Ding in Augenhöhe aller sitzenden Fahrgäste, und versucht verzweifelt, die Zeitung darüberzuhalten. Und es gibt keine Möglichkeit, sich unauffällig zu erleichtern. In dieser Hinsicht beneide ich alle Frauen.«

Die Masturbation wird immer noch mit Begriffen wie Schuld, Selbstsucht, vielleicht sogar Erbärmlichkeit in Zusammenhang gebracht. Im viktorianischen Zeitalter galt sie als Ursache aller möglichen Krankheiten, vom Nasenbluten bis zum Irrsinn. Zu Beginn dieses Jahrhunderts erteilte das amerikanische Patentamt sogar ein Patent für eine Masturbationsalarmanlage, die im Schlafzimmer der Eltern läutete, wenn sich das Kinderbett verdächtig zu bewegen begann. Und wußten Sie, daß 1889 ein Antimasturbations-Lebensmittel erfunden wurde, das jegliches sexuelle Verlangen abtöten sollte? Kellogg's Corn Flakes.

Auch die Religion wirkt sich negativ auf die Masturbationsneigungen der Frauen aus, aber trotz allem, was der Pfarrer sagen mag – die modernen Bibelforscher akzeptieren, daß die Masturbation nirgendwo in der Heiligen Schrift verdammt wird. Und wenn sie erwähnt wird, dann nur im Zusammenhang mit Männern. Dabei wird nicht die Masturbation verurteilt, sondern die Verschwendung des Samens, den man (bei gewissen Gelegenheiten) hätte besser nutzen können. Zum Beispiel wurde Onan vom Herrn getötet, weil er ihn auf den Boden rinnen ließ, statt Tamar zu schwängern, die Frau seines Bruders, wie der Allmächtige es erwartet hatte. Kurz gesagt, er wurde bestraft, weil er *coitus interruptus* betrieben hatte, eine primitive Form der Empfängnisverhütung. Daß »Onanie« heutzutage als andere Bezeichnung für »Masturbation« gebraucht wird, zeigt nur die biblische Ignoranz der Person, die den Begriff in achtzehnten Jahrhundert geprägt hat, und keineswegs göttliche Mißbilligung.

Etwa fünfzehn Jahre lang, seit ich an jenem schicksalhaften Tag das Kricketmatch gesehen hatte, schämte ich mich meiner privaten sexuellen Aktivitäten. Erst mit Anfang Dreißig entwickelte ich genug Selbstvertrauen, um gründlich und analytisch darüber nachzudenken. Der Hite-Report *Das sexuelle Erleben der Frau* half mir vielleicht am wirksamsten, meine Hemmungen zu besiegen. Hier fand ich endlich ein Forum, wo nicht nur ein paar, sondern viele tausend Frauen freizügig über solche Themen sprachen, ohne den üblichen Spott, ohne Gewissensbisse. Wie ich nun herausfand, waren meine privaten sexuellen Bedürfnisse nicht ungewöhnlich, und mit meinen Schwierigkeiten, sie zu bewältigen, stand ich keineswegs allein da. Im Hite-Report geben über achtzig Prozent der befragten Frauen zu, sie würden masturbieren, und bei den Männern ist der Prozentsatz sogar noch höher. Wenn eine andere Person über Sorgen und Reaktionen spricht, die den eigenen gleichen, so kann das eine sehr intensive therapeutische Wirkung ausüben. Außerdem tut Ihnen die Masturbation wirklich gut. Die Fähigkeit der Frau, bei der Masturbation einen Orgasmus zu erreichen, wird von vielen Forschern als einer der besten Wege betrachtet, ihr sexuelles Potential zu bestimmen. Sie ist ein Hinweis auf natürliches Verlangen und sexuelles Verhalten; mit Hilfe der Masturbation lernt Ihr

Körper seine Sexualität kennen und erfährt, wie er mit ihr zurechtkommen kann; außerdem lösen Sie auf diese Weise sexuelle Spannungen in Ihrem Körper, die sonst vielleicht ein unangenehmeres Ventil finden würden. Und zu guter Letzt ist die Masturbation ein einfaches und sehr effektives Mittel, um auch beim Koitus einen Orgasmus zu erzielen. In dieser Hinsicht stimmen viele Sexualwissenschaftler überein.

Sie werden kaum glauben, wie oft die Masturbation in der Literatur auftaucht. Die Heldin in der *Geschichte der O* erinnerte sich, »beobachtet zu haben, wie ihre Freundin Marion es tat. O war erst fünfzehn Jahre alt gewesen. Marion hatte auf einem Lehnstuhl in einem Hotelzimmer gesessen, ein Bein über eine Armstütze gelegt, den Kopf zur anderen geneigt, sich vor O's Augen selbst liebkost und gestöhnt. Einmal hatte sie es auch in Ihrem Büro getan und war von ihrem Chef erwischt worden ...«

Eines Tages entdeckte ich in der Bibliothek ein Buch, das eine altmodische Anzeige für einen komplizierten patentierten Apparat zeigte. Diese Lederriemen mit Metallklammern sollten in der viktorianischen Zeit nachts von den Männern getragen werden, um nächtliche Erektionen, Masturbationen und feuchte Träume zu verhindern. Was um alles in der Welt kann unnatürlicher sein als das, fragte ich mich, lachte laut auf und fühlte mich plötzlich viel besser.

Dann stellte ich fest, daß es auch die Tiere tun – sogar in aller Öffentlichkeit. Es war ein höchst aufschlußreiches Erlebnis, als ich im Londoner Zoo vor einem Käfig mit Menschenaffen stand (unsere Urahnen, erinnern Sie sich?). Das Thema interessierte mich dermaßen, daß ich in der Bibliothek nachschaute. Nachdem ich meinen ganzen Mut zusammengenommen und mir einige Bücher bestellt hatte, las ich: »Manchmal reiben läufige weibliche Säugetiere ihre sensitiven Genitalien rhythmisch am Boden oder an spitzen Gegenständen, um die

Stimulation eines Penis' nachzuahmen, der hinein- und hinausgeschoben wird. Auf diese Weise pflegen Katzen regelmäßig den Koitus zu simulieren. Affenweibchen zwicken in ihre Klitoris. Weibliche Schwarznasige Meerkatzen fassen sich selber zwischen den Hinterbeinen an, was sie mit wachsender Erregung erfüllt.«

Dasselbe Buch berichtet auch über den Schnabelwal, der vor der Südwestküste Englands lebt und seitwärts an Schiffe heranschwimmt, um seinen »großen rosa Penis am Rumpf zu reiben«. Was sollte ich anderes tun, als laut aufzulachen? Gelächter wirkt immer befreiend.

Einigen anthropologischen Büchern entnahm ich, daß viele Volksstämme sowohl die männliche als auch die weibliche Masturbation als lebenswichtig für die individuelle Entwicklung betrachten. Bei den Bala in Afrika masturbieren die kleinen Mädchen zuerst mit den Fingern und später mit einem Gegenstand, der »Kankondenkonde« heißt – einem Dildo aus Maniokwurzeln. Schließlich gelangte ich zu der Überzeugung, daß die Masturbation ein ganz normaler Vorgang ist, praktisch von jedem betrieben wird und viele Leute beglücken könnte, wäre unsere Kultur nicht immer noch von der repressiven sexuellen Atmosphäre des letzten Jahrhunderts überschattet. Dieser Standpunkt wird von fast allen Ärzten und Therapeuten im Westen vertreten. Im Osten weiß man schon viel länger über diese Dinge Bescheid. Ein befreundeter Arzt erklärte mir, die Masturbation könne nur dann Schaden anrichten, wenn sie Schuldgefühle wecke.

Wann immer ich jetzt an Masturbation denke, stelle ich mir nicht etwas Schmutziges oder Geiles vor, sondern jene wundervollen Meisterwerke von Goya: Die bekleidete und die nackte Maya, oder die nackten Frauen Tizians, die mich in die richtige Stimmung bringen.

Unglücklicherweise gibt es immer noch Frauen, die ihre abergläubischen Vorurteile nicht abschütteln können. Sie fürchten, ein Orgasmus bei der Masturbation würde sie daran hindern, gemeinsam mit einem Mann den Höhepunkt zu erreichen. Andere fühlen sich durch die Masturbation deprimiert, vereinsamt, leer, schmutzig, billig.

Das ist altmodisches Gerede. Aber wenn Sie sich von solchen Gedanken nicht losreißen können, versuchen Sie die Sache einmal so zu sehen: In diesem Programm ist die Masturbation nicht mehr als ein Mittel zum Zweck. Ganz abgesehen vom völlig unschuldigen, ungefährlichen befriedigenden Vergnügen, das sie den Frauen bietet, ist sie der beste Weg, um ihnen zu zeigen, wie sie ihr sexuelles Potential voll ausschöpfen können. Die Masturbation führt zu befriedigendem Sex mit dem Partner, und das gilt für *beide* Teile. Außerdem ist sie ein wunderbares Medikament gegen Schlaflosigkeit.

Wie masturbiere ich?

Sicher masturbieren viele Leserinnen schon seit Jahren erfolgreich und haben ihre eigene Spezialmethode entwickelt. Sollten Sie zu diesen Frauen gehören, können Sie diesen Abschnitt überspringen und sich dem nächsten zuwenden, der Ihnen erklärt, wie sich Ihre Masturbationsfähigkeit verbessern läßt. Aber es wäre trotzdem besser, wenn Sie hier weiterlesen würden, weil es sich günstig auf das gesamte Training auswirken würde.

Den Frauen, die noch nie zu masturbieren versucht haben, möchte ich die folgenden Ratschläge geben. Vor allem müssen Sie sich völlig entspannen. Sorgen Sie dafür, daß Sie nicht gestört werden. Schalten Sie das Telefon ab, schließen Sie die

Vorhänge und die Türen – tun Sie alles, was nötig ist, um sich von Ihrer Befangenheit zu befreien und Unterbrechungen zu verhindern. Da es für Sie das erste Mal ist, nehmen Sie sich mindestens eine Stunde Zeit, und vergewissern Sie sich, daß Sie auch wirklich allein bleiben werden. Manche Frauen kommen sehr schnell zum Höhepunkt; bei vielen Frauen, die ich kennengelernt habe, dauert es oft nicht einmal fünf Minuten, und danach können sie eine ganze Zeitlang einen Orgasmus nach dem anderen erzielen. Aber wenn Sie anfangen, sollten Sie sich einen möglichst großen Spielraum zubilligen; das hilft Ihnen, sich zu entspannen, und Sie werden wahrscheinlich feststellen, daß es so wie bei anderen Fähigkeiten ist. Zu Beginn muß man sich viel intensiver konzentrieren und bemühen als später.

Legen Sie sich aufs Bett – natürlich allein –, und nehmen Sie eine möglichst bequeme Stellung ein. Wenn es Ihnen peinlich ist, alles auszuziehen, lassen Sie etwas an. Am wichtigsten ist es, daß Sie sich so unbefangen wie möglich fühlen.

Öffnen Sie die Beine. Fangen Sie an, indem Sie Ihren Körper ganz sanft mit den Händen erforschen. Streichen Sie über Ihre Brüste, finden Sie heraus, wie es Ihnen am angenehmsten ist. Jetzt legen Sie Ihre Hände zwischen die Beine. Erforschen Sie ganz behutsam die Zone Ihrer Genitalien, reiben Sie daran, so, wie es Ihnen am besten gefällt. Vermutlich werden Sie merken, daß gewisse Regionen sensitiver sind als andere, und wenn Sie diese mit den Fingern manipulieren, können Sie angenehme Gefühle erzeugen, die sich ganz vage auch auf andere Körperteile erstrecken. Es ist nicht das gleiche erfreuliche Gefühl, das man empfindet, wenn man sich an einem x-beliebigen anderen Körperteil kratzt, sondern viel wärmer. Es nimmt Ihnen ein bißchen den Atem und erregt vielleicht den Wunsch, die Beine anzuspannen, und es ist viel *vergnüglicher*. Aber keine Bange – Sie werden's schon erkennen, wenn Sie's spüren. Je länger Sie mit dieser Zone spielen, desto stärker wird das Gefühl. Es ist kein Orgasmus, aber der Weg dazu. Wenn Sie weitermachen, wird der Orgasmus früher oder später kommen: ein plötzlicher intensiver Höhepunkt der vorangegangenen Empfindungen. Einige werden ihn nach fünf oder zehn Minuten erreichen, andere, besonders am Anfang, werden vielleicht zwanzig oder dreißig Minuten brauchen. Möglicherweise müssen Sie es tage- oder wochenlang versuchen, aber vorausgesetzt, Sie entspannen sich und tun genau das, was Ihnen gefällt, werden Sie Erfolg haben.

Ihre Hände sind die nützlichsten Werkzeuge bei der Masturbation; sie sind warm und einzigartig in ihrer Sensitivität. Aber wie viele Frauen finden, kann man auch befriedigende Gefühle erregen, wenn man mit einem anderen Gegenstand Druck ausübt. Als Nora zu masturbieren begann, verwendete sie eine zusammengerollte Socke, die sie an sich preßte. Susan benutzt oft den weichen und doch festen Arm ihres Teddybären. Frauen masturbieren auf unterschiedlichste Weise. Manche ziehen es vor, sich erst einmal eine Stunde lang aufregenden Phantasien hinzugeben, andere kommen sofort zur Sache. Einige ziehen sich völlig aus, schauen in den Spiegel, während sie es tun, oder reiben ihre Brüste. Eine Frau, die ich kenne, steht in einem Hemd mit Krawatte vor dem Spiegel und steckt einen Vibrator zwischen ihre Schenkel, so daß er wie ein erigiertes männliches Glied hervorschaut. Während sie den Vibrator bewegt, malt sie sich aus, sie wäre ein Mann, der masturbiert. Das reizt sie dermaßen, daß sie zum Höhepunkt gelangt, ohne viel mehr zu tun. Eine andere Freundin masturbiert, während ihr Mann neben ihr schläft. »Lach nicht!« sagte sie zu mir. »Aber ich habe gelernt, mich dem Rhythmus seiner Schnarchlaute anzupassen, so daß er nicht aufwacht.«

Vielleicht die dramatischste Masturbationsszene findet sich in einem Werk der französischen Literatur, *L'Escholle des*

Filles (Die Schule der Frauen). Es ist die Geschichte einer »Königstochter, die eine bronzene Männerstatue anfertigen ließ, fleischfarben bemalt, mit einem Phallus aus nachgiebigem Material ausgestattet. Er war erigiert und hohl, hatte eine rote Spitze mit einem kleinen Loch am Ende, und darunter hingen zwei Gegenstände in Form von Hoden, alles naturgetreu nachgebildet. Wenn die Dame vom Anblick der Figur entflammt war, näherte sie sich dem Phallus und schob ihn in ihre Vulva, umfaßte die Hinterbacken der Statue und preßte sich dagegen. Kurz vor dem Höhepunkt drückte sie auf einen Hebel, der aus den Hinterbacken ragte, und sofort sprudelte eine warme, dicke Flüssigkeit, weiß wie Milchbrei, in die Vulva der Dame und befriedigte ihre fleischlichen Gelüste.«

Eine andere beliebte Methode besteht darin, sich mit Pelz oder Federn an den Brüsten und Innenschenkeln zu streicheln oder in der Badewanne zu sitzen und die Dusche zwischen die Beine zu halten – selbst wenn das nicht direkt zum Orgasmus führt, ist es eine nützliche Vorbereitung. Andere Frauen reiben sich an Gegenständen. Sie klemmen ein Kissen zwischen die Beine oder schieben es unter ihren Körper, wenn sie auf dem Bauch liegen, und der Effekt der Reibung und des Drucks erzeugt einen Orgasmus. Andere pressen einfach die Schenkel zusammen. Die meisten bevorzugen Kombinationen all dieser Möglichkeiten, das hängt von den Umständen und dem Ausmaß des Verlangens ab. Aber die traditionelle Methode, mit gespreizten Beinen auf dem Bett zu liegen, scheint am beliebtesten zu sein – zumindest bei Anfängerinnen.

Vergleichsweise wenige Frauen führen Gegenstände in ihre Vagina ein. Dafür gibt es einen einleuchtenden Grund: Das Zentrum der Lust, die Klitoris, befindet sich außerhalb der Vagina. Wenn etwas in die Vagina eindringt, so ist dies nicht das primäre Reizmittel, das einen Orgasmus auslöst, aber es kann die Reaktion steigern, die durch klitorale Stimulation erreicht wird. Mich persönlich erregt es sehr, wenn ich einen Gegenstand in mir spüre, der einem Penis gleicht. Ginny hat eine besondere Methode:

»Ich mache es am liebsten auf die üblichen Weise, das heißt, ich lege mich hin und spiele mit meinen Händen an mir. Aber wenn ich spüre, daß ich mich dem Höhepunkt nähere, schieb ich einen Vibrator in mich hinein. Wenn die Kontraktionen etwas umschließen, so ist das viel befriedigender als eine leere Vagina. Früher mußte ich es drei- oder viermal tun, um restlos zufriedengestellt zu werden, aber auf diese Art genügt ein einziges Mal.«

Es ist nicht so einfach, einen geeigneten Gegenstand zu finden, den man in sich einführen kann. Wenn Sie danach Ausschau halten, werden Sie feststellen, daß der Penis dafür wirklich besonders gut gebaut ist: Es liegt nicht nur an der Form, sondern auch an der einzigartigen Kombination von fester und doch weicher Konsistenz und Wärme. Zu harte Gegenstände, zum Beispiel der Griff einer Zahnbürste, sind unbefriedigend und oft schmerzhaft. Möhren fühlen sich feucht und kalt an. Als ich einmal in einem Hotelzimmer saß, klopfte der Kellner an die Tür und brachte mir einen Teller mit exotischem Obst. Da ich von sinnlichen Gelüsten erfüllt wurde, musterte ich den Mann und entschied, daß seine Bananen viel appetitlicher aussahen als er. Nachdem er das Zimmer verlassen hatte, schälte ich eine nicht allzu reife Banane und benutzte sie mit großartigen Resultaten. Wie ich erst später erfuhr, war dies ein Lieblingsspiel der Haremsdamen im Orient, die nur selten in ausreichendem Maß männliche Gesellschaft genießen konnten, um ihre Bedürfnisse zu befriedigen. Deshalb mußten sie höchst erfinderisch mit Knollen, Wurzeln und Früchten umgehen – manchmal sogar mit gut bestückten Statuen.

Da wir uns gerade mit dem Thema der künstlichen Penisse

befassen, werden einige von Ihnen vielleicht beschließen, einen Vibrator zu kaufen. Die erfüllen ganz sicher ihren Zweck, wie Jessica feststellte:

»Was die Form und die Größe betrifft, sind sie genau richtig – viel besser als die meisten anderen Gegenstände, die mir einfallen – aber nicht perfekt. Ein bißchen zu hart und unnachgiebig. Immerhin sind sie nichts weiter als zurechtgestutzte Plastikstangen. Ich kaufe mir etwas kleinere – aus irgendeinem Grund erscheint mir ein Vibrator immer viel größer als ein echter Schwanz, und er füllt mich auch mehr aus, so daß er sich oft unangenehm anfühlt.«

Mein eigener Vibrator bewegte sich mechanisch vor und zurück, was sehr erfreulich war. Entscheiden Sie sich auf jeden Fall für eine gute Qualität – meiner ist kaputtgegangen, weil die Kontraktionen meiner Orgasmen zu stark für den Motor waren, und so gab er seinen Geist auf. Bevor Sie einen Vibrator benutzen, versuchen Sie, ein Kondom darüberzustreifen. Dann gleitet der Stab leichter hinein und erzeugt ein realistischeres Gefühl. Wenn Sie der Gummigeruch stört, suchen Sie nach den neuen Kondomen mit fruchtigem Duft.

Wie man traditionsgemäß vermutet, benutzen Nonnen Altarkerzen, allerdings schildert Apollinaire eine Episode, in der ein Junge mit anhört, wie seine Tante einem Priester die folgende Geschichte gesteht:

»Einmal sagte meine Schwester zu mir: ›Unser Dienstmädchen verbraucht schrecklich viele Kerzen. Offenbar liest sie Romane im Bett, und eines Nachts wird sie noch das ganze Haus anzünden. Du schläfst in ihrer Nähe, also sei vorsichtig!‹ Am selben Abend sah ich Licht im Zimmer des Dienstmädchens. Ich öffnete Kates Tür und schlich lautlos, auf Zehenspitzen, zu ihr hinein. Sie saß am Boden, den Rücken halb zu mir gewandt, und neigte sich zu ihrem Bett. Vor ihr stand ein Stuhl mit einem Spiegel, rechts und links brannten zwei

Kerzen. Kate trug ein Nachthemd, und wie ich im Spiegel deutlich beobachten konnte, hielt sie etwas Langes, Weißes in beiden Händen, was sie zwischen ihren weit gespreizten Schenkeln vor und zurück bewegte. Sie seufzte tief auf und zitterte am ganzen Körper. Plötzlich hörte ich sie rufen: ›Oh, oh, oh, ah! Wie gut das tut!‹ Sie erklärte mir, sie mache das zur Erinnerung an ihren Liebhaber, der ins Heer eingezogen worden sei. Ich verließ sie, doch das Spektakel hatte einen so starken Eindruck auf mich gemacht, daß ich danach einfach nicht anders konnte, als es selber zu versuchen, Vater, und oh! Danach wiederholte ich es sehr oft.«

Ein anderer wesentlicher Faktor bei der Masturbation ist die Phantasie. Sie ist sogar so wichtig, daß ich ihr später ein ganzes Kapitel widmen werde. Hier genügt es zu betonen, daß Sie Ihre Freude erheblich steigern werden, wenn Sie sich Ihrer ganz speziellen Phantasie hingeben.

Verbessern Sie Ihre Fähigkeiten zu masturbieren

Ich habe bereits darauf hingewiesen, wie wichtig es für dieses Programm ist, die Masturbation zu erlernen. Und es ist ein entscheidender Schritt auf dem Weg zum Erfolg, *mühelos und flexibel* zu masturbieren. Sie müssen die Masturbation vollkommen beherrschen; erst dann gewinnen Sie allmählich die angestrebte Kontrolle über Ihre sexuellen Reaktionen. Nur wenn Sie ganz genau wissen, wie Sie sich selber Freude bereiten können, werden Sie dieses Glück auch zusammen mit einer anderen Person empfinden. Das Schlüsselwort lautet Vielseitigkeit.

Sie befinden sich jetzt in einem Stadium, wo Ihnen die

Masturbation relativ leichtfällt. An diesem Punkt des Programms angelangt, möchte ich einen Vergleich ziehen. Stellen Sie sich vor, Sie hätten begonnen, eine Fremdsprache zu lernen – zum Beispiel Italienisch. Nach langen Stunden mit Ihrem Lehrbuch in Neapel angekommen, beherrschen Sie nun einige Wortwendungen und Ausdrücke. Sie können sich einigermaßen verständigen, in einem Restaurant eine Mahlzeit bestellen oder eine Theaterkarte kaufen – vorausgesetzt, die anderen Leute reden ganz langsam. Das Eis ist gebrochen, aber nun müssen Sie lernen, fließend Italienisch zu sprechen, so daß Sie die Leute auch dann verstehen, wenn sie in ihrem normalen Tempo reden, ohne hilfreiche Gesten.

Genauso ist es auch mit Ihrem sexuellen Training. Wie die Sprachschülerin müssen Sie lernen, sich *fließend* zu verständigen. Das heißt, Sie müssen sich selber in verschiedenen Situationen zum Orgasmus bringen. Im Lauf des Programms werden Sie immer klarer erkennen, was für ein guter Ratschlag das ist.

Die Leserinnen, die eben erst zu masturbieren begonnen haben, werden wahrscheinlich feststellen, daß man sich am Anfang sehr konzentrieren und bemühen muß. Sie dürfen nicht nachlassen, müssen regelmäßig masturbieren, wann immer Sie das Verlangen danach verspüren oder eine Gelegenheit finden. Ich zögere nicht zu behaupten, daß sich Ihre Fähigkeiten sehr schnell verbessern werden – natürlich vorausgesetzt, Sie sind ungestört und befinden sich in einer angenehmen Situation. Wenn Sie sich unbehaglich fühlen oder ein schlechtes Gewissen haben, weil Sie Ihrer privaten sexuellen Befriedigung soviel Aufmerksamkeit schenken, bedenken Sie, daß dies alles nur Teil eines bestimmten Prozesses ist – *ein Mittel zum Zweck*. Immerhin streben Sie das Ziel an, das Sexualleben mit Ihrem Partner *für beide* so erfreulich wie nur möglich zu gestalten.

Wie verbessere ich meine Fähigkeiten?

Es gibt zwei Möglichkeiten, Ihre Masturbationskünste zu verbessern:

1. Indem Sie allmählich immer häufiger masturbieren.
2. Indem Sie es in verschiedenen Situationen tun. Dadurch entsteht jene sexuelle Vielseitigkeit, die für Ihren Fortschritt wichtig ist.

Wahrscheinlich werden Sie nach einem Orgasmus feststellen, daß einige Zeit verstreichen wird, bis Sie bereit sind, es noch einmal zu tun. Im Lauf der Zeit werden Sie sich immer öfter dazu entschließen, und es wird Sie weniger Mühe kosten. Anfangs konnte ich, mit etwas Glück und voller Konzentration pro Abend einen einzigen Orgasmus erzielen. Ich masturbierte, während ich im Bett lag und ein Buch las. Nach einer halben Stunde merkte ich, daß ich noch einen Orgasmus brauchte, um Schlaf zu finden. Jetzt bin ich vielseitig genug, um praktisch in jeder Situation zu masturbieren, mehrmals hintereinander. Das gilt auch für die *Umstände* Ihrer Masturbation: Am Anfang werden Sie »ideale Bedingungen« brauchen. Aber allmählich werden Sie, wie die Sprachschülerin, Fähigkeiten entwickeln, die Ihnen am Anfang unvorstellbar erschienen sind.
Ich zähle fünfzehn verschiedene Masturbationsmöglichkeiten auf, die Sie üben müssen. Es genügt nicht, die einzelnen Methoden jeweils nur einmal auszuprobieren und dann zu den nächsten überzugehen. Sie müssen sich – *das kann ich gar nicht oft genug betonen* – eine gewisse Kunstfertigkeit aneignen. Aber Sie müssen nicht alle Möglichkeiten beherrschen. Mit zehn von fünfzehn sollten Sie sich allerdings vertraut machen. Und was am wichtigsten ist – Sie müssen sich dabei wohl fühlen. Wenn Ihnen eine Methode unangenehm

erscheint, sollten Sie sich nicht damit herumplagen. Aber seien Sie so abenteuerlustig, wie Sie es nur wagen. Falls Sie sich mit allen fünfzehn Methoden anfreunden, sind Sie eine erstklassige Schülerin.

Diese fünfzehn Methoden werden in vier Klassen eingeteilt. Die Klassen dienen einfach nur dazu, die Arten der Masturbation in Gruppen einzuteilen, die verschiedene Fähigkeiten zusammenfassen. Wenn Ihnen noch etwas anderes einfällt, wenn Sie neue Positionen und neue Umstände erproben wollen, dann zögern Sie nicht, und tun Sie es.

Natürlich sind die Frauen verschieden. Manche sind vielleicht schon Expertinnen, was gewisse einzelne Stufen betrifft. Ich beginne mit den einfacheren Stufen und gehe dann zu den schwierigeren über. Wenn Sie möchten, können Sie in diesem Teil des Programms die Reihenfolge der Übungen gemäß Ihrer Fähigkeiten verändern.

Wenn manche meiner Vorschläge Ihre Fähigkeiten übersteigen (zum Beispiel Masturbation in der Öffentlichkeit) oder wenn Sie's trotz aller Mühe nicht schaffen, machen Sie sich keine Sorgen. Vielseitigkeit kann auf mehreren verschiedenen Wegen errungen werden.

Bei jedem Abschnitt ist es am wichtigsten, *alles auszuprobieren*. Immer wieder sah ich nacktes Entsetzen im Gesicht einer Frau, wenn ich ihr einige dieser Übungen vorschlug, nur um dann zu hören, wieviel Spaß ihr der gelungene Versuch gemacht hatte. Cassandras Erfahrungen sind typisch dafür:

»Als Rachel mir sagte, ich solle mehr oder weniger in der Öffentlichkeit masturbieren, fiel ich fast in Ohnmacht. ›Das kannst du nicht ernst meinen. Das ist ein Witz.‹ Da erwiderte sie: ›Okay, lach nur, soviel du willst. Das wird dir sogar helfen. *Aber tu's*! Es ist gar nicht so ungeheuerlich.‹ Also tat ich's. Und sie hat recht. Es ist überhaupt nicht peinlich – und die Übung funktioniert, das kann ich Ihnen versichern.«

Falls Sie keinen Orgasmus erreichen, regen Sie sich nicht auf. Machen Sie einfach weiter, und genießen Sie, was immer Sie dabei empfinden.

KLASSE A:

MASTURBATION IN PRIVATER ATMOSPHÄRE

Übung 7.1 Legen Sie sich ins Bett, auf den Rücken, und benutzen Sie Ihre Hände. Das ist die oben bereits besprochene Grundübung. Vergewissern Sie sich, wie bei allen Methoden der Klasse A, daß Sie keine Störung befürchten müssen, daß Sie sich nicht gedrängt fühlen und Ihrem Vorhaben ungeteilte Aufmerksamkeit schenken können. Tun Sie es beim erstenmal völlig nackt, dann angezogen, indem Sie Ihre Finger in den Slip schieben und auf diese Weise direkten Kontakt erlangen. Als dritte Alternative versuchen Sie, einen Orgasmus zu erzielen, indem Sie sich durch den Slip hindurch stimulieren.

Übung 7.2 Legen Sie sich ins Bett, auf den Bauch oder den Rücken (was immer Sie bevorzugen), und benutzen Sie einen Gegenstand. *Nicht,* um ihn einzuführen, sondern um sich daran zu reiben, zum Beispiel an einer zusammengerollten Socke oder einem Kissen, ziehen Sie ein Bettuch zwischen den Beinen hin und her, oder bewegten Sie sich einfach nur auf der Matratze. Sie können etwas an sich reiben oder sich selbst an etwas reiben. Wie bei allen Methoden dieser Klasse – versuchen Sie es nackt und angezogen, mit direktem und indirektem Kontakt.

Übung 7.3 Setzen Sie sich ins Bett, lehnen Sie sich bequem ans Kopfteil, und gehen Sie die üblichen Varianten noch mal durch.

Übung 7.4 Setzen Sie sich auf einen Stuhl. Zuerst benutzen Sie einen bequemen Lehnsessel, über dessen gepolsterte Armstützen Sie Ihre Beine schwingen. Dann versuchen Sie es auf einem ganz gewöhnlichen, harten Stuhl. Die üblichen Varianten.

Übung 7.5 Legen Sie sich bäuchlings aufs Bett und benutzen Sie Ihre Hände. Mit einem Kissen können Sie's sich vielleicht noch bequemer machen. Wenn ja, benutzen Sie eins. Das ist wichtig für die Entwicklung Ihrer Fähigkeit, unter weniger idealen Bedingungen einen Orgasmus zu erreichen. Absolvieren Sie auch diese Übung sowohl nackt als angezogen, mit direktem und indirektem Kontakt. (Das ist etwas schwieriger.)

Übung 7.6 Im Badezimmer: Lassen Sie ein Bad ein, setzen Sie sich in die Wanne, und richten Sie den warmen Wasserstrahl der Dusche zwischen Ihre Beine. Dabei werden Sie vielleicht keinen Orgasmus erreichen, aber Sie werden merken, wieviel Vergnügen Ihnen diese Methode an sich schon bereitet. Danach bleiben Sie in der Wanne und versuchen, mit Hilfe Ihrer Hände einen Orgasmus zu erzielen.

Übung 7.7 Ein Orgasmus im Stehen. Meine Freundin Sasha masturbierte zum erstenmal stehend, weil ihr nichts anderes übrigblieb. Sie wanderte durch eine Bildergalerie und blieb vor einem sehr aufregenden Gemälde stehen – es stammte aus dem siebzehnten Jahrhundert und zeigte eine üppig gebaute Frau in einer intimen Situation mit einem Mann. Da mußte sich Sasha einfach befriedigen, und so eilte sie auf die Damentoilette und sperrte sich in einer Kabine ein. Sie wünschte, sie wäre zu Hause gewesen und hätte sich nicht mit einer so lausigen Umgebung abfinden müssen. Rasch hob sie ihren Rock. Den Slip behielt sie an, schob ihre Finger hinein und begann. Es dauerte eine Weile bis sie zum Höhepunkt kam, aber als es soweit war ...

»Mein Gott, das warf mich beinahe um. Wenn man dabei steht, strömt das Vergnügen beide Beine hinab, wie eine elektrische Ladung, die zur Erde strebt. Damit kann man sich großartig über die unbequeme Stellung hinwegtrösten.«

Wenn Sie es noch nie im Stehen getan haben, versuchen Sie, sich an eine Mauer zu lehnen. Probieren Sie alle bereits genannten Variationen aus.

Übung 7.8 Hocken oder knien Sie sich hin – eine etwas schwierigere Methode. Versuchen Sie es an eine Wand gelehnt und in der Mitte des Zimmers. Die üblichen Variationen.

Übung 7.9 Lassen Sie Ihrer Phantasie freien Lauf. Wenn Sie bis hierher Erfolg hatten, sind Sie wirklich auf dem besten Weg zu Ihrem Ziel. Nun schlage ich nicht mehr verschiedene Positionen vor, sondern auch verschiedene Geschwindigkeiten. Versuchen Sie es ganz langsam, nehmen Sie sich doppelt oder dreimal soviel Zeit wie sonst, zögern Sie den Orgasmus hinaus. Auf diese Weise trainieren Sie Ihre Fähigkeit zur Selbstkontrolle. Und dann versuchen Sie, so schnell wie möglich zum Höhepunkt zu gelangen. Üben Sie zweimal hintereinander und sehen Sie, ob Sie es in zehn Minuten zweimal schaffen. Versuchen Sie, so oft wie möglich einen Orgasmus zu erreichen, und notieren Sie die Anzahl Ihrer Erfolge. Bedenken Sie, daß sie als Frau den Vorteil haben, an einem einzigen Nachmittag nicht nur beliebig viele Orgasmen bekommen zu können, sondern das auch noch ohne großes Aufheben und irgendwelche Absonderungen. Diese Vorteile müssen Sie erforschen und ausnützen.

Übung 7.10 Die Masturbation mit einem Gegenstand, der vor dem Höhepunkt eingeführt wird: Bei dieser Methode sollten Sie auf Ihre übliche Art masturbieren und nur die Hände benutzen, aber einen Dildo bereitlegen – das kann ein Vibrator, eine Banane oder eine Kerze sein, was immer Ihnen am besten gefällt. Kurz vor dem Orgasmus führen Sie den Dildo ein, womit Sie das einzigartige Gefühl genießen können, wenn die Kontraktionen um einen Gegenstand herum erfolgen.

Übung 7.11 Masturbation unter Benutzung eines Dildos in allen Phasen. Diese Übung spricht für sich selbst. Masturbieren Sie, indem Sie Ihren Dildo wie einen Penis verwenden – das heißt, Sie sollen ihn hineinschieben und herausziehen. Ich persönlich komme auf diese Weise nur zum Höhepunkt, wenn ich meine Finger zu Hilfe nehme, obwohl ich es mit einem Mann schaffe – wahrscheinlich, weil sein Körper für die notwendige klitorale Reibung sorgt. Vielleicht haben Sie mehr Erfolg als ich.

KLASSE B:
MASTURBATION NAHEZU IN DER ÖFFENTIICHKEIT

Übung 7.12 Der ideale Schauplatz für den Beginn dieser Übungen ist die Damentoilette im Büro oder in einem Zug oder Museum. Niemand kann in Ihre Kabine eindringen, aber Sie genießen ein prickelndes Gefühl, wenn jemand die Nachbarkabine betritt. So diskret Sie Ihre Hand auch bewegen, bedenken Sie, daß Ihr beschleunigter Atem Sie verraten könnte. Noch etwas müssen Sie sich vor Augen führen – Sie wollen nicht von Ihrer Chefin gestört werden, die an die Toilettentür klopft und fragt, ob Ihnen schlecht geworden ist und ob Sie ein Glas Cognac wollen.

Der nächste Schritt: Tun Sie es im Büro oder in der Bibliothek unter Ihrem Schreibtisch. Sie sollten nicht schon allein bei diesem Gedanken in Ohnmacht fallen. Niemand wird merken, daß Sie es tun. Sie brauchen nur ein bißchen Druck an der richtigen Stelle auszuüben. Dazu können Sie ein Buch oder Ihre Handtasche benutzen – seien Sie erfinderisch! Wenn es zu gefährlich wird, können Sie jederzeit aufhören. Bald werden Sie merken, wieviel Spaß das macht, und an Tagen, wo Sie sich besonders sexy fühlen, wird es Ihnen erstaunlich leichtfallen. Ich machte es manchmal im Kino, wenn ich den Reißverschluß meiner Hose unbemerkt öffnen konnte. Es klappt am besten, wenn man einen Sexfilm sieht. Sollte es anfangs eine Weile dauern, bis Sie auf diese Weise zum Orgasmus kommen – geben Sie nicht auf.

Dies ist nicht nur eine freche Übung, sondern ein wichtiger Teil des Programms, der Ihnen hilft, sich hinreichend zu entspannen und auch dann einen Orgasmus zu haben, wenn jemand anders beteiligt ist. Damit können Sie die unsichtbare Barriere niederreißen, die vielleicht zwischen Ihnen beiden steht.

KLASSE C:

MASTURBATION IN DER ÖFFENTLICHKEIT!

Übung 7.13 Das ist nun wirklich gewagt. Wenn Sie das nach Belieben schaffen, sind Sie ein Naturtalent. Natürlich wird niemand merken, was Sie tun. Der Trick liegt darin, Druck an der richtigen Stelle auszuüben, ohne daß es jemandem auffällt. Ich tat es in der U-Bahn mit meiner Handtasche, die sich dem Rhythmus des Waggons anpaßte. Ein paarmal folgte ich Laurelles Beispiel und benutzte meine Ferse, während ich am Boden kauerte und über die Lage der Nation redete. Aber wenn Sie dieses Stadium bereits erreicht haben, brauchen Sie

mich nicht mehr und können sich selber unzählige Möglichkeiten ausdenken. Sollten Sie sich beim besten Willen nicht
dazu aufraffen können, lassen Sie's bleiben. Es ist nur wichtig,
daß Sie die bisherigen Methoden mühelos schaffen.

KLASSE D: VERBESSERTES TIMING. DIE FOLGENDEN
ÜBUNGEN KONZENTRIEREN SICH NUR AUF IHR TIMING

Übung 7.14 Wie oft können Sie hintereinander masturbieren? Nehmen Sie Ihre Lieblingsstellung ein. Zuerst wird es nur
ein- oder zweimal klappen. Später werden Sie Fortschritte
machen. Ich kenne eine Frau, die es dreizehnmal hintereinander schafft. Das fand ich ziemlich gut, aber dann las ich, eine
andere habe es hundertvierunddreißigmal hingekriegt! Das
müssen Sie erst einmal nachmachen!

Übung 7.15 Wie schnell können Sie masturbieren? Zunächst
wird es ziemlich lange dauern, bis Sie zum Höhepunkt kommen. Später werden Sie's in knapp zehn Minuten schaffen,
und wenn Sie zu wahrer Meisterschaft gelangt sind, werden
Sie nur ein paar Sekunden brauchen. Der Erfolg dieser Übung
hängt vor allem vom Ausmaß Ihrer Erregung zu Beginn der
Masturbation ab.

Die goldene Regel lautet: NICHT AUFHÖREN! Während Sie
das restliche Programm absolvieren, MÜSSEN Sie weiterhin
masturbieren, Ihre Fähigkeiten verbessern und das Repertoire
erweitern.

8
Stufe 3 – Intimität ohne Orgasmus

Wenn Sie die Stufe 2 gemeistert haben, können Sie stolz auf Ihre großartigen Fortschritte sein. Nun ist es Ihnen gelungen, das Verständnis Ihrer eigenen Sexualität und deren Kontrolle entscheidend zu verbessern. Damit sind Sie Ihrem Ziel ein gutes Stück näher gekommen. Lassen Sie jetzt bloß nicht nach! Die auf Stufe 2 erlernten Übungen sollten regelmäßig wiederholt werden. Das hilft Ihnen, wenn Sie die restlichen Stufen absolvieren. Masturbieren Sie in den gewohnten Positionen und Situationen, aber probieren Sie immer wieder neue Methoden aus.

Stufe 3 stellt die Verbindung zwischen Ihrem mittels Masturbation erlangten Orgasmus und dem Höhepunkt mit Hilfe eines Penis her. Wie funktioniert das? Ganz einfach – indem Sie sich gar nicht um Orgasmen kümmern. Konzentrieren Sie sich, so wie bei Stufe 1, nur auf das Vergnügen, das Ihnen sexuelle Aktivitäten bieten.

In diesem Stadium genießen Sie einen besonderen Vorteil: Während es manchmal schwierig ist, ohne Orgasmus eine intime Atmosphäre zu erzeugen, wird Ihr Partner sie nicht mehr missen wollen, sobald sie einen festen Bestandteil Ihrer Beziehung darstellt.

Sexuelle Entspannung

Erinnern wir uns nicht alle an die folgende Szene? Es war ein anstrengender Tag, Sie fühlen sich völlig ausgelaugt. Ihr Boß hat Sie angeschrien, im Supermarkt ist eine wichtige Zutat fürs Abendessen nicht vorrätig gewesen, und zu allem Überfluß läutete auch noch das Telefon, als Sie gerade unter der Dusche stehen. Ihr Partner wird jeden Moment kommen. Sie freuen sich auf sein Verständnis, einen beschaulichen Abend in liebevoller Intimität.

Zunächst geht alles gut. Sie umarmen sich. Dann setzen Sie sich an den Tisch, zu einer verlockenden Mahlzeit. Er lobt das Essen, Sie servieren das Sorbet. Der Wein hilft Ihnen, sich zu entspannen, aber Sie sind immer noch ein bißchen nervös. Schließlich sinken Sie beide aufs Sofa. Er nimmt Sie in die Arme, küßt Ihren Hals und streicht über den Ausschnitt Ihres Kleids. Sehr angenehm.

Aber diese kleinen zärtlichen Gesten verwandeln sich viel zu schnell ins *Vorspiel*. Sie haben sich Trost gewünscht, die Geborgenheit körperlicher Nähe, doch er will Sex. Und zum Sex gehört natürlich ein Orgasmus.

Der Abend könnte auf verschiedene Weise enden: Sie werden wütend und streiten mit Ihrem Partner. Er merkt Ihr Unbehagen nicht, Sie gehen miteinander ins Bett, er erlebt einen tollen Orgasmus, und Sie fühlen sich elend. Oder Sie sind beide angespannt und unfähig, den Sex richtig zu genießen.

Das kann ich nur zu gut nachempfinden. Sooft ich mich auch über meinen ersten Ehemann ärgern mußte, im Bett war er sehr einfühlsam. Nach unserer Trennung stellte ich zu meinem Entsetzen fest, daß dies ein sehr seltener Vorzug ist und daß sich viele Männer an das Motto »Reißverschluß auf, Fummeln, Reinschieben« halten. Da ich mir eine warmherzige, gefühlvolle Beziehung wünschte, konnte unter solchen Umständen keine echte Intimität entstehen. Was meine Liebhaber betraf, gab es nur zwei Arten von menschlicher Nähe – eine nette, tröstliche Unterhaltung über die Sachen, die wir fürs Abendessen kaufen wollten, und dann Bumsen. Nichts dazwischen. Dieser entmutigende Lebensabschnitt machte mir klar, daß der Sex zwar sehr vergnüglich sein kann, daß es aber Augenblicke gibt, wo seine *Unvermeidlichkeit* deprimierend wirkt. Manchmal sehnt man sich einfach nur nach Zärtlichkeit und Verständnis ohne Leidenschaft, Koitus und Orgasmus-Zwang.

Auf dieser Stufe sollen Sie intime Situationen mit Ihrem Partner schaffen, in denen der Koitus gar nicht zur Debatte steht. Das können zwei Arten von Situationen sein: Entweder entstehen sie, weil Sie sich beide darauf geeinigt haben, oder zufällig, je nach Stimmung und Gelegenheit.

Sie können drei große Vorteile aus diesen Situationen ziehen: Erstens eliminieren sie die Möglichkeit des Orgasmus, befreien Sie damit von der Überlegung, ob Sie einen bekommen werden, und bewirken dadurch Ihre seelische Entspannung. Zweitens erregen solche Situationen sanftere, zärtlichere Gefühle als der Koitus, und Sie können die Sexualität Ihres Partners und Ihre eigene unbefangener betrachten. Drittens werden sie Ihnen helfen, Selbstkontrolle zu entwickeln, und Ihre sexuelle Selbsteinschätzung fördern, weil *Sie* den Mann für *Ihre* Zwecke einspannen.

Intime Situationen, mit Ihrem Partner geplant

Wenn Sie einen verständnisvollen Partner haben, sollten Sie ihm einfach erklären, was Sie wollen. Richten Sie es so ein, daß Sie eine halbe oder eine ganze Stunde lang ungestört mit ihm auf dem Bett liegen können. Bleiben Sie anfangs angezogen. Der eine erforscht den Körper des anderen, schiebt die Hände unter seine Kleidung, konzentriert sich aber nicht auf die Genitalien. Liebkosen, berühren, massieren, küssen und streicheln Sie sich, spielen Sie miteinander, flüstern Sie zärtliche Worte, umarmen Sie sich – ununterbrochen oder indem Sie zwischendurch über andere Dinge reden. Genießen Sie die körperliche Intimität, so wie es Ihnen am besten gefällt, aber ohne einen Koitus und Orgasmus anzustreben.

Inszenieren Sie die zärtlichen Stunden, bis sie sich zu festen Bestandteilen Ihrer Beziehung entwickeln. Wenn mehrere solcher Begegnungen stattgefunden haben, ziehen Sie sich dabei aus. Um zu verhindern, daß Sie zu weit gehen, wählen Sie einen Zeitpunkt vor einem wichtigen Termin – vor einer Party oder einer Besprechung, oder wenn Sie die Kinder von der Schule abholen müssen. Dabei soll nicht der Eindruck entstehen, ein Koitus wäre völlig ausgeschlossen, sondern Sie streben nur einen verhaltenen Kontakt an, der regelmäßig gepflegt wird. Bemühen Sie sich darum, sooft Sie wollen.

Auch wenn Sie sich nach ein paar Minuten den Koitus wünschen, *verzichten Sie darauf:* Seien Sie streng mit Ihrem Partner und mit sich selbst. Wenn Sie das Gefühl haben, diesmal könnte er Sie ohne Geschlechtsverkehr zum Orgasmus bringen, Sie würden es gern versuchen oder er wäre daran interessiert, *hören Sie auf:* Während dieser Übungen sollten Sie alle Gedanken an einen Orgasmus vermeiden, sie sind regelrecht verboten, denn Sie sollen einfach nur entspannte Intimität genießen.

Das größte Problem bei solchen geplanten Begegnungen ist nicht *Ihr* Verlangen, sondern *seines*. An so etwas sind Männer nicht gewöhnt. Irrtümlicherweise glauben sie, der Koitus (und ihr Orgasmus) wäre das Ziel aller sexueller Handlungen. Selbst wenn Ihr Partner nicht so denkt oder falls es Ihnen gelingt, ihm seine Vorurteile auszureden, könnten *Sie* sich weiterhin einbilden, *er* würde immer noch seine Befriedigung anstreben. Oder Sie haben das Gefühl, die Situation würde den Verzicht auf den Orgasmus zu sehr betonen, so daß er ein heikles Thema bleibt.

Dieses Problem läßt sich auf verschiedene Arten lösen. Da es darauf ankommt, daß Sie sich nicht zum Orgasmus gezwungen fühlen, können Sie Ihren Partner zum Höhepunkt bringen, ehe Sie mit der Übung beginnen. Danach machen Sie wie gewohnt weiter. Jetzt schuldet er Ihnen nicht nur die Aufmerksamkeit, die Sie verlangen – daß Sie sich nicht mehr um seine Befriedigung sorgen müssen, ist noch viel wichtiger. Sie können ihm aber auch versprechen, falls er die Übung mit Ihnen absolviert, würden Sie ihn später zufriedenstellen. Je besser er seine Sache macht, je aufmerksamer er sich mit Ihnen befaßt, desto schöner der Lohn. So ein Gefeilsche um sexuelle Dinge ist natürlich ein Ärgernis, aber in der Realität sehr nützlich. Wie Ovid bemerkte: »Glaubt mir, mit Gab' und Geschenk erobert man Menschen und Götter.«

Wenn Sie solche Situationen mit Ihrem Partner vereinbart und erfolgreich arrangiert haben, lassen Sie die ungeplanten Begegnungen nicht aus. Die können sehr aufregend sein.

Ungeplante intime Situationen

Sollten Sie keinen verständnisvollen Partner haben, müssen Sie sich vielleicht auf Ihren eigenen Einfallsreichtum verlassen, um Situationen herbeizuführen, wo Sie Intimität ohne Orgasmus genießen können. Wahrscheinlich wird es nicht so einfach sein, besondere Begegnungen zu inszenieren. Wenn doch, tun Sie es, wann immer sich eine Möglichkeit ergibt. So oder so, ziehen Sie Ihren Vorteil aus Situationen, die Sie nicht eigens geplant haben. Die können Sie mit Hilfe kleiner Täuschungsmanöver beliebig oft heraufbeschwören.

Fiona erzählt ihre Geschichte:

»Ich bezweifelte, daß ich gemeinsam mit Alan intime Situationen arrangieren konnte. Zunächst hatte ich keine Ahnung, wie ich's anfangen sollte – und schließlich dachte ich ans Fernsehen. Ich wartete, bis ein Film lief, den er unbedingt sehen wollte, dann ging ich ans Werk. Während er im *Tod auf dem Nil* schwelgte, schlang ich meine Finger um seinen Schwanz und bugsierte seine Hand in mein Höschen. Es kommt auf die richtige Relation an – es muß ihm beides gleich viel Spaß machen. Ein Krimi eignet sich am besten, da läßt sich Alan von anderen Dingen nicht zu sehr ablenken, sonst würde er den Faden verlieren.«

So wie im vorangegangenen Abschnitt ist es auch hier am besten, wenn Sie Ihren Partner vor einem wichtigen Termin erregen. Wenn Sie beide zu einer Party gehen wollen, warten Sie, bis er gebadet und rasiert ist, ehe Sie ihn liebkosen. Es braucht nicht lange zu dauern, und es muß offensichtlich sein, daß Sie das Ereignis versäumen werden, wenn die Dinge außer Kontrolle geraten. Aus diesem Grund eignet sich eine Dinnerparty besser als eine Fete, auf der nur etwas getrunken wird und bei der man auch mit einiger Verspätung erscheinen kann. Wenn möglich, beglücken Sie einander auch während der Party mit kleinen sexuellen Aufmerksamkeiten – im Halbdunkel unter dem Tisch. Aber ein Orgasmus darf nicht angestrebt werden. Oder Sie nutzen die Finsternis in einem Kino, einem Theater oder nachts in einem Zugabteil.

⊖

Im Idealfall sind Sie fürs nächste Stadium gewappnet, wenn Sie diese intimen, nicht auf Orgasmen abzielenden Situationen als vertrauten, akzeptierten Bestandteil Ihres normalen Sexuallebens etabliert haben. Sie werden noch schnellere Fortschritte machen, sobald Sie gelernt haben, die Situationen ohne Schuldgefühle oder Nervosität zu genießen.

Um Ihnen die Übungen zu erleichtern, möchte ich hinzufügen, daß ich herausgefunden habe, wie beliebt solche Taktiken bei den Männern sind. Letzten Endes werden sie viel bereitwilliger tun, was *Sie* wollen. Deshalb werden sich solche Begegnungen – vor allem jene, die außerhalb Ihrer vier Wände stattfinden – zu einem konstanten Faktor in Ihrer Beziehung entwickeln.

9

Stufe 4 – Masturbation mit einem Penis

Nachdem Sie mit der Masturbation vertraut sind, ist es an der Zeit, zur Stufe 4 weiterzugehen. Dafür brauchen Sie einen Partner – entweder (wie wir es zuvor erörtert haben) einen bereitwilligen, entgegenkommenden oder einen, der glücklich mit Ihnen zusammenlebt, ohne zu ahnen, daß Sie ein Trainingsprogramm absolvieren.

Jetzt müssen Sie Ihre neuerworbene Vielseitigkeit weiterentwickeln und als Sprungbrett zum Orgasmus beim Koitus benutzen. Kurz gesagt – in diesem Kapitel werden Sie lernen, mit einem Penis zu masturbieren, der im Lauf von vier Phasen immer intensiver eingesetzt werden soll.

Die Stufe 4 ist die allerwichtigste – nämlich die Überwindung jener unsichtbaren Barriere, denn nun gewöhnen Sie sich daran, bei Ihren sexuellen Aktivitäten eine andere Person einzubeziehen, aber alles unter Kontrolle zu behalten.

Wie auf allen anderen Stufen ist es auch hier wichtig, daß Sie sich wohl fühlen und entspannen. Deshalb sollten Sie sich ein paar Gedanken über die Szenerie machen. Lesen Sie noch einmal das fünfte Kapitel über die »Vorbereitung auf den Orgasmus«. Entscheiden Sie, was Sie während des Abends und später im Bett tragen wollen. Sorgen Sie für eine angenehme Beleuchtung im Schlafzimmer. Nur wenn Ihnen die ganze Atmosphäre gefällt, können Sie sich entspannen.

Die Seestern-Position

Vor ein paar Jahren und mich eine Freundin zu einer Party einer ein neues Buch vorgestellt wurde. Was für ein Buch das war, weiß ich nicht mehr – wahrscheinlich ein Erstlingswerk, weil da ein junger Mann herumging, der ziemlich humorlos aussah und eine gekünstelte Leichenbittermiene zur Schau trug. Aber es gab eine Menge zu trinken, und der Spaß dauerte bis früh in die Morgenstunden hinein. Irgendwie landete ich in den Armen eines sehr weltmännischen Individuums, und in jener Nacht wurde, dank meines Einfallsreichtums, die Seestern-Position geboren.

Wie ich festgestellt habe, eignet sie sich ideal für die Übungen auf dieser Stufe. Zuerst sollten Sie die Position allein üben und später, wenn Sie damit vertraut sind, Ihren Partner einbeziehen.

Machen Sie sich's gemütlich im Bett. Ihr Partner liegt rechts von Ihnen, auf seiner linken Seite. Nun heben Sie Ihr rechtes Bein, schieben sein rechtes Bein darunter und über Ihr linkes, so daß sein Schenkel zwischen Ihren Beinen liegt und sein Penis in Sie hineingleiten kann. Wenn man das liest, klingt es schrecklich kompliziert, also habe ich eine Zeichnung angefertigt. In der Praxis ist es ganz einfach. Die Seestern-Position bringt Ihnen viele Vorteile:

1. Sie liegen auf dem Rücken, in Ihrer vertrauten *Masturbationsstellung,* und fühlen sich wohl.

2. Es ist in körperlicher Hinsicht eine bequeme Position, denn Sie müssen weder sich selbst noch Ihren Partner abstützen. Außerdem ist sie vielseitig. Probieren Sie sie aus, und Sie werden feststellen, daß mehrere Varianten möglich sind, während die Grundstellung beibehalten wird.

3. Die Position wirkt seelisch entspannend und läßt Ihnen sehr viel Spielraum, so daß Sie sich auf Ihre eigenen Bedürfnisse konzentrieren können. Der einzig wichtige Kontakt mit Ihrem Partner beschränkt sich auf die Genitalregionen. Weil er auf der Seite liegt, schaut er Ihnen nicht ins Gesicht, und das befreit sie von dem Zwang, eine gewisse Miene aufzusetzen und schön, verführerisch, liebevoll oder sichtlich erregt zu wirken. *Unterschätzen Sie nicht, wie sehr man durch solche Zwänge abgelenkt werden kann!* Außerdem werden Sie nicht durch Küsse und sonstige Zärtlichkeiten gestört. Natürlich gehören auch sie zur körperlichen Liebe, aber in dieser Lernphase können sie Ihre Konzentration beeinträchtigen. Wenn Sie sich aber Küsse und Liebkosungen wünschen, brauchen Sie nicht darauf zu verzichten. Ihr Partner und Sie müssen nur näher zusammenrücken.

4. Es ist eine *sehr private* Position, die Ihnen ein hohes Maß an Unabhängigkeit gestattet und Sie nicht in Verlegenheit stürzt. Wenn Sie Hemmungen wegen Ihrer Figur haben, können Sie die Bettdecke um Ihren Körper drapieren.

5. Die Position verschafft Ihnen *freien Zugang* zu Ihren eigenen Genitalien. Sie können sich ungehindert stimulieren,

vielleicht sogar, ohne daß Ihr Partner es bemerkt. Das hängt davon ab, wie Sie sein Bein über Ihrem arrangieren.

6. Sein Bein kann Druck ausüben, *wo Sie wollen*. Es ist ganz leicht, die Position hier und da ein wenig zu verändern, ohne große Verrenkungen.

7. Dem Mann fällt es schwer, die Geschwindigkeit zu bestimmen. Wenn er Ihnen vorauszueilen versucht, pressen Sie Ihr Bein auf seines, um sein Tempo zu drosseln. Und falls Sie es beschleunigen möchten, versuchen Sie, Ihre Hüften zu bewegen.

8. Nicht zuletzt bietet die Seestern-Position eine ausgezeichnete Möglichkeit, einem schläfrigen oder betrunkenen Partner (der so aussieht, als stünde er kurz vor dem Zusammenbruch) ein bißchen Sex abzuluchsen. Seine Aktivitäten sind minimal, und die Stellung ist wirklich sehr bequem.

Kurz gesagt, sie ermöglicht Ihnen, die Situation und sich selbst völlig unter Kontrolle zu behalten. Für mich war sie ein idealer Übergang von der Masturbation zum Koitus. Nachdem ich sie einigen Frauen empfohlen hatte, lernte ich noch weitere unerwartete Vorteile kennen. Susan erklärte:

»Vor allem wende ich diese Position am Morgen an. Man erwacht, fühlt sich faul und verschlafen, hat die Zähne noch nicht geputzt, die Wimperntusche von gestern abend ist vielleicht verschmiert, aber man ist verdammt scharf. Keiner von uns beiden bringt genug Energie auf, um auf den anderen draufzuklettern. Also rückt man einfach seitwärts zueinander, und peng – schon klappt's! Man hat doch nicht jeden Morgen Lust, erst mal diese unsinnige Küsserei hinter sich zu bringen!«

Ich persönlich finde, daß sich die Seestern-Position großartig für einen verkaterten Morgen eignet. Wenn Sie merken, daß der Kerl, den Sie am Vorabend kennengelernt haben, bei Tageslicht doch nicht so gut aussieht, können Sie ihn trotzdem veranlassen, Sie zu befriedigen, und zwar ohne Intimitäten.

Alexandra hatte Ärger mit ihrem Ehemann. Nicht, weil sie keinen Orgasmus bekam, sondern weil der Sex sie ganz einfach *langweilte*. Ich schlug ihr vor, zur Abwechslung mal diese Position auszuprobieren. Drei Wochen später schrieb sie mir:

»Der Seestern ist phantastisch, nicht nur aus den Gründen, die Du genannt hast. Ich brachte meinen Mann dazu, das mal zu versuchen, einfach nur als neue Stellung, die unser Liebesleben ein wenig aufpeppen sollte. Du hast mir gar nicht erzählt, wie einzigartig dieser Druck auf meine Klitoris ist, ein ganz sanftes Stupsen. Nicht beharrlich oder drängend – anfangs merkte ich's kaum. Es lag gar nicht daran, daß sein Penis raus und rein flutschte wie eine Kolbenstange. Nur durch dieses leichte Klopfen auf meine Muschi ist es mir gekommen. Jetzt machen wir's immer so.«

Bis jetzt habe ich keine andere Koitus-Position entdeckt, die einem so viele private Vorteile wie die Masturbation verschafft und gleichzeitig beide Partner maximal stimuliert.

Aber es ist nicht nötig, daß Sie die Seestern-Position auf der Stufe 4 anwenden. Ich *empfehle* sie nur, bestehe aber nicht darauf. Allerdings verlange ich von Ihnen, sie wenigstens auszuprobieren. Sie ist zu nützlich, um von vornherein verworfen zu werden.

Phase 1 – Stimulieren Sie sich mit seinem Penis

In der ersten Phase praktizieren Sie Ihre normale Masturbation, beziehen dabei aber den Penis Ihres Partners ein. Reizen Sie Ihre Klitoris und deren Umgebung mit seiner Penisspitze, und stellen Sie sich vor, Sie würden einfach nur mit einem

Gegenstand masturbieren, so wie es im vorangegangenen Kapitel besprochen wurde. Aber statt einer Socke oder einem Teddybär benutzen Sie jetzt einen Penis.

Die folgenden Instruktionen gehen davon aus, daß Sie beide die Seestern-Position einnehmen. Sollten Sie das aus diesem oder jenem Grund nicht tun, müssen Sie erfinderisch sein und sich den Umständen anpassen.

Statt den Penis in sich einzuführen, lassen Sie ihn innerhalb der kleinen Schamlippen liegen. Dann greifen Sie zwischen Ihre Beine, umfassen den Schaft und reiben die Penisspitze behutsam über Ihre Klitoris und die Vagina-Öffnung. Dabei werden Sie köstliche Gefühle empfinden, denn die Spitze ist der weichste, zarteste Teil des Penis. *Verhindern* Sie die Penetration. Und denken Sie nicht einmal an einen Orgasmus. Liegen Sie einfach nur da und genießen Sie die angenehmen Emotionen, die durch diese Manipulation hervorgerufen werden.

Nachdem Sie das eine Zeitlang getan haben, bringen Sie Ihre Hände ins Spiel, und versuchen Sie mit Ihrer vertrauten Masturbationsmethode, einen Orgasmus zu erzielen. Aber selbst wenn Ihre Finger die Hauptarbeit leisten, lassen Sie den Penis Ihres Partners nicht los. Sollten Sie ihn nicht festhalten können oder dadurch zu sehr von Ihren eigenen Interessen abgelenkt werden – keine Bange! Das spielt nicht die geringste Rolle. Üben Sie einfach weiter, bis Sie *mit Hilfe des Penis* zum Orgasmus kommen. Und wenn's noch so lange dauert, hören Sie erst auf, nachdem Sie's geschafft haben.

Während Sie sich mit seinem Penis stimulieren, stellen Sie sich vor, dies sei nichts weiter als eine Erweiterung Ihrer einsamen Masturbationserlebnisse. Nach Möglichkeit sollten Sie Ihren Partner vergessen. Falls das wie ein Sakrileg klingt, kann ich nur betonen, daß Sie auf diese Weise die Fähigkeit erwerben, ihn zehnmal mehr zu lieben und zu schätzen. Aber vorerst dürfen Sie nur an sich selbst denken.

Und was soll er inzwischen tun? Veranlassen Sie ihn, still dazuliegen, die Augen zu schließen und sich zu entspannen. Vielleicht sollten Sie ihn vorher mit einem Drink gefügig machen. Wenn er unruhig wird, befeuchten Sie Ihre Hand, und während Sie sich selber stimulieren, streicheln Sie seinen Penis. Das sollte ihm gefallen, insbesondere, weil er ja keine Leistung bringen muß. Und falls diese Technik neu für ihn ist, seien Sie eben erfinderisch, wenn Sie sie anwenden. Jessicas Mann war ein konservativer Typ, dem alles Neue mißfiel. Davon kurierte sie ihn, indem sie sich mit ihm einen Sexfilm anschaute. Später, als er schwach wurde, schlug sie vor, ein paar von den eben beobachteten Positionen auszuprobieren. Natürlich wurden die Stellungen eingenommen, die *sie* sich wünschte. Meistens genügt es, dem Partner klarzumachen, man würde diese oder jene Position ganz besonders genießen. Wenn das nicht reicht, kommen Sie – ganz egal, was die Leute behaupten – mit *Schmeicheleien* am schnellsten zum Ziel. Sagen Sie zum Beispiel: »Dein Penis ist so schön, aber ich kann mich nie an seiner Spitze freuen.«

Diese Phase ist auch deshalb vorteilhaft für Sie, weil der Schaft des Penis nicht stimuliert und das Risiko einer vorzeitigen Ejakulation verringert wird. Allein schon diese Gewißheit müßte Ihnen Sicherheit geben, denn wie wir alle wissen, wirkt es sich negativ auf unsere Orgasmus-Fähigkeit aus, wenn wir befürchten, daß der Partner seinen Höhepunkt zu früh erreicht.

Ein müder Mann ist in dieser Hinsicht nützlich. Wenn er heimkommt und ins Bett fällt, lassen Sie sich die Gelegenheit nicht entgehen. Kleiden Sie sich aus, legen Sie sich zu ihm, und ziehen Sie ihm ganz vorsichtig die Hose runter. Dann massieren Sie seinen Penis, bis er genügend erigiert ist, um Ihre Zwecke zu erfüllen. Mit ein bißchen Glück müßten Sie es schaffen, die richtige Position einzunehmen. Nun legen Sie sich zurück und amüsieren Sie sich.

Jacqueline entwickelte sich sehr schnell zur Expertin:

»Als ich diese Methode zum erstenmal ausprobierte, klappte es so gut wie bei der Masturbation, aber es gefiel mir noch besser, weil ich erstens einen richtigen Penis benutzte und zweitens alles unter Kontrolle hatte. Da gab es nur ein Problem – es machte mir so viel Spaß, daß ich Mittel und Wege finden mußte, um Pete häufiger in passive Stimmung zu versetzen. Früher hatte ich mich schrecklich geärgert, wann immer er betrunken ins Bett gesunken war. Jetzt animierte ich ihn zum Trinken, und wenn wir eine Party besuchen, verspreche ich, ihn heimzufahren, damit er sich keinen Zwang antun muß. Zu Hause lege ich mich zu ihm ins Bett, spreize die Beine und stimuliere mich mit seinem Schwanz.«

Louise hat herausgefunden, daß diese Methode ausgezeichnet wirkt, wenn sie an Schlaflosigkeit leidet und er nicht. »Nur wenige Männer haben was dagegen, auf diese Weise geweckt zu werden. Allerdings sollte man Nächte wählen, wo sie am nächsten Morgen nicht allzu früh aufstehen müssen.«

Falls Sie bei dieser Methode nicht zum Orgasmus kommen, liegt es vielleicht daran, daß der Penis – mit dem ganzen Mann verbunden – nicht so flexibel ist wie Ihr gewohntes Masturbationswerkzeug. Nicht so schlimm. Nehmen Sie ihn einfach in die andere Hand und masturbieren Sie wie üblich. Sie müssen lernen, mit *Hilfe* des Penis einen Orgasmus zu erzielen. Es spielt keine Rolle, wenn sein Penis nicht besonders aktiv ist – masturbieren Sie so wie immer, aber sehen Sie zu, daß der Penis irgendwo in der Nähe bleibt.

Was am wichtigsten ist – gehen Sie allmählich von der Masturbation zum Sex mit Ihrem Partner über. Und weil Sie in jeder Phase etwas dazulernen, üben und Ihre Fähigkeiten stabilisieren, werden Sie eine Kunstfertigkeit erlangen, die Sie nicht mehr verlieren können. Trainieren Sie, bis Sie diese Phase vollkommen beherrschen.

Phase 2 – Orgasmus mit einem Penis

In der nächsten Phase wird der Penis etwas intensiver einbezogen. Sie bringen sich selber zum Orgasmus, entweder mit der oben beschriebenen Methode oder durch normale Masturbation, und kurz vor Ihrem Höhepunkt *führen Sie den Penis Ihres Partners in Ihre Vagina ein.* Dies ist eine Parallele zur Übung 7.10 im Kapitel über die Masturbation. Wie zuvor stimulieren Sie sich selber, während sein Penis in der Nähe ist. Sobald Sie spüren, daß Sie sich dem Gipfel nähern – dieses wundervolle Gefühl, zum Orgasmus emporzuschweben –, schieben Sie den Penis in sich hinein, so tief wie möglich, doch auch ein kleines Stückchen würde schon genügen. Während des Höhepunkts genießen Sie die Kontraktionen Ihrer Vagina rund um den Penis.

Gratulation! Das war ein weiterer bedeutsamer Schritt zu Ihrem Ziel, die Barriere zwischen dem Orgasmus mittels Masturbation und dem Orgasmus beim Sex mit einem Mann niederzureißen. Wenn Sie einen Orgasmus mit Hilfe des Penis erreichen, gefolgt von der Penetration, dann sind Sie drauf und dran, den Partner in diesem Zusammenhang voll zu akzeptieren. Aber es genügt nicht, diese Situation nur ein einziges Mal heraufzubeschwören. Sie müssen üben, bis der Erfolg nicht mehr dem Zufall überlassen bleibt, bis Sie *wissen,* daß es immer wieder klappen wird.

Vernachlässigen Sie Ihr privates Masturbationsprogramm nicht. Wenn Sie in dieser Phase Rückschläge erleben, dürfen Sie nicht verzagen, Sie müssen *üben und üben und üben,* dann werden Sie die Kunst eines Tages beherrschen.

Wenn Sie all Ihre Abende mit Stufe 4 verbringen (was nicht nötig ist – wie ich bereits erklärt habe, sollten Sie das Programm auf möglichst angenehme Weise in Ihr normales Sexualleben einbauen, ohne Streß und so, daß es nicht überhandnimmt), praktizieren Sie tagsüber die Stufe 2. Sie müssen Ihre Masturbationstechnik stets verbessern und neue Varianten finden. Und bei jeder neuen Phase von Stufe 4 müssen Sie sichergehen, daß Ihre Neuerrungenschaften von den Erfolgen Ihrer privaten Masturbation gefestigt werden.

Wenn Sie soweit sind, entwickeln Sie sich allmählich zu einer fortgeschrittenen Schülerin und sollten masturbieren, während Sie einen Gegenstand in Ihre Vagina einführen.

Phase 3 –
Masturbation mit einem unbewegten Penis

Nun wird es Zeit für einen großen Fortschritt. Veranlassen Sie Ihren Partner, mit seinem *ganzen* Penis in Sie einzudringen. Er soll sich nicht bewegen, während Sie masturbieren, bis Sie zum Orgasmus kommen. Vermutlich können Sie sich nur oberhalb der Klitoris stimulieren, weil der Penis ein bißchen im Weg ist.

Dies ist das wichtigste Stadium auf Stufe 4, und es lohnt sich, mehr Zeit dafür einzuplanen, um es zu perfektionieren. Manche Frauen (mit besonders unkooperativen Partnern) haben festgestellt, daß Sie sich auf dieser Stufe ausschließlich mit Phase 3 zu befassen brauchen. Ich persönlich finde sie am vergnüglichsten, und sobald Sie einen Mann damit vertraut gemacht haben, ist er normalerweise ganz begeistert. Diese Erfahrung hat auch Gina gemacht:

»Für ihn ist das eine einfache Methode, die Ejakulation hinauszuzögern und keine Schuldgefühle zu bekommen, weil er so ungeduldig ist. Nach meinem Orgasmus kann er tun, was er will, ohne sich um meine klitorale Stimulation kümmern zu müssen. Wunderbar und sehr intim.«

Natürlich ist die Seestern-Position ideal, weil sie Ihren Händen Bewegungsfreiheit läßt. Andererseits fällt es Ihnen, sollte

Ihr Partner in der Missionarsstellung auf Ihnen liegen, immer noch relativ leicht, nach unten zu greifen. Vermutlich müssen Sie ihn auffordern stillzuhalten.

Masturbieren Sie einfach, bis Sie den Höhepunkt erzielen – ganz egal, wie lange es dauert. Das ist ein *köstliches* Gefühl.

»Thomas reicht mir gern seine ›helfende Hand‹. Er sagt, er findet es richtig sexy, nach unten zu fassen. Manchmal berührt er meine Finger, um die Bewegungen zu spüren. Das nützt auch mir, nicht nur, weil wir beide eine aktive Rolle spielen, sondern weil mein Partner stärker einbezogen und die Barriere überwunden wird. Wenn er mir hilft, dauert es etwas länger, weil ich immer noch ein bißchen verlegen bin, aber ich fühle mich längst nicht mehr so befangen wie früher.«

Phase 4 – Masturbation mit einem bewegten Penis

Nachdem Sie mit dem unbewegten Penis Ihres Partners in der Vagina zum Orgasmus gekommen sind, fordern Sie ihn auf, sich vorsichtig und langsam zu bewegen, *während Sie masturbieren.*

Auch dabei könnte es nützlich sein, ihn zu vergessen. Entspannen Sie sich, schließen Sie die Augen und stellen Sie sich vor, Sie wären allein. Die Stufe 4 scheint der Stufe 2 (Masturbation) zu gleichen, stellt aber einen kleinen Fortschritt dar, der leicht zu erreichen ist.

Vielleicht wünschen Sie, Ihr Partner würde gelegentlich innehalten, damit er nicht zu früh ejakuliert und damit Sie ihn einholen können. Wenn Sie Schwierigkeiten haben, probieren Sie eine andere Position aus. In dieser Phase wählen Sie am besten bequeme Stellungen, die Ihnen gute Möglichkeiten zur Masturbation bieten. Später, wenn Sie ein gewisses Geschick entwickelt haben, werden Sie sich neue Positionen ausdenken, um Ihr Liebesleben aufregender zu gestalten.

Thelma, die mir bei den Recherchen für das sechzehnte Kapitel half, gibt Ihnen einen Rat:

»Anfangs tauchten Probleme auf, weil Ray immer zu schnell kam. Aber ich merkte bald, daß mir das *Spaß* machte. Wir beginnen, indem ich mich selber stimuliere und er sich in mir bewegt. Nach seinem Höhepunkt bleibt er in mir drin, und ich reibe weiter, bis ich meinen Orgasmus erreiche – was ich immer ziemlich schnell schaffe. Das ist eine Kombination aus Phase 3 und Phase 4, die mir gut gefällt. Ich glaube, es hilft einer Frau, wenn Sie sich nicht um das Timing Ihres Partners kümmern muß.«

Wenn Sie trotz verschiedener Positionen immer noch Schwierigkeiten haben, sorgen Sie sich nicht. Es braucht eben seine Zeit, und die Fortschritte werden nicht ausbleiben. Shere Hite erklärt, die meisten Frauen, die mühelos zum Orgasmus kämen, würden eine direkte klitorale Stimulation benötigen. Trainieren Sie programmgemäß, und Sie werden auch diese Phase bewältigen. Die Stimulation Ihrer Klitoris können Sie selbst genauso wie Ihr Partner verbessern, was in den nächsten Kapiteln erläutert werden soll. Führen Sie sich vorerst nur vor Augen, daß Sie schon einen weiten Weg zurückgelegt haben. Sie wandern bereits auf der Straße des Erfolgs.

Ein Ratschlag

Ich weiß, die einzelnen Phasen der Stufe 4 können am Anfang etwas verwirrend wirken. Wenn man physische Aktivitäten in Worte faßt, scheinen immer Komplikationen zu entstehen. In Wirklichkeit ist alles ganz einfach. Sobald Sie mit dem Programm vertraut sind und das ganze Buch gelesen haben, werden Sie auch diese Phasen besser verstehen.

Wie ich bereits erklärt habe – die Stufe 4 ist der wichtigste Teil des ganzen Programms, weil sie beide Situationen vereint –

Sex ohne Penis und Sex mit Penis. Aus diesem Grund wird sie vielleicht mehr Zeit erfordern als die anderen Stufen. Üben Sie in jeder Phase, bis Sie sich restlos mit ihr vertraut gemacht haben und nicht nur Zufallstreffer landen.

Im Idealfall sollten Sie versuchen, die vier Phasen so zu bewältigen, wie ich es vorschlage. Aber nur, wenn es Ihnen leichtfällt. Sollte sich Ihr Partner nicht kooperativwillig zeigen, nutzen Sie natürliche Situationen, so wie sie sich ergeben. Lassen Sie sich nicht zu schnell entmutigen!

Wenn Sie also eine Möglichkeit finden, Phase 4 zu praktizieren, versäumen Sie diese Chance nicht, nur weil sie Phase 3 noch nicht beherrschen. Seien Sie flexibel. Es ist wichtiger, die einzelnen Phasen zu perfektionieren, als ihre Reihenfolge einzuhalten. Und wenn sich kaum Gelegenheiten bieten, Phase 4 zu erproben, begnügen Sie sich mit Phase 3.

Und bedenken Sie wie bei allen anderen Stufen – sobald Sie diese gemeistert haben, *vergessen* Sie sie nicht! Manchmal sollten Sie sich während des Koitus auch weiterhin selber zum Orgasmus bringen, so wie es hier vorgeschlagen wurde.

Wie bewege ich meinen Partner in Phase 4 zur Kooperation

Das ist natürlich die Eine-Million-Dollar-Frage. Also unterteilen wir die Antwort in sechs mögliche Kategorien:

1. Bitten
2. Andeutungen
3. Tricks
4. Bestechung oder Verhandlung
5. Drohungen
6. Aufgeben und einen neuen Mann suchen

1. Ihren Partner um Mithilfe zu bitten ist die geradlinigste Methode. Wenn Sie eine gute Beziehung haben, werden Sie beide von sexueller Offenheit profitieren. Der einzige strittige Punkt wäre die Frage, ob Sie ihm sagen wollen, *warum* Sie diese Bitte äußern, oder ob Sie einfach nur erklären, Sie hätten Lust dazu. Diese Entscheidung liegt bei Ihnen. Falls Sie sich unsicher fühlen, empfehle ich Ihnen, Ihre Pläne vorerst nicht zu erwähnen. Später können Sie Ihre Absichten immer noch verraten. Ich glaube, es ist besser, wenn Sie innerhalb des Programms zufriedenstellende Fortschritte gemacht haben, ehe Sie Ihren Partner einweihen – falls Sie befürchten, seine Beteiligung könnte nicht immer hilfreich sein.

2. Mit »Andeutungen« meine ich viele »Mmmmms« und »Aaaahs«, sobald Sie sich »zufällig« in Ihrer Wunschposition befinden. Dann wird er zwei und zwei zusammenzählen und sich einbilden, er hätte neue Mittel und Wege gefunden, um sich als grandioser Liebhaber zu profilieren. Ehe Sie sich's versehen, schlägt er Ihre Methode aus eigenem Antrieb vor.

3. Tricks sind die kleinen Listen, die Sie anwenden können. Zum Beispiel manipulieren Sie einen betrunkenen oder schläfrigen Partner.

4. Bestechung oder Verhandlung – das bedeutet ein Tauschgeschäft. Sie versprechen ihm dies oder jenes, falls er bereit ist, die von Ihnen gewünschte Position einzunehmen. Keine ideale Lösung, aber in heiklen Situationen durchaus brauchbar. Wenn Sie möglichst subtil vorgehen, kann sich das zu einem privaten Scherz zwischen Ihnen beiden entwickeln.

5. Sie können ihm drohen, davonzulaufen, zu Ihrer Mutter zurückzukehren oder mit dem Nachbarn durchzubrennen, et cetera. Das mag schrecklich klingen, aber wenn er sich

hartnäckig weigert, Ihnen zu besonderen erotischen Freuden zu verhelfen, ist es Ihr gutes Recht, ihm die Pistole auf die Brust zu setzen. Außerdem wird er vielleicht klein beigeben, wenn Sie auf Ihrem Standpunkt beharren, vor allem dann, wenn Sie vorher noch nie so energisch aufgetreten sind.

6. Das ist eine besonders drastische Methode, aber vielleicht Ihre beste. Sex ist bei jeder Beziehung ein fundamentaler Faktor, und wenn Sie sich diesbezüglich nicht mit Ihrem Partner einigen können, müssen Sie überlegen, ob es sinnvoll wäre, noch länger bei ihm zu bleiben. Um es ganz deutlich auszusprechen – wenn er nicht gewillt ist, sich Ihren Bedürfnissen ein wenig anzupassen, haben Sie beide' keine allzu erfreuliche gemeinsame Zukunft. Das klingt brutal? Fragen Sie sich selbst: Würde *er* an der Beziehung festhalten, wenn er von mir nicht bekäme, was er will? Falls die Antwort »nein« lautet, *messen Sie nicht mit zweierlei Maß!*

10
Stufe 5 – Koitus

Nun werden Sie versuchen, ohne Masturbation einen Orgasmus zu bekommen, während sich der Penis Ihres Partners in der Vagina befindet.

In der Theorie ist das ein großer, in der Praxis ein kleiner und durchaus erreichbarer Fortschritt. Erstens haben Sie durch kontinuierliches Training die Kluft zwischen dieser Stufe und der vorangegangenen bereits verringert. Zweitens, aufgrund der Übungen kennen Sie Ihren Körper und seine sexuellen Bedürfnisse jetzt viel besser als zuvor und können Ihre Reaktionen kontrollieren.

Bedenken Sie in diesem Stadium, daß Sie noch nicht mit einem sofortigen Orgasmus rechnen können. So wie auf den Stufen 2, 3 und 4 müssen Sie auch auf Stufe 5 Ihre Übungen so lange absolvieren, bis sie zum Erfolg führen, und das Training fördern, indem Sie die Erfolge der letzten beiden Stufen wiederholen und verbessern.

Bereiten Sie sich auch diesmal sorgfältig vor. Legen Sie einen Stift und Papier bereit, und fragen Sie sich: Welche Faktoren behindern mein Liebesleben? Schreiben Sie gnadenlos *alle* auf, und überlegen Sie, wie Sie sie eliminieren könnten. Machen Sie immer noch Zugeständnisse an die Bedürfnisse Ihres Partners, auf Kosten Ihres eigenen Wohlbefindens?

Es ist nicht so einfach, hinderliche Faktoren zu erkennen. Manchmal verbergen sie sich im Unterbewußtsein. Wir nehmen sie nicht wahr, aber sie verderben uns trotzdem den Spaß. Im Lauf der Übungen wird sich Ihr Bewußtsein erweitern. Und wenn Sie auf etwas stoßen, das Sie stört, müssen Sie es beseitigen. Egoismus ist unerläßlich, zumindest in diesem

Stadium, und im Schlafzimmer fällt es vielen Frauen schwer, sich selbstsüchtig zu verhalten.

Zum Beispiel machte Lorna mit meinem Programm zwar gute Fortschritte, wurde aber doch von konstantem Unbehagen verfolgt. Nach gründlicher Überlegung erkannte sie, daß sie. sich ein wenig befangen fühlte, wenn das Licht brannte.

»Das war eigentlich nicht so schlimm. Ich meine, es brachte mich nicht völlig durcheinander. Meine Figur ist nicht übel, aber ich habe Schwangerschaftsstreifen am Bauch und an den Schenkeln. Mark versicherte mir unentwegt, das würde ihn nicht stören, und komischerweise glaube ich ihm sogar. Trotzdem irritierten sie mich. Ich *wußte,* daß ich nicht hundertprozentig entspannt war. Und das Problem lag darin, daß Mark mir erklärte, er würde mich nicht gern im Dunkeln lieben. Manchmal bestand ich einfach drauf, das Licht auszuschalten, aber dann kam ich mir gemein vor und konnte mich noch weniger entspannen. Also beschloß ich, nur noch vollständig oder teilweise bekleidet mit ihm zu schlafen. Ich kaufte einen sexy Anzug aus schwarzem Lycra-Stretchstoff, den man zwischen den Beinen öffnen kann. Den trage ich, wenn Mark das Licht brennen lassen will. Er öffnete die Knöpfe, und ich ziehe den Anzug nicht aus, denn das gehört zum Spaß dazu. Jetzt sind wir beide zufrieden. Der Fummel scheint Mark aufzuregen und stärkt mein Selbstvertrauen.«

Die Angst vor dem Licht ist weit verbreitet, nicht nur, weil es uns widerstrebt, unsere Figur zu zeigen. Einmal beging ich den Fehler, einen heftigen Orgasmus zu simulieren. Mein Freund hatte berufliche Sorgen, und ich wollte ihn aufmuntern. An einem sonnigen Nachmittag kam er heim und blies Trübsal. Er tat mir leid, und so lockte ich ihn ins Bett. Seine Liebeskunst ließ auch in seinen besten Phasen zu wünschen übrig, aber ich hätte für mein Theater einen Oscar verdient. Diese schauspielerische Leistung baute seine Moral gewaltig auf (einen Monat später wurde er befördert), aber meine wurde beinahe zerstört, denn nun wollte er dauernd mein Gesicht beobachten und sehen, wie großartig er mich befriedigte. Er bestand darauf, mich nur noch bei hellem Lampenschein zu lieben. Damals hatte ich meinen Einfallsreichtum noch nicht entdeckt, und mein Verlangen sank auf den Nullpunkt.

Suzy war unglücklich über die Geräusche, die sie von sich gab. »Ich konnte nicht anders – wenn mir der Sex Spaß machte, seufzte und stöhnte ich. Das war mir wahnsinnig peinlich. Erstens wohnten wir in einem Fertighaus mit papierdünnen Wänden, und unser Nachbar schaute mich so komisch an. Zweitens fürchtete ich, Pete würde mich widerlich und primitiv finden, aber ich konnte einfach nicht still sein. Ich schaltete das Radio ein, doch das klappte auch nicht, weil ich mit halbem Ohr dem Discjockey zuhörte und abgelenkt wurde. In meiner Verzweiflung versuchte ich es sogar mit Kaugummi, und da protestierte Pete (was ich ihm nicht verübeln kann). Dann steckte er eines Tages seine Hand zwischen meine Lippen, und statt zu ächzen und zu stöhnen, saugte ich daran und biß hinein. Er betastete meine Lippen und meine Zunge, schob die Finger rein und raus, und er war so erregt, daß ihm erst nachher bewußt wurde, was er getan hatte. Jetzt machen wir das ziemlich oft. Wenn nicht, nehme ich meine eigene Hand oder den Zipfel des Kissens zu Hilfe. Dabei versuche ich ihn in Positionen zu bringen, wo er's nicht merkt.«

Da wir gerade beim Thema Geräusche sind – lassen Sie mich auf das *Kamasutra* hinweisen. Es zählt acht Arten von Lauten auf, die Frauen während sexueller Freuden von sich geben:

- »Himkara, wobei es sich um einen nasalen Laut handelt, der wie ›him‹ klingt,
- Stanita, nämlich ein tiefer Laut wie ›ham‹
- Rudita, das Schluchzen;

- Sutkrita oder Shvasita, das dem Laut ›su-su‹ gleicht;
- Kujita, das Girren;
- Dutkritam, nämlich der dem Ton eines sich spaltenden Bambus gleichende Laut;
- Fu-Fu, nämlich der Laut, der dem von einer ins Wasser fallenden Beere erzeugten Laut ähnlich ist;
- Worte wie etwa Amba werden ausgestoßen, um den Mann von weiterem Bedrängen abzuhalten ...«

Statt verlegen zu werden, sollten Sie das nächste Mal herausfinden, zu welcher Kategorie Sie gehören.

Welche Position?

Wenn Sie sich bezüglich der Einzelheiten wie Licht, Kleidung usw. im klaren sind, müssen Sie überlegen, welche Liebesposition Sie mit Ihrem Partner auf Stufe 5 einnehmen wollen. Nun folgen einige Kommentare über die Eignung der verschiedenen Stellungen für mein Programm. Ich berücksichtige bewußt nur die gebräuchlichen (natürlich mit Ausnahme der Seestern-Position), aus dem einfachen Grund, weil sie am ehesten zum Orgasmus führen. Daß bizarre, exotische Positionen explosiven Sex hervorrufen, ist ein weiterer ungeheuerlicher Mythos. Die machen Spaß, wenn man gewisse Erfahrungen mit Orgasmen gesammelt hat oder ein Sexualleben aufmöbeln will, das in langweiliger Routine steckengeblieben ist. Aber sie können eine fatale Wirkung auf Frauen ausüben, die ihre Orgasmus-Fähigkeiten verbessern möchten. Außerdem muß man, falls man gewisse exotische Positionen einzunehmen versucht, über die Gelenkigkeit von Artisten verfügen. Ein Großteil der alten erotischen Lehrbücher in Asien wurde offenbar ohne Berücksichtigung der menschlichen Anatomie geschrieben und gemalt. Falls Sie in diesen Werken keine Position finden, die Ihnen zusagt, rate ich Ihnen, sich an die westliche Tradition zu halten.

Die Missionarsstellung

Diese Position war lange Zeit aus der Mode. »Langweilig«, »altmodisch«, »zu sehr auf die männliche Dominanz ausgerichtet« – so lauten nur einige der Beschreibungen, die man gebrauchte, um die alte Lieblingsstellung zu verunglimpfen. Ich persönlich schätze sie sehr, ganz besonders, was die frühen Lernphasen der Stufe 5 betrifft. Für eine Frau ist es äußerst bequem (es sei denn, sie schläft mit einem überdurchschnittlich großen, schweren Mann), wenn sie einfach auf dem Rücken liegt, ohne sich abstützen zu müssen. Außerdem gleicht die Missionarsstellung der Masturbationsposition, die Sie geübt haben. Wegen Ihrer Figur brauchen Sie sich nicht zu sorgen, da sie von Ihrem Partner verdeckt wird.

Außerdem ist nicht nur das Eindringen des Penis erfreulich, sondern auch die klitorale Stimulation. In dieser Position begünstigt der Winkel zwischen dem Penis und dem Körper des Mannes die Reibung seines Beckens an Ihren Genitalien, und zwar an der empfindsamsten Stelle. Das ist nur selten unangenehm, so wie in Joyces Fall:

»Immer nur rein und raus, rein und raus. Simon konzentriert sich nur auf meine Vagina, und meine Klitoris wird vernachlässigt. Ich wünschte, er würde sein Tempo etwas drosseln, nicht nur einfach zustoßen, sondern mehr Zeit dafür verwenden seine Hüften zu bewegen und Druck auf meine Klitoris ausüben.«

Ein weiterer kleiner Nachteil dieser Position: Ihr Partner kontrolliert den Rhythmus und die Geschwindigkeit.

Wenn Sie in der Missionarsstellung Orgasmus-Schwierig-keiten haben, versuchen Sie es mit folgender Methode: Um-fassen Sie die Hinterbacken Ihres Partners, so als würden *Sie* seine Bewegungen steuern. Sie werden seinen Rhythmus und sein Tempo tatsächlich Ihren eigenen Wünschen anpassen können. Aber was noch wichtiger ist – dadurch bekommen Sie das Gefühl, Sie hätten alles unter Kontrolle. Daß Sie ihn scheinbar wie ein Werkzeug benutzen, beschwört die ver-traute, beruhigende Illusion des Masturbierens herauf. Das heißt, Sie kontrollieren sich selbst und werden nicht von jemand anderem kontrolliert. Dieser Tip konnte schon vielen Frauen helfen, die Probleme mit ihren Orgasmen hatten.

ZWEI WICHTIGE VARIANTEN DER MISSIONARSSTELLUNG

Der Mann richtet sich auf. Wenn sich ihr Partner, statt einfach nur auf Ihnen zu liegen, auf die Ellbogen stützt oder (falls er die nötige Kraft und Lust dazu hat) auf die ausgestreckten Arme, wird er stärkeren Druck auf die klitorale Zone ausüben. Vielleicht sollten Sie ein bißchen experimentieren, denn zu-viel Druck kann schmerzhaft sein, für Sie ebenso wie für ihn.

Der Mann liegt mit gespreizten Beinen auf Ihnen. Statt seine Beine wie üblich zwischen Ihre zu legen, versuchen Sie es andersrum. Sie schließen die Beine, und er öffnet sie. Diese Variante ist genauso hilfreich wie der »aufgerichtete Mann«, weil dabei in der klitoralen Zone eine starke Reibung erzeugt wird.

Die Frau auf dem Mann

Viele Sexualtherapeuten empfehlen den Frauen, die Orgas-musschwierigkeiten haben, diese Position. Ich stimme ihnen

da nicht unbedingt zu, weil die jeweiligen Umstände eine große Rolle spielen. Wenn sich die Frau oben befindet, übernimmt sie bis zu einem gewissen Grad die Kontrolle: Sie kann
Reibung erzeugen, bestimmt das Tempo und legt Pausen ein,
wann sie es wünscht. Das ist wichtig, weil der Rhythmus ein
wesentlicher Faktor ist, während Sie lernen, wie man einen
Orgasmus bekommt.

Wenn Sie in dieser Position tatsächlich alles unter Kontrolle
haben – wunderbar! Aber da sie zu den Wunschvorstellungen
zahlreicher Männer zählt, kann es passieren, daß Sie von
Ihrem trägen Partner manipuliert werden. Das dürfen Sie
nicht erlauben. Falls nötig, erzwingen Sie Ihre Dominanz,
indem Sie die Arme Ihres Liebhabers hinter seinem Kopf festhalten. Dann *muß* er sich unterwerfen. Auf diese Weise gestaltet Judy ihr Sexualleben besonders reizvoll:

»Ich glaube, der Sex würde mir keinen Spaß machen, wenn ich
das Gefühl hätte, ich wäre meinem Partner ›untergeordnet‹. Er
soll wissen, wer der Boß ist. Es gefällt mir, auf ihm zu liegen,
ihn eindringen zu lassen, mich ein paar köstliche Minuten
lang zu bewegen, dann innezuhalten und zu beobachten, wie
er um weitere Stimulation bettelt. Nach einer Weile stemme
ich meine Fäuste auf seine Brust, richte mich auf und sinke
hinab, immer wieder, bis seine Brust vom heftigen Druck ganz
weiß wird. Aber er wagt sich nicht zu rühren, damit ich nicht
aufhöre. Manchmal gebe ich ihm einen Klaps, und er versucht
zurückzuschlagen, aber dann packe ich seine Arme und presse
sie nach unten. Ich kann ihn auch veranlassen, an meinen
Titten zu saugen, das jagt mir einen wohligen Schauer über
den Rücken.«

Andererseits bringt es der Frau gewisse Nachteile, wenn sie
sich oben befindet. Es kann sie ermüden, sich auf und ab zu
bewegen, weil sie intensiver gegen die Schwerkraft ankämp-
fen muß als der Mann im umgekehrten Fall – insbesondere

wenn sie nicht liegt, sondern auf ihm sitzt. Das schildert Lothario Frank Harris:

»Lächelnd richtete sie sich auf, kniete über mir, und ich schob meinen Schwanz in ihre Muschi. Mit einem tiefen Seufzer sank sie auf mich herab. Sie versuchte, auf meinem Organ hinauf- und herabzurutschen. Einmal geriet sie zu weit nach oben und mußte ihre Hand benutzen, um meinen Tommy wieder hinein- zustecken. Dann glitt sie so tief wie möglich herab. ›Wie tief ich sinken kann!‹ rief sie und lachte über diese doppelsinnigen Worte. ›Aber ich kann mich nicht so gut erheben!‹«

Wenn die Frau auf dem Mann sitzt, verringert sie außerdem den klitoralen Kontakt. Das läßt sich natürlich verhindern wenn er seine Hand benutzt. Aber Sie können nur dann für eine ausreichende Reibung sorgen, wenn Sie auf Ihrem Part- ner liegen.

Diese Position bringt einen weiteren Nachteil mit sich: Viel- leicht haben Sie das Gefühl, Sie müßten sich auf Ihre Arme stützen. Viele Frauen strengen sich mächtig an, weil sie glau- ben, sie dürften nicht zu schwer und »undamenhaft« wirken. In gewissen Fällen kann die Position schrecklich unbequem sein – zum Beispiel, wenn der Mann sehr dünn ist und die Frau lange Beine hat. Dann sollte er ein Kissen unter seinen Po schieben.

Falls Sie Bedenken wegen Ihres Busens haben, probieren Sie diese Stellung lieber nicht aus. Auch wenn *er* von Ihren Brüsten begeistert ist – rücken Sie sie nicht ins Rampenlicht, wenn sie Ihnen selber mißfallen. »Ich kam mir vor wie die einzige Teilnehmerin an einem Wettbewerb, wo man in Oben- Ohne-Badeanzügen posieren mußte«, bemerkte eine Frau. »Das machte mich furchtbar nervös.« Solche kleinen Ängste können Ihnen alle Chancen auf einen Orgasmus verderben. Später, wenn Sie Ihre Fähigkeiten verbessert haben, werden solche Details keine so große Rolle mehr spielen.

Die Seestern-Position

Die zahlreichen Vorteile dieser Stellung wurden bereits im neunten Kapitel erörtert, also werde ich sie hier nicht wiederholen. Ich füge nur hinzu, daß Sie dabei beide gleichermaßen alles unter Kontrolle haben. Keiner dominiert. Wenn Sie spüren, wie sich Ihr Partner dem Höhepunkt nähert, können Sie den Kontakt unterbrechen oder innehalten. Außerdem ist dies die Position, in der Sie sich am wenigsten beeinträchtigt fühlen, wenn Sie vom Partner abgelenkt werden oder wenig Selbstvertrauen besitzen.

Seite an Seite

Der altrömische Dichter Ovid, der sehr viel über die Liebeskunst schrieb, bevorzugte diese Stellung:
»Formen der Lust gibt's tausend: am einfachsten und bequemsten
Liegt das Weib gegen rechts, halb auf den Rücken gelehnt.«
Es ist zwar nicht so einfach, diese Position einzunehmen, aber sie hat den Vorteil, daß die massiven Macho-Stöße entfallen, die manchmal von der Missionarsstellung begünstigt werden. Ein weiterer Pluspunkt: Weil der Penis ständig herauszugleiten droht, können Sie für ein langsames, sanftes Tempo sorgen. Wenn Sie einen feurigen Partner haben, der sich nur ungern zügeln läßt, probieren Sie diese Position aus. Aber es gibt auch eine Kehrseite der Münze: Im Gegensatz zu den Frauen kommen die Männer manchmal schneller zum Höhepunkt, während sie eine ungewohnte Stellung einnehmen, also müssen Sie ihn »erziehen«. Außerdem – wenn er dauernd aufpassen muß, damit sein Penis nicht herausrutscht, schadet das dem Rhythmus und Ihrer Konzentration.

Der Mann dringt von hinten ein

Wie ich festgestellt habe, gehen die weiblichen Meinungen über diese Position weit auseinander. Die meisten Frauen sagen: »Es gefällt mir, aber auf diese Weise ist es schwierig, einen Orgasmus zu erreichen.« Das liegt am mangelnden Kontakt mit der Klitoris. Ich kenne mehrere Frauen, die gelernt haben, in verschiedenen Stellungen einen Höhepunkt zu erleben, aber nicht in dieser. Andere finden sie sehr reizvoll, zum Beispiel Loretta:

»Ich mag die gewisse Anonymität dieser Position. Man kann den Mann richtig spüren, fühlt sich aber unbelastet. Ich liebe Robert, aber manchmal brauche ich die Freiheit, niemandem vor meinem Gesicht zu haben, der mich beobachtet und immer wieder auf mich herabsinkt. Ich knie, und er kniet hinter mir.«

Netta gewinnt dieser Stellung einen anderen Reiz ab:

»Ich finde es großartig, daß man sich auf diese Weise in den sonderbarsten Situationen lieben kann, ohne sich auszuziehen und ins Bett gehen zu müssen. Um ein Beispiel anzuführen – neulich besuchten Jack und ich Freunde auf dem Land. Sie veranstalteten ein Barbecue, und wir wanderten alle im großen Garten herum. Da gibt es viele Teiche, Bäume und Büsche. Ich hatte das Geschwätz satt, also spazierte ich allein davon. Als ich niederkniete, um ein paar Blumen zu betrachten, tauchte Jack hinter mir auf. Er hatte mich weggehen sehen und war mir gefolgt. Nun hob er meinen Rock hoch und begann mich zwischen den Beinen zu streicheln. Er machte sich nicht einmal die Mühe, mir das Höschen auszuziehen (ich befürchtete, jemand könnte uns überraschen), schob es einfach nur beiseite und trieb es mit mir, während ich Blumen pflückte. Zweifellos einer der besten Ficks, die ich je erlebt hatte. Durch die Hecke beobachtete ich die anderen Leute.«

In dieser Position genießen Sie alle offensichtlichen Vorteile der Ungestörtheit. Allerdings können Sie die Situation nicht so gut kontrollieren, aber notfalls nach hinten greifen und die Hüften Ihres Partners festhalten. Ein Nachteil liegt darin, daß Ihr Po im Mittelpunkt steht, obwohl ich betonen möchte, daß in kniender Haltung alle Hinterteile ziemlich gleich ausse- hen – im Gegensatz zu Brüsten –, also sollten Sie sich deshalb keine Sorgen machen.

Wie Sie nach angemessener Masturbationspraxis feststellen werden, kann diese Stellung sehr befriedigend sein, beson- ders, wenn Sie ein Kissen unter Ihre Hüften legen, um die Reibung zu verstärken. Soviel ich weiß, bekommen manche Frauen auf diese Weise einen Orgasmus, aber mir selber ist das nie gelungen.

Der Penis meines Partners ist zu klein!

Ich frage mich, wie oft diese Klage jedes Jahr über weibliche Lippen kommt. Vielleicht ist es verständlich, daß viele Frauen, die beim Koitus keinen Höhepunkt erzielen, ihren Mißerfolg auf den zu kleinen Penis ihres Partners zurückführen. Wie ich gestehen muß, bin ich versucht zu antworten: »Klar, nur ein Riesending kann eine Frau befriedigen«, einfach nur, um ein paar Egos zu reduzieren (gewisse Männer sind offensichtlich geradezu besessen von der Vorstellung, ein Penis müßte mög- lichst groß sein). Vielleicht würde meine Antwort die männ- liche Kritik an den weiblichen Geschlechtsteilen etwas mil- dern. Aber im allgemeinen scheint man anzunehmen, daß die Penisgröße keine besondere Rolle für die Orgasmusfähigkeit einer Frau spielt. Wenn Sie also das nächste Mal mit einem

Winzling konfrontiert werden, verzweifeln Sie nicht. Die Vagina ist sehr elastisch. Sie paßt sich großen und kleinen Organen gleichermaßen an.

Doch das bedeutet *keineswegs*, daß es einzelnen Frauen nicht zusteht, gewisse Vorlieben zu hegen. Ich persönlich sehe keinen Grund, mich zu entschuldigen, weil ich große, nach Möglichkeit beschnittene Penisse bevorzuge. Die verschaffen einem vielleicht keine besseren Orgasmen, aber man fühlt sich angenehm ausgefüllt. Andererseits weckt ein kleiner Penis nette Beschützerinstinkte. Die Männer genießen – falls sie verrückt nach üppigen Brüsten sind – den Vorteil, daß sie die sehen können, ehe sie sich mit einer Frau einlassen. Aber leider haben nur Nudistinnen die Möglichkeit, Penisse zu taxieren. Außerdem läßt ein schlaffes Glied keine Schlüsse auf die Größe zu, die es im erigierten Zustand erreicht.

Aber wie sich bei der Lektüre erotischer Literatur herausstellt, sind es die *Männer*, nicht die Frauen, die sich für riesige Organe begeistern. Falls Sie nicht befriedigt werden, liegt es eher an der Art und Weise, wie Ihr Partner seinen Penis benutzt, als an dessen Größe. Außerdem ist ein zu großer Penis eindeutig unangenehm.

Das Thema der unterschiedlichen Penisgröße erinnert mich an eine interessante Tatsache. Viele Frauen in meinem Bekanntenkreis kamen mit Liebhabern zu Orgasmen, aber nicht mit ihren Ehemännern (oder festen Partnern). Da die fraglichen Penisse einander so ziemlich glichen (in zwei Fällen besaßen die Liebhaber sogar kleinere), ist dadurch erwiesen, daß es auf den Gebrauch eines Penis ankommt, nicht auf seine Dimension.

Nach dem Ende einer Affäre hatte eine Frau schreckliche Schuldgefühle. Ich versuchte sie aufzumuntern und versicherte, wegen ihres Ehebruchs würde die Welt nicht untergehen. Sie könne nun mit ihrem Mann ein neues Leben beginnen –

mit erfolgreichem Sex. Nachdem ihre Seitensprünge erwiesen hatten, daß sie zum Orgasmus fähig war – warum sollte sich das nicht günstig auf ihre Ehe auswirken. Dringend riet ich ihr, *kein Geständnis* abzulegen. Oh, wie selten sind solche Geständnisse gerechtfertigt! Meistens befreien sie den schuldigen Partner nur von den Gewissensbissen, während der unschuldige Teil leidet. Und so konzentrierte sie sich statt dessen darauf, die Orgasmen mit ihrem Mann zu wiederholen, und das fiel ihr viel leichter, als sie zunächst geglaubt hatte. Bedenken Sie – die Orgasmen gehören nicht Ihrem Partner, sondern *Ihnen*. Und was *Sie* zusammen mit einem anderen Mann lernen, können Sie Ihrem festen Partner anbieten. Vielleicht wird sich Ihr Sexualleben dadurch dermaßen verbessern, daß Sie gar keine Lust auf neue Seitensprünge haben.

Zwei wichtige Voraussetzungen
für erfolgreichen Sex

Oft übersehen Frauen, die keinen Höhepunkt erreichen, diese Voraussetzungen oder halten sie für selbstverständlich – nämlich *Rhythmus* und *Konzentration*. Immer wieder habe ich betont, daß es in der Anfangsphase des Orgasmustrainings nicht genügt, »sich einfach hinzulegen und zu entspannen«. Solange Sie Ihr Ziel nicht erreicht haben, müssen Sie einige Überlegungen und ein bißchen Mühe investieren.

Rhythmus – das Schlangen- und Leiterprinzip

Die Unfähigkeit des Mannes, einen konstanten, passenden Rhythmus beizubehalten, zählt zu den Hauptursachen des mangelnden weiblichen Orgasmus. Alle betroffenen Frauen, mit denen ich sprach, erklärten mir, ein gleichmäßiger Rhythmus sei unbedingt erforderlich. Wird er unterbrochen, ist auch der allmähliche Aufstieg zum Orgasmus gestört. Viele Leserinnen werden die Bedeutung des Rhythmus bei der Masturbation entdeckt haben. An manchen Tagen sind Sie so erregt, daß ein geringfügiger Druck ausreicht. Aber sehr viel öfter brauchen Sie einen stetigen *Rhythmus*, um sich zu befriedigen.

Männer empfinden das genauso, sind aber im allgemeinen weniger sensitiv, was Veränderungen betrifft. Wenn Sie den Penis Ihres Partners mit der Hand stimulieren, wählen Sie einen Rhythmus, der ihm gefällt. Bedauerlicherweise bestimmt *er* beim Koitus das Tempo, das Ihnen keinesfalls immer zusagt. Susan weiß, wovon sie redet:

»In manchen Situationen bin ich ganz wild vor Verlangen. Er probiert alle möglichen verrückten Dinge aus – mal richtig brutal, dann sanft oder sehr langsam, und so weiter. Oft bin ich so erregt, daß ich schreien könnte. Aber wenn ich zum Orgasmus kommen will, muß ich meinen Partner zu einem konstanten Rhythmus zwingen, den er fünf bis zehn Minuten lang beibehält.«

Dieses Thema interessierte Susan sehr. Sie prägte den Begriff »Schlangen- und Leiterprinzip«.

»Ich stelle mir das folgendermaßen vor: Man erreicht den Orgasmus am oberen Ende einer langen Leiter. Alle Sprossen sind gleich weit voneinander entfernt, und jede symbolisiert einen Penisstoß. Dadurch entsteht ein stetiger Rhythmus. Zum Ende der Leiter kann ich nur gelangen, wenn ich auf eine Sprosse nach der anderen steige, und zwar in gleichbleibendem Tempo. Wenn mein Partner den Rhythmus unterbricht, scheucht mich eine Schlange zum Fuß der Leiter zurück. So komisch das auch klingt – ich finde es schrecklich sexy, wenn er das Tempo verändert, aber ich weiß, daß ich auf diese Weise keinen Höhepunkt genießen werde. Ich fühle mich hin- und hergerissen – soll ich ihn auffordern, beim neuen Rhythmus zu bleiben, oder ihn bitten, zum alten zurückzukehren?«

Natürlich behaupte ich nicht, alle Frauen seien auf einen konstanten »Leiter-Rhythmus« angewiesen. Manche erreichen vielleicht eher einen Orgasmus, wenn die Bewegungen variieren. Aber wie ich festgestellt habe, bevorzugt die Mehrheit der Frauen, die sich noch in der Lernphase befinden, ein gleichmäßiges Tempo. Je öfter Sie zum Höhepunkt kommen, desto weniger werden Sie den »Leiter-Rhythmus« brauchen.

Übung 10.1 Um die Bedeutung des Rhythmus besser zu verstehen, sollten Sie folgendes ausprobieren: Masturbieren Sie *wenn Sie nicht besonders erregt sind.* Sonst erzielen Sie, wie ich bereits erwähnt habe, mühelos einen Orgasmus, und dann hilft Ihnen diese Übung nicht bei Ihren Schwierigkeiten. Aber wenn Sie sich anstrengen müssen, um einen Orgasmus zu erreichen, besteht die Chance, daß Sie Ihren speziellen Rhythmus finden werden. Stimulieren Sie sich, bis Sie zur Schwelle des Höhepunkts gelangen, dann machen Sie eine Pause und ändern den Rhythmus. Wiederholen Sie das, aber diesmal reiben Sie an Ihrer Klitoris, ohne einen bestimmten Rhythmus einzuhalten. Bald werden Sie erkennen, wie wichtig der Rhythmus ist und wieviel davon abhängt, daß Sie einen finden, der Ihren Bedürfnissen entspricht. Beim Sex mit Ihrem Partner müssen Sie genauso drauf achten, was Ihnen am besten hilft.

Um Ihnen zu zeigen, wie bedeutsam das Tempo sein kann zitiere ich aus Dr. Sofie Lazarsfelds *Wie die Frau den Mann erlebt:*

»Wir erinnern uns an eine populäre thüringische Sitte: Ein Bursche und ein Mädchen heiraten erst, wenn sie gemeinsam einen Baumstamm durchsägt haben. Stimmt der Rhythmus

ihrer Bewegungen überein, findet die Hochzeit statt, sonst trennen sie sich. Beobachten Sie, wie ein Mann ißt oder trinkt: Wenn er sich beeilt, wird er das auch bei der Liebe tun.«
Wenn man einen Orgasmus erreichen will, ist die *Konzentration* die wichtigste Partnerin des Rhythmus.

Konzentration

Ob Sie es glauben oder nicht – Konzentration und Entspannung sind Gefährtinnen, keine Gegnerinnen. Wir alle wissen, wie oft die Frauen auf Orgasmen verzichten müssen, weil sie abgelenkt werden – von der Sorge um die Kinder, ein Nachbar klopft an die Wand, oder sie befürchten, zu spät ins Büro zu kommen. Eine Frau beschrieb mir ihren Kummer sehr treffend:
»Sie können jeden Mann auf der Welt lieben, aber keinen mit mobilem Telefon. Das funktioniert einfach nicht. Endlich haben Sie ihn dazu gebracht, sich zu entspannen, und Sie fassen sich gegenseitig in die Unterhosen, und da klingelt es. Okay, Business ist Business. Die Welt kann nicht warten, nur weil Sie unbedingt bumsen wollen. Nachdem das Telefonat erledigt ist, ziehen Sie ihm die Hose aus, er kniet nieder, öffnet den Reißverschluß Ihrer Jeans – und schon wieder klingelt es. Zum Teufel, denken Sie, die Welt kann ihn doch nicht so dringend brauchen. Aber sie braucht ihn, und Sie warten, dann zieht er Sie auf den Teppich, paßt wunderbar in Sie hinein, beginnt sich sanft und ganz langsam zu bewegen. Wieder klingelt es. Und so geht es weiter. Vergessen Sie's. Genausogut könnten Sie mit einem Telefonhörer bumsen.«
Solche Ablenkungen sind offensichtlich. Aber wissen Sie, daß Sie auch durch gewohnte Dinge abgelenkt werden können? Durch Elemente, die Sie immer für feste Bestandteile Ihres Sexuallebens gehalten haben? Ich meine den Zwang, die

Küsse Ihres Partners zu erwidern, ständig seinen Penis zu liebkosen, seine süßen Liebesworte zu beantworten, Ihre Reaktionen zu zeigen, wenn er Sie streichelt. Natürlich ist das alles
wichtig. Man tut es nicht, weil man sich gezwungen fühlt,
sondern weil man seine Küsse erwidern und ihn liebkosen und
zärtliche Worte mit ihm wechseln will. Sex ist ein gefühlvolles
Erlebnis, keine kalte Jagd nach Orgasmen. Außerdem erzeugen diese angenehmen »Ablenkungen« eine sinnliche Stimmung und erregen uns. Das alles stimmt, aber die Tatsache
bleibt bestehen, daß diese Ablenkungen viele Frauen behindern, die keine Erfahrung mit dem Orgasmus beim Koitus
besitzen.

Um zum Vergleich mit der Fremdsprache zurückzukehren –
eine Dolmetscherin bei den Vereinten Nationen muß zuhören
und *gleichzeitig* übersetzen. Das ist kein Job für eine Anfängerin, der es an Übung fehlt. Ganz egal, ob Sie beginnen, eine
Sprache zu erlernen oder Ihre Orgasmusfähigkeit zu trainieren, Sie müssen sich intensiv konzentrieren. Später, wenn Sie
beherrschen, was Sie gelernt haben, bereitet es Ihnen kaum
noch Mühe. Oft klappt es sogar, ohne daß Sie darüber nach-
denken. Ich empfehle Ihnen keineswegs, die »Ablenkungen«
abzuschaffen, aber während des Trainings sollten Sie manchmal versuchen, sie zu dezimieren. Später, wenn Sie sich nicht
mehr um Ihren Orgasmus sorgen müssen, werden Sie die Zärtlichkeiten Ihres Partners um so bereitwilliger erwidern.

Entspannen Sie sich, wenn Sie das nächste Mal mit ihm schla-
fen, *und vergessen Sie nach Möglichkeit Ihre Umgebung.* Ver-
suchen Sie notfalls sogar, ihn zu vergessen. Schließen Sie die
Augen und konzentrieren Sie sich nur auf das, was er mit
Ihnen macht, auf die Bewegungen seiner Hinterbacken, seines
Penis, der hinein und hinaus gleitet. Oder denken Sie an Ihre
Lieblingsphantasie. Bei Ruth funktioniert das sehr gut, ob-
wohl sie gewisse Bedenken hatte:

»Ich stelle mir gern vor, ich wäre auf einer kleinen Insel, würde am Strand liegen und zwischen meinen Schenkeln einen Eingeborenen zähmen. Aber ich frage mich, ob ich mich nicht besser auf die Tatsache konzentrieren sollte, daß ich in Wirklichkeit mit meinem Freund Harry am Boden liege. Lenken mich solche Phantasien nicht von der Konzentration und deshalb auch vom Orgasmus ab?«

Wenn man Phantasien richtig nutzt, lenken sie keineswegs vom Orgasmus ab. Sie sind sogar ein äußerst wichtiger *Aspekt der Konzentration*. Die Phantasie stimuliert die Konzentration. Jetzt kommt es auf *Ihre eigenen sexuellen Bedürfnisse* an, nicht auf Eingeborene oder Ihren Freund. Deshalb dürfen Sie nicht auf die hilfreiche Wirkung von Phantasiebildern verzichten.

Kümmern Sie sich in dieser Phase nicht darum, ob Sie Ihren Partner befriedigen. Wenn Sie sich damit beschäftigen, an seinem Ohr zu knabbern oder Ihre Liebeskünste zu zeigen, indem Sie seine Eier kitzeln oder an seiner Zunge saugen, laufen Sie Gefahr, Ihre Konzentration einzubüßen. Außerdem liegt es wirklich nicht in Ihrem Interesse, *seinen* Orgasmus zu beschleunigen.

Es widerstrebte Juliet, sich zu sehr auf ihr eigenes Vergnügen zu konzentrieren:

»Ich kenne meinen Freund noch nicht lange, und ich habe das Gefühl, bei der Liebe muß ich ihm Aufmerksamkeit und Zuwendung schenken, sonst hält er mich für gefühllos. Und ich könnte ihm *niemals* sagen, was er tun soll.«

In einer neuen Beziehung ist es natürlich erforderlich, daß Sie Ihrem Partner Aufmerksamkeit und Zuwendung schenken. Aber das darf Ihrem Training nicht in die Quere kommen. Geben Sie ihm zu verstehen, *was* er tun soll, indem Sie sagen, wie gut Ihnen diese oder jene seiner Aktivitäten gefällt. Die Männer mögen teilnahmslose Frauen nicht, wie wir bereits festgestellt haben. Sie können offenherzig sagen: »Ich mag es, was du da machst.« Oder Sie können ihn ermutigen, indem Sie flüstern: »Hmm, das ist gut – ja ... Nein, so nicht ... Ja, so, hmm. Bitte, mach weiter!« Die zweite Variante wirkt viel verführerischer. Je intensiver Sie seine Zärtlichkeit genießen, desto fataler wäre es, wenn Sie sich ablenken ließen, indem Sie ihn loben. Solange Sie innerlich eines gewissen Zeitraums liebevoll und aufmerksam sind, dürfen Sie's sich getrost leisten, während der wichtigen Phase vor dem Orgasmus still und konzentriert zu sein. Und der Gedanke an das gemeinsame Vergnügen müßte auch ihn viel mehr befriedigen als ein paar sinnlose Küsse in letzter Minute.

Übung 10.2 Eine der Frauen, die dieses Programm absolviert haben, gab mir einen hilfreichen Tip:
»Aus irgendeinem Grund – ich kann nicht erklären, warum – kneife ich meine Vagina fest zusammen, wann immer ich sehr erregt bin. Wenn ich das ein paar Minuten lang tue, komme ich viel leichter zum Orgasmus.«
Das erinnert Sie vielleicht an die Kegelübungen, die ich im fünften Kapitel erklärt habe (und die Sie übrigens immer noch machen sollten). Den Muskel, der bei jenen Übungen trainiert wird – den Pubococcygeus-Muskel –, müssen Sie auch bei dieser Übung anspannen. Die Anspannung der Muskeln ist ein bekanntes Mittel, um die Erregung zu steigern. Wenn Sie auch andere Muskeln anspannen, zum Beispiel im Bauch, in den Beinen, Füßen und Händen, werden Sie sich vielleicht dem Orgasmus nähern. Im umgekehrten Fall zögern die Männer ihren Höhepunkt hinaus, indem sie alle Muskeln entspannen, besonders in den Beinen und im Po. Das ist eine uralte Technik.

Die körperlose Frau

Die Diskussion über die Konzentration führt zu einem Phänomen, das ich die »körperlose Frau« genannt habe. Dieser
Aspekt kann für Ihren Erfolg sehr wichtig sein.

Wenn Sie mit Ihrem Partner schlafen, kommen viele Dinge ins
Spiel. Er stößt nicht nur seinen Penis immer wieder in Ihre
Vagina, er stimuliert vielleicht auch Ihre Brüste, knabbert an
Ihren Ohrläppchen usw. Solche Liebkosungen können Sie von
Ihrem Orgasmus ablenken, *obwohl sie Ihr Verlangen erhöhen.*

Wenn Sie die Stimulation Ihrer Brüste nicht genießen, ist es
nur natürlich, daß Sie vom Orgasmus abgelenkt werden. Aber
auch dann, wenn solche Stimulationen als angenehm empfunden werden und wenn sie die Leidenschaft steigern, führen
sie viele Frauen auf den falschen Weg, nämlich weg vom
Orgasmus. Denn dadurch wird die dringend benötigte Konzentration auf den Orgasmus von einem diffuseren sinnlichen
Vergnügen verdrängt. Manchen Frauen ergeht es wie Sally:
»Hin und wieder scheinen zwei Seelen in meiner Brust zu
wohnen. Einerseits wünsche ich mir einen Orgasmus – mehr
oder weniger intensiv, aber wenn ich mich, unabhängig vom
Ausmaß meines Verlangens, nicht voll und ganz darauf konzentriere, kann ich's vergessen. Das Timing und der Rhythmus
müssen stimmen. Ich darf an nichts anderes denken als an das
Gefühl in meinem Unterleib. Das ist so wie beim Hürdenlauf:
Man muß zum richtigen Zeitpunkt mit dem richtigen Fuß
abspringen und weit genug das Bein ausstrecken, und so weiter. Aber auf der anderen Seite genieße ich die allgemeinen
Körpergefühle. Ich kann einfach nur daliegen und mich am
Sex freuen, an der Hand meines Partners, die mich streichelt,
an der Intimität seiner Küsse und Liebkosungen. Damit ver-
ringere ich allerdings meine Chancen auf einen Orgasmus. So

als würden meine Freundinnen, die mir beim Hürdenlauf zuschauen, ein interessantes Gespräch mit mir beginnen, das mich ablenkt.«

Vielleicht gehören Sie nicht zu diesem Frauentyp. Wenn doch, müssen Sie lernen, die Aspekte der körperlichen Liebe, die direkt zum Orgasmus führen, von jenen zu trennen, die an sich zwar angenehm sind, aber den Weg zu Ihrem Ziel versperren. Ich zögere nicht, Ihnen zu versichern, daß solche Unterscheidungen kaum noch eine Rolle spielen werden, wenn Sie das Training erfolgreich beendet haben.

Übung 10.3 Lassen Sie sich von Ihrem Partner auf die übliche Weise erregen. Er soll Ihre Schenkel streicheln, Ihre Brüste küssen, ganz zart in Ihren Hals beißen – was auch immer. Aber wenn Ihr Verlangen wächst, bringen Sie ihn dazu, mit diesen Liebkosungen aufzuhören und sich ausschließlich auf die Penetration und die klitorale Stimulation zu konzentrieren. Fühlen Sie sich dem Orgasmus jetzt näher oder entfernen Sie sich davon?

Einige Bemerkungen über die Gleitfähigkeit

In allen Sexbüchern kann man lesen, daß die Vagina einer sexuell erregten Frau auf natürliche Weise feucht wird. Dies ist sozusagen das Äquivalent zur Erektion – ein physisches Zeichen der sexuellen Erregung. Was die meisten Sexbücher allerdings verschweigen – nicht bei allen Frauen wird die Vagina feucht, und auch das ist ganz normal. Und wenn ich mich noch so erregt fühle, ich bin nur selten feucht genug, wenn ich mit meinem Partner zu schlafen beginne.

Das verheimlichte ich sehr lange, weil ich mich eines weiteren »Fehlschlags« schämte. Außerdem gibt es die derbe Gleichsetzung sexueller Erregung mit der »geilen Frau« und ihrer »triefenden Möse«. Jedenfalls gibt es sehr viele Frauen, die nicht feucht werden – infolge ihrer Nervosität, hormonaler Veränderungen oder ganz einfach, weil es in ihrer Natur liegt.

Falls Ihnen dieses Problem zu schaffen macht, können Sie es lösen, indem Sie in der Apotheke ein farbloses Gelee kaufen. Aber wie ich persönlich finde, sollten Frauen, die nur ein bißchen länger brauchen, um erregt zu werden, es lieber mit Speichel versuchen. Der ist nützlich und jederzeit verfügbar. Dann müssen Sie nicht eigens ins Bad laufen, um das Gelee zu benutzen, das sich außerdem unangenehm auswirken könnte, wenn Sie zu oralem Sex übergehen. Befeuchten Sie Ihren Zeige- und Mittelfinger mit Speichel und streichen Sie ihn um die Öffnung der Scheide herum. Das können Sie unbemerkt tun, kurz bevor Ihr Partner mit seinem Penis in Sie eindringt. Er kann aber auch Speichel auf seinem Penis verteilen. Die Befeuchtung ist für Barbara ein wichtiger Teil der körperlichen Liebe.

»Ich schaue liebend gern zu, wenn David über mir kniet und seine Hände ableckt. Dann streicht er den Speichel langsam über seinen Schwanz. Ich finde es sehr sexy, wenn ein Mann seinen eignen Schwanz anfaßt. Und irgendwie wirkt es auf prickelnde Weise bedrohlich, mit anzusehen, wie er sich darauf vorbereitet, mich zu bumsen.«

Sexuelles Timing – die Unterschiede
zwischen Mann und Frau

Eine Frau braucht fast immer länger, um einen Orgasmus zu erreichen, als ein Mann. Das gehört zu ihren größten Problemen beim Sex. »Eine ganz besondere Laune der Natur«, sagte mir ein Freund, »und keine sehr komische. Die Männer kommen sehr schnell zum Orgasmus, und dann ist alles vorbei, während die Frauen langsamen Sex lieben, wenn möglich mehrmals hintereinander.«
Der eilige Liebhaber befindet sich in distinguierter Gesellschaft, falls der folgende Limerick auf Tatsachen beruht.

»Es lebt eine junge Dame in Bern,
die hat's mit dem Mann im Mond getrieben,
und danach gesagt: ›Das tat ich sehr gern,
es war wie auf einem ganz anderen Stern,
aber wärst du doch länger dringeblieben!‹«

Vom Mann im Mond mal abgesehen – ein guter Liebhaber sollte imstande sein, seinen Orgasmus zu kontrollieren, aber gute Liebhaber stehen nicht immer zur Verfügung. Im Idealfall sollten Sie beide das Programm gleichzeitig absolvieren. *Sie* lernen, einen Orgasmus zu bekommen, während *er* lernt, seinen Höhepunkt hinauszuzögern. (Sie sollten ihn daran erinnern, daß ein Mann, der für sein Durchhaltevermögen bekannt ist, *immer* begehrt sein wird.)
Vor allem junge Männer neigen dazu, vorzeitig zu ejakulieren – genießen aber den Vorteil, daß sie sehr schnell eine neue Erektion bekommen.
Wie Juliet herausgefunden hat, sind manche jungen Männer sogar noch viel tüchtiger:

»Bevor er auf die Universität ging, verbrachte er den Sommer in meinem Farmhaus und widmete sich seinen Studien. Er war wirklich sehr fleißig, aber auch nett und höflich, und er sah nicht übel aus. Einmal lud er mich zum Abendessen ein, in sein Zimmer. Eins führte zum anderen, und ich vernaschte ihn, noch bevor wir beim Dessert anlangten. Er war ziemlich nervös – was mich nur noch mehr anstachelte – und gebrauchte dumme Ausreden. Zum Beispiel gab er zu bedenken, er habe kein Kondom, aber ich erwiderte, er solle den Mund halten. Daß er mich begehrte, merkte ich ihm deutlich an. Blitzschnell bugsierte ich ihn aufs Bett (und bedauerte zum einzigen Mal, daß ich meinem Untermieter eine so billige Matratze gegeben hatte!). Wir trieben es etwa eine Stunde lang, nonstop, und es kam ihm nicht. Ich war am Boden zerstört und dachte, ich hätte es ganz falsch angepackt, ich würde ihm gar nicht gefallen und er wäre nur mit mir ins Bett gegangen, weil mir das Haus gehörte. Wie häßlich und reizlos ich mich fühlte! Zwei Stunden später fand ich heraus, daß er zweimal ejakuliert und trotzdem weitergemacht hatte. Aber er war zu schüchtern, um mich darauf hinzuweisen, und zu beherrscht, denn er hatte befürchtet, sein Orgasmus wäre zu schnell erfolgt. Jetzt sind wir immer noch zusammen.«

Daß eine Frau länger braucht, ist vor allem deshalb problematisch, weil diese Tatsache Angst erzeugt, die einen Orgasmus verhindert. Das passierte mir in den Anfangsphasen ständig. Ich wäre ziemlich schnell zum Orgasmus gekommen, hätte ich nicht geglaubt, es würde zu lange dauern. Ein Teufelskreis.

Das gebräuchlichste Mittel, das Problem zu lösen, ist ein ausgedehntes Vorspiel. Ich zeigte meinem Partner, wie er mich stimulieren sollte, und dann veranlaßte ich ihn, das so lange zu tun, bis ich richtig erregt war. Aber die Sache hatte einen Haken.

Wann immer ich mit einem netten Burschen zusammen war,

der mir versicherte, es würde ihm nichts ausmachen und er könne warten, fühlte ich mich schuldig, weil er mich befriedigen mußte und von seinem eigenen Vergnügen abgehalten wurde. Ein weiterer Teufelskreis. Mit der Zeit gewöhnt man sich daran und überwindet die innere Verkrampfung. Aber es ist auf jeden Fall günstig, wenn der Partner wenigstens ab und zu von selber etwas langsamer kommt.

Notfalls müssen Sie Tricks anwenden, um Ihre Befangenheit zu bekämpfen – so wie Esther.

»Wenn ich abends mit ihm schlafen will, blase ich ihm einen, sobald er von der Arbeit nach Hause kommt. Dann dauert es später etwas länger, bis er seinen Höhepunkt erreicht, und außerdem hat er das Gefühl, er wäre mir was schuldig.«

Es gibt eine Alternative. Wenn Sie mit Ihrem Partner am gleichen Abend geschlafen haben, wecken Sie ihn mitten in der Nacht. Bedenken Sie, daß müde und beschwipste Männer zu etwas langsamerem Sex neigen. Viele Frauen schreiben einen Mann ab, der erschöpft aussieht oder etwas zuviel getrunken hat. Welch eine Verschwendung! Seien Sie lieber erfinderisch und nutzen Sie solche Gelegenheiten. Die können Ihnen helfen, einen Streit oder den bedrohlichen Macho-Sexualstil zu vermeiden.

Wenn alles nichts nützt, bitten Sie eine gute Fee, Sie beide in Nerze zu verwandeln. Manchmal koitieren diese süßen kleinen Tierchen acht Stunden lang. Dadurch gewinnt die weibliche Sehnsucht nach Nerzmänteln eine ganz neue Bedeutung.

Was man mit einem schlaffen Penis anfangen kann

Vielleicht haben Sie Glück, und Ihr Partner ist bereit – und imstande – weiterzumachen. Aber wenn alle Stricke reißen, verzweifeln Sie nicht. Man hat uns zwar beigebracht, ein erigierter Penis wäre notwendig, um eine Frau zu befriedigen, aber das stimmt gar nicht.

Wenn Ihr Partner ejakuliert, ist das keine Katastrophe. Fordern Sie ihn auf, seinen Penis in Ihrer Vagina ruhen zu lassen was er, schläfrig und zufriedengestellt, wahrscheinlich sehr gern tun wird. Währenddessen stimulieren Sie sich einfach weiterhin, so wie Sie es auf Stufe vier gelernt haben.

Manche Penisse bleiben noch lange danach hart, andere erschlaffen sehr schnell. Wie auch immer, Sie können Ihren Nutzen daraus ziehen. Sandra greift dieses Thema auf.

»Als ich Peter kennenlernte, war ich in den üblichen Vorurteilen verhaftet: Nur ein großer, steifer Schwanz kann eine Frau befriedigen, und da ich nie zuvor einen Orgasmus erlebt hatte, schöpfte ich bei Peters Anblick neue Hoffnung. Zuvor hatte ich mit einem Dutzend Männer gevögelt und stets den Eindruck gewonnen, ich wäre dem Höhepunkt nahe. Aber ich hatte ihn niemals wirklich erreicht. Eines Nachmittags fingen wir zu vögeln an. Ich hatte mich auf einen langen genüßlichen Liebesakt gefreut und war wütend, weil er schon nach zehn Minuten kam. Eigentlich wollte ich ins Bad gehen und masturbieren – meine übliche Methode, um Befriedigung zu finden. Aber er schlief ein, und irgendwie brachte ich es nicht übers Herz, ihn einfach von mir runterzuschieben. Das war meine Rettung. Ich begann, mich selber zu stimulieren, während sein Schwanz noch in mir steckte. Und da er nach wie vor döste, konnte ich mich völlig entspannen und Lust empfinden. Nach einer Weile wurde sein Schwanz ein bißchen schlaffer, aber das ernüchterte mich keineswegs – im Gegenteil. Er wirkte weniger bedrohlich und aggressiv auf mich, eher sanft und zärtlich. Ich glaube, ich hatte nie zuvor ein so phantastisches sexuelles Erlebnis. Plötzlich bekam ich einen heftigen Orgasmus, um seinen Penis herum. Das war ein Wendepunkt für mich. Ich erkannte, daß ich auch mit einem Mann den Höhepunkt erzielen konnte. Davor war ich von einer Art seelischer Blockade behindert worden und hatte gedacht, ich würde es niemals schaffen. Am nächsten Tag wiederholte ich das Spiel. Als sich Peter nach seinem Orgasmus von mir runterwälzen wollte, sagte ich: ›Nein, nein, bitte, bleib in mir, ich spüre dich so gern.‹ Das übte ich Tag für Tag – und drei Wochen später genoß ich meinen ersten Orgasmus, während er mich vögelte. Ohne jene besondere Erfahrung wäre das nie passiert. Er weiß nicht, daß es sein schlaffer Schwanz war, der mich so richtig in Fahrt brachte – vielleicht werde ich's ihm eines Tages erzählen. In dieser Hinsicht ist er ein echter Macho-Typ. Ich freue mich schon auf sein Gesicht, wenn ich's ihm sage!«

Sandra profitierte von einem Penis, der in ihr erschlafft war. Es ist aber auch möglich, sich mit einem Penis zu vergnügen, der von vornherein nicht hart ist. Falls Ihr Partner keine Erektion bekommt, weisen Sie ihn nicht zurück.

Mit ein bißchen Geschick (und natürlich seinem Einverständnis) können Sie sogar einen schlaffen Penis in Ihre Vagina einführen. Dafür eignet sich die Missionarsstellung am besten. Wenn er drin ist, bewegt der Mann ganz leicht die Hüften auf und ab. Das ist natürlich nicht dasselbe wie Sex mit einer stahlharten Erektion – aber in mancher Hinsicht angenehmer: Weniger bedrohlich, und die Aktivitäten konzentrieren sich mehr auf Ihre Klitoris.

Ich empfehle Ihnen dringend, diese Methode zu versuchen.

Aber achten Sie darauf, daß sie Ihnen wirklich Genuß bereitet, daß Sie sich nicht nur deshalb mit ihr begnügen, weil sie die zweitbeste Möglichkeit ist, nachdem er keine Erektion bekommen kann. Damit stärken Sie das Selbstvertrauen Ihres Partners und helfen ihm möglicherweise, seine Erektionsprobleme zu überwinden.

Die vorzeitige Ejakulation

Wenn ein Mann an vorzeitiger Ejakulation leidet (damit ist nicht nur nachlässiger Sex gemeint, sondern die tatsächliche Unfähigkeit, aus Rücksicht auf die Frau einen verfrühten Höhepunkt zu verhindern), wirkt sich das auf seine Partnerin sowohl vorteilhaft als auch nachteilig aus.

Der Nachteil ist offensichtlich: eine geringfügige oder überhaupt keine Penetration. Es gibt aber Techniken, um vorzeitige Ejakulationen zu bekämpfen. Dieses Thema werde ich im achtzehnten Kapitel behandeln. Über die verfrühte Ejakulation beklagen sich ebenso viele Männer wie Frauen über ihre Orgasmusschwierigkeiten. Ein geeignetes Training kann beide Probleme lösen.

Für eine Frau, die mein Programm absolviert, bringt die vorzeitige Ejakulation ihres Partners nicht nur den Vorteil, daß er ihr eine ganze Menge Aufmerksamkeit schuldet, sondern daß er *es auch weiß*. Sicher, neulich las ich die Geschichte eines jungen Mannes, der statt dessen mit seiner sonstigen ungeheuren Potenz prahlte – aber eine solche Reaktion kommt eher selten vor. Wahrscheinlich versuchte er nur zu bluffen, um seine Nervosität zu überspielen.

Eine vorzeitige Ejakulation kann einen Mann zutiefst deprimieren, also müssen Sie selbstverständlich nett zu ihm sein. Aber das wissen Sie ohnehin, weil Sie sexuelle Schwierigkeiten nachempfinden können. Verständnis für die Probleme des Partners oder der Partnerin kann einer Beziehung neue Impulse geben.

Vielleicht entschließen Sie sich sogar zu einer gemeinsamen Sexualtherapie, die gerade auf diesem Gebiet die größten Erfolge zu verzeichnen hat. Aber falls Sie das tun, beenden Sie das Training nach meinem Programm nicht, sondern passen Sie es den neuen Umständen an. Hilfe von außen ist nur dann nützlich, wenn man auch an sich selbst arbeitet.

Sollten die verfrühten Ejakulationen Ihres Partners Ihr Training auf dieser Stufe aus offensichtlichen Gründen verzögern, blasen Sie nicht Trübsal – seien Sie erfinderisch, nicht niedergeschlagen.

Sorgen Sie für ein ausreichendes Vor- *und* Nachspiel. Zeigen Sie ihm, wie er seine Hände und seinen Mund gebrauchen kann. Konzentrieren Sie sich auf die Nebenstufen A (manuell) und B (oral). Wenn Sie lernen, in diesen Situationen einen Orgasmus zu erzielen, bestehen gute Chancen, daß Sie es auch beim Koitus schaffen werden, wenn Ihr Partner von seiner vorzeitigen Ejakulation geheilt ist.

Übrigens gibt es auch Frauen, die sich gar keinen ausgedehnten Liebesakt wünschen, wie der folgende Limerick bezeugt:

»Einst sprach eine Dame in Kew,
als der Kurat ihn herauszog im Nu:
›Viel lieber mag ich den Vikar,
denn seiner ist länger und dicker,
und er kommt auch noch schneller als du.‹«

11
Stufe 6 – Ihr Erfolg und
die Weiterentwicklung Ihrer Fähigkeiten

Gratulation! Inzwischen haben Sie wahrscheinlich Ihren ersten *eingeübten* Orgasmus mit Ihrem Liebhaber erlebt. Die harte Arbeit liegt hinter Ihnen. Jetzt kommt es nur noch auf die nötige Praxis und den Ausbau Ihrer Fähigkeiten an.

Verbessern Sie Ihre Technik

Vor meinem ersten Orgasmus dachte ich, man könnte die Frauen in zwei Kategorien einteilen. Die einen kommen zum Höhepunkt, die anderen nicht. Und ich glaubte, nachdem man's einmal geschafft hätte, würde es in Zukunft immer klappen. Wenn's bloß so wäre! Die Wirklichkeit ist viel komplizierter, wie die Leserinnen bestätigen werden, die vor der Lektüre dieses Buches nur gelegentlich Orgasmen erlebt haben. Nun müssen Sie Ihre Fähigkeiten schrittweise verbessern. Die goldene Regel, in Großbuchstaben: ÜBEN SIE IMMER WEITER, AUF ALLEN EBENEN!
Und das bedeutet:

1. Verbessern Sie Ihre Masturbationstechniken.
2. Schaffen Sie auch weiterhin Situationen, wo die Frage, ob Ihre sexuellen Aktivitäten zum Orgasmus führen sollen, gar nicht gestellt wird.

3. Streben Sie weiterhin Sex und Orgasmus ohne Penetration an.

Ihr erster *eingeübter* Orgasmus ist ein sexueller Meilenstein – der Beweis, daß von jetzt an alles nur besser werden kann. Sie werden nicht mehr zurückblicken. Nun müssen Sie sich das Ziel setzen, einen Höhepunkt mit minimaler Anstrengung und wann immer Sie wollen zu erreichen, sogar mehrere Orgasmen, falls Sie und Ihr Partner das wünschen. Allmählich werden Sie immer öfter Orgasmen genießen. Und noch wichtiger – sie sind keine Zufallstreffer mehr. Wenn es nicht klappt, werden Sie die Gründe verstehen und wissen, was schiefgegangen ist.

Was tue ich, wenn ich nicht zum Orgasmus komme?

Wenn Sie nicht eine höchst ungewöhnliche Frau sind, wird es immer Augenblicke geben, wo Sie vergeblich auf einen Orgasmus warten. Sie sind nervös, verspüren Schmerzen, sind einfach nicht in Stimmung, oder Sie haben vielleicht zuviel getrunken – es gibt zahllose Gründe. Machen Sie sich deshalb keine Sorgen. Wenn Sie die Übungen regelmäßig wiederholen, werden Sie solche Fehlschläge immer seltener erleiden. Und glauben Sie mir – sobald Sie wissen, daß Sie's schaffen *können,* werden Sie nicht mehr so deprimiert sein, wenn es mal nicht funktioniert. Das Thema Orgasmus, das während Ihrer vergeblichen Bemühungen so gigantische Dimensionen angenommen hat, erscheint Ihnen jetzt nur mehr wie einer der vielen angenehmen Aspekte des Lebens.

Aber in den Anfangsphasen Ihres Erfolgs werden Sie vielleicht immer noch ungeduldig einen Orgasmus anstreben und enttäuscht sein, wenn Sie's nicht hinkriegen. Statt in tiefer Verzweiflung zu versinken, sollten Sie die Initiative ergreifen. Nehmen Sie einen Stift und ein Blatt Papier und analysieren Sie, was schiefgelaufen ist. Ein paar mögliche Ursachen Ihres Mißgeschicks:

1. Ungünstige Bedingungen – zu helles Licht, Nervosität, Leute, die an der Schlafzimmertür vorbeigehen usw.
2. Schlechte körperliche Verfassung – zuviel Alkohol, Schlafmangel usw.
3. Ein lausiger Liebhaber – vielleicht kam es ihm zu früh, oder er schenkte Ihnen zuwenig Aufmerksamkeit.
4. Sie mochten Ihren Partner einfach nicht.

Dies alles gehört immer noch zu jenem Prozeß, in dessen Verlauf Sie Kontrolle über die Situation, Ihren Körper und den Liebesakt gewinnen. Bald werden Sie herausfinden, welche Umstände Ihren Orgasmus verhindern, und lernen, mit ihnen zurechtzukommen oder sie gänzlich zu vermeiden.

Wie bewerten Sie Ihre Erfolge?

Es ist immer hilfreich, erfolgreiche Bemühungen zu beurteilen. Eine Sprachstudentin legt Prüfungen ab – Sie haben andere Möglichkeiten. Ich habe meine Orgasmuserfolge in drei Kategorien gemessen:

1. Wie *oft* habe ich's geschafft? Wie Sie wissen, hat es bei mir am Anfang überhaupt nicht geklappt. Im Lauf meines Trainings brachte ich es allmählich bei jedem dritten Liebesakt zu einem Orgasmus. Jetzt funktioniert es, wann immer ich will, gelegentlich zwei- bis dreimal pro Nacht.

2. Wieviel *Mühe* bereitet es mir, auch unter weniger idealen Bedingungen? Zum Beispiel kam ich früher nie zum Orgasmus, wenn ich getrunken hatte oder wenn ich mich nach einem harten Arbeitstag im Büro angespannt fühlte. Jetzt spielen solche Faktoren kaum noch eine Rolle.

3. Meine *Vielseitigkeit* – verschiedene Positionen, verschiedene Schauplätze. Das macht am meisten Spaß. Während Sie Ihr Repertoire erweitern, wird Ihre Abenteuerlust wachsen. Sie werden den Sex im Stehen oder im Freien genießen. Je vielseitiger Sie sind, desto größer wird Ihr Selbstvertrauen, und auch das fördert Ihre Orgasmusfähigkeit.

Natürlich hängen Ihre Fortschritte nicht zuletzt von der Qualität Ihres Liebhabers ab, vor allem in den frühen Stadien. Falls nötig, trainieren Sie auch ihn. *Alle* Männer brauchen sexuelle Instruktionen, und nur wenige bekommen welche. Und was am wichtigsten ist – veranlassen Sie ihn, das achtzehnte Kapitel dieses Buches zu lesen, das ich speziell für ihn geschrieben habe. Wenn Sie ihm die anderen Kapitel vorenthalten wollen, fotokopieren Sie die paar Seiten und behaupten, eine Bürokollegin habe sie Ihnen gegeben.

Die Intensität Ihres Orgasmus

Wie bei der Masturbation, so werden Sie auch beim Koitus feststellen, wie unterschiedlich die Intensität Ihrer Höhepunkte ist. An manchen Tagen sind sie stärker, an anderen schwächer. Ich konnte keine einleuchtende Erklärung für das Phänomen finden, warum Orgasmen entweder explodieren oder nur ein bißchen prickeln. Aber eine Freundin machte eine kuriose Entdeckung:

»Wenn ich *wirklich* scharf bin – wenn ich geradezu danach fiebere, ist mein Orgasmus zwar eine große Erleichterung, aber nicht unbedingt von erstklassiger Qualität. Wenn ich dagegen gar nicht an Sex denke und Jeff mich dazu überredet, dauert es zwar sehr lange, bis ich in Fahrt komme, doch dann erlebe ich einen unglaublich intensiven Orgasmus.«

Andere Frauen behaupten, es hänge mit ihrer seelischen Verfassung, ihrem körperlichen Wohlbefinden oder sogar mit der Position während des Liebesaktes zusammen – so wie Melanie:

»Wenn ich Ursache und Wirkung analysieren soll, dann glaube ich, daß die Orgasmen, die von selbst kommen, die besten sind. Ich darf bloß nicht denken: O Gott, wann ist es endlich soweit? Natürlich spielt die Position auch eine wesentliche Rolle. Beim oralen Sex, besonders nach Marks Methode (ich weiß nicht, wo er das gelernt hat – hoffentlich aus einem Buch und nicht von irgendeiner tollen Nutte), falle ich fast in Ohnmacht. Die Missionarsstellung ist nicht aufregend.«

Wie ich bereits erwähnt habe, sind Masters und Johnson im Verlauf ihrer Forschungen zu dem Ergebnis gelangt, daß eine Frau nicht beim Sex mit einem Partner, sondern bei der Masturbation den intensivsten Orgasmus erreicht. Dem widersprechen andere Wissenschaftler – was Sie nicht überraschen wird, denn Akademiker sind nun mal so. Und was glauben *Sie*? Jetzt sind Sie imstande, diese Frage zu beantworten.

Simultaner Orgasmus

Dieses Thema verursacht zahlreiche Streitigkeiten. Viele Schriftsteller schwärmen vom Zauber eines Höhepunkts, den man gleichzeitig mit der Geliebten genießt. Nach meiner persönlichen Meinung wird das stark überschätzt. In romantischen Liebesromanen legt man natürlich großen Wert darauf. In einem dieser Romane fand ich eine besonders lächerliche Formulierung: »Innerliche Zwillingsexplosion.« Auch in D.H. Lawrences berühmtem erotischen Roman *Lady Chatterley* kommt das Ideal vom gemeinsamen Orgasmus zum Ausdruck. Und Leute wie Frank Harris würden sich ohne dieses Glück wohl nur wie halbe Menschen fühlen.

»Laß mich!« rief ich, und im nächsten Augenblick lag ich auf ihr und rieb mein Organ an ihrer Klitoris, sozusagen am Eingang des Liebestempels. Wenig später saugte sie die Spitze in ihre heiße, trockene Öffnung, dann schloß sie die Beine, als hätte sie Schmerzen und wollte mich daran hindern, weiter einzudringen; aber ich fuhr fort, mein Glied an ihrem Kitzler auf und ab zu reiben, ließ es immer tiefer hineingleiten, bis sie keuchte und ihre Liebessäfte flossen und meine Waffe wie selbstverständlich von ihrer Scheide umschlossen wurde. Bald begann ich mich ganz langsam und sanft zu bewegen, was ihre Erregung allmählich steigerte und ihr immer größere Freude schenkte, bis ich kam. Sofort stemmte sie meine Brust mit beiden Händen von ihrem Busen hoch und zeigte mir ihr glühendes Gesicht. ›Hör auf, mein Junge!‹ stöhnte sie. ›Bitte! Mein Herz flattert so heftig! Weißt du, auch ich habe den Gipfel erreicht, zusammen mit dir.‹ Und tatsächlich spürte ich, wie sie am ganzen Körper heftig und krampfhaft zitterte.«

Ein prima Lesestoff – aber sollten wir's wirklich darauf anlegen? Ich glaube nicht. Simultane Orgasmen sind schön (alle Orgasmen sind schön), aber nicht bezeichnend für guten Sex. Darum wird nur deshalb soviel Aufhebens gemacht, weil Filmregisseure, Groschenromanverfasser und sexuell frustrierte Genies ihre pubertären Phantasien ausleben wollen.

Ich betrachte den gleichzeitigen Orgasmus mit großer Vorsicht. Einem Mann fällt es relativ leicht, den Augenblick seiner Ejakulation zu bestimmen – zumindest, wenn er sich drum bemüht. Aber für die meisten Frauen ist es sehr schwierig, ihren Orgasmus zu timen. Und wen trifft die Schuld, wenn's nicht klappt? Das können Sie sicher erraten.

Simultane Höhepunkte haben sogar erhebliche Nachteile. Zum Beispiel schadet es den Frauen, die mein Programm absolvieren, wenn sie sich über den Zeitpunkt ihres Orgasmus den Kopf zerbrechen. Am besten machen Sie Ihrem Partner klar, Sie würden *nicht* beabsichtigen, im selben Augenblick wie er zu kommen. Wann immer ich eine neue Beziehung eingehe, sorge ich sofort dafür, daß mein Freund das versteht. Sollte er einen gemeinsamen Höhepunkt wünschen, muß *er* seinen timen, nicht ich meinen – denn für ihn ist das viel einfacher. Ein weiterer Nachteil gemeinsamer Orgasmen liegt in der Mühe, die eine Frau darauf verwenden muß. Wenn sie sich zu sehr anstrengt, wird sie vermutlich nur einen schwachen Höhepunkt erleben. Und was ich am schlimmsten finde – man bringt sich um die Freude, die wachsende Erregung und den Orgasmus des Partners zu genießen, wenn man nur an den eigenen denkt, der gleichzeitig erfolgen soll.

Sally sieht den größten Nachteil des simultanen Orgasmus

darin, »daß ich's nicht genießen kann, wie Mike nach meinem Höhepunkt weitermacht. Es ist wahnsinnig sexy, während meiner Kontraktionen die Bewegungen seines Penis zu spüren und etwas später zu beobachten, wie er die gleiche Lust empfindet wie ich kurz zuvor.«

So wie Sally haben viele Frauen festgestellt, welch schöne Emotionen sie erfüllen, wenn der Koitus nach ihrem Orgasmus fortgesetzt wird. Leslie schreibt:

»Ich erreiche nur selten zweimal den Höhepunkt. Aber nach einem Orgasmus fühle ich mich immer herrlich befreit. Ich muß nicht mehr befürchten, ich würde mein Ziel zu spät erreichen, und der Orgasmus intensiviert meine Reaktion auf die Bewegungen meines Partners. Diese fünf Minuten zwischen meinem Höhepunkt und seinem sind die besten. Und es besteht immer die Hoffnung, daß ich's zweimal schaffe.«

Also rate ich Ihnen – streben Sie *keine* gleichzeitigen Orgasmen an. Wenn's dazu kommt, schön und gut, aber es soll von selbst geschehen.

Multipler Orgasmus

Mehrfache Orgasmen sind fast ausschließlich den Frauen vorbehalten. Auch die Männer, die einige Male hintereinander ejakulieren, erleben zwischendurch schlaffe Phasen. Natürlich hat dieser Unterschied zahlreiche extravagante Phantasien und Vorurteile heraufbeschworen. Manche Männer träumen davon, unersättliche Frauen zu befriedigen (wieder einmal Frank Harris und zahlreiche andere Verfasser ähnlicher »Geständnisse«). Gewisse Schriftsteller – der altrömische Satiriker Juvenal war ein besonders schlimmer Fall – ziehen es allerdings vor, über Frauen zu schimpfen, die vor Wollust den Verstand verlieren. Beide Standpunkte sagen mehr über die Männer aus, die sie vertreten, als über die Frauen, die gemeint sind. Irgendwann werden Sie sogar auf Geschichten stoßen, in denen die Frau alle ihre Orgasmen innerhalb der Zeitspanne genießt, die der Mann für einen einzigen benötigt.

»Als ich ein Junge war«, schrieb mir neulich ein Freund, »graute mir davor, mit einer Frau ins Bett zu gehen. Ich dachte, das müßte schrecklich sein und man bräuchte sie nur an der falschen Stelle anzufassen, und schon würde sie loslegen wie ein Preßlufthammer. Außerdem hatte ich gehört, die Frauen würden einem beim Sex den Rücken zerkratzen und wie am Spieß schreien. Ich konnte mir nicht vorstellen, warum die Männer so was durchmachen wollen.«

Abgesehen vom üblichen Unsinn besteht auch seriöses Interesse an der weiblichen Fähigkeit, mehr als nur einen Orgasmus zu erleben, aber es gibt kaum wissenschaftliche Schlußfolgerungen. Sicher, mehrere Orgasmen hintereinander, mit nur geringfügigen Pausen dazwischen, sind ein seltener Luxus. Ich hatte sie jedenfalls nie. Orgasmen, die in größeren Abständen aufeinander folgen und zwischen denen die Leidenschaft abkühlt, kommen häufiger vor und liegen bei jeder Frau im Bereich des Möglichen. Wie ich bereits erklärt habe, kann man bei der Masturbation die persönliche Bestleistung schnell verbessern. Das gilt auch für Orgasmen mit einem Partner, aber da erzielt man etwas langsamere Fortschritte.

Manche Frauen haben das Gefühl, nach dem ersten Orgasmus wären sie zu empfindlich, um sich noch berühren zu lassen. Andere, die mutig weitermachen, berichten von neuen, immer intensiveren Höhepunkten. Wenn eine Frau gelernt hat, zwei- oder dreimal hintereinander einen Orgasmus zu bekommen, schafft sie es bald auch fünf- oder sechsmal – vorausgesetzt, der Partner ist bereit, sich ein bißchen zu bemühen.

Manche Frauen mißgönnen sich mehrere Orgasmen hinter-
einander, weil sie befürchten, man könnte sie für »gierig«,
»unnatürlich« oder »nymphomanisch« halten, wenn sie den
Gipfel der Lust öfter erreichen als ihre Partner. Falls das Ihr
Problem ist, versuchen Sie es folgendermaßen zu betrachten:
Wenn Männer und Frauen, aufs ganze Leben verteilt, sexuelle
Freuden im gleichen Maße genießen sollen, haben Sie noch
eine Menge nachzuholen.

Der einsame Orgasmus

Nun gebe ich Ihnen einen Rat, der nur selten erteilt wird. Ich
spreche von einem »einsamen Orgasmus«, wenn der eine den
anderen zum Höhepunkt bringt, ohne selber einen zu erleben.
Rosalind erzählt:
»Samstag nachmittags saß ich daheim an meinem Schreibtisch
und sah die Rechnungen durch. Bob kam herein, nahm meine
Hand und führte mich ins Schlafzimmer. Auf dem Bett zog er
mir den Rock und das Höschen aus und spreizte meine Beine.
Eine halbe Stunde lang konzentrierte er sich ausschließlich
darauf, mich mit oralem Sex zu beglücken. Anfangs protestierte ich ein bißchen, aber – verdammt noch mal, es fühlte sich
großartig an! Er stimulierte mich mit seiner Zunge, bis es mir
kam – sogar zweimal, und das ist ungewöhnlich. Dann stand er
einfach auf und ging davon, während ich erschöpft dalag und
die Rechnungen immer noch unbezahlt waren. Zuerst glaubte
ich zu träumen. Ich meine, normalerweise verlangen die Männer doch eine Gegenleistung. Aber er sagte, nein, er würde sich
später schon noch schadlos halten. Jetzt tun wir das sehr oft
und finden es beide ungemein sexy.«

Einsame Orgasmen sind natürlich besonders hilfreich für Frauen, die dieses Trainingsprogramm absolvieren, weil sie nicht abgelenkt werden. Wir alle kennen das alte Szenario vom Mann, der ein bißchen »Handarbeit« erbittet oder fordert beziehungsweise einen geblasen haben will. Und wir wissen auch, wie ärgerlich das sein kann. Aber wenn Sie Situationen heraufbeschwören, wo *beide* einander auf diese Weise erfreuen, zu verschiedenen Zeiten, dann ist das großartig. Ihnen fällt es leicht, ihn mit Oralsex zu verwöhnen. Aber nur ein feinfühliger, verständnisvoller Partner wird Gleiches mit Gleichem vergelten.

Gewöhnen Sie sich einsamen Sex an. Auch geteiltes Glück ist wundervoll, aber manchmal sollte man sich ein bißchen Selbstsucht gestatten.

Der ungenießbare Mann

Nun will ich die etwas undefinierbaren Probleme behandeln, mit denen Sie vielleicht konfrontiert werden.

Die Angst vor dem Penis und allem, was er repräsentiert, ist weiter verbreitet, als Sie glauben. Und wenn wir uns noch so erregt fühlen – ein nackter Mann mit einem achtzehn Zentimeter langen erigierten Penis kann bedrohlich wirken. Wie Juliet erklärt:

»Die Dimensionen erschrecken mich nicht so sehr, denn ich mag es, wenn er groß ist, aber er sieht so verdammt kompromißlos aus. Bei diesem Anblick denkt man unwillkürlich: ›Goodbye, Zärtlichkeit! Hallo, Brutalität!‹ An manchen Tagen macht's mir nicht soviel aus, aber ein Penis kann so emotionslos wirken.«

Diese abstrakte Furcht ist bei vielen Frauen die Ursache sexueller Unzufriedenheit. Pat empfand schlicht und einfach Abscheu:

»So ein großes, rotes, gräßliches Ding! Ich erinnere mich nicht genau, wo das war, aber jedenfalls las ich als Kind in einem obszönen Buch (es könnte eine De Sade-Ausgabe gewesen sein, die mein Vater im Barschrank verwahrte) irgendwas von einer violetten Penisspitze und roten Hoden. Und ich sah auch eine Abbildung in grellen Farben. Damals war ich ziemlich neugierig, obwohl mich das Exemplar meines Bruders enttäuschte. Aber als ich dann später einen ausgewachsenen Penis sah, beim Rendezvous mit einem Studenten im beengten Fond eines Autos, wurde mir fast schlecht. Ich meine, all diese Adern, die heftig zu pulsieren schienen ... Der Penis kam mir vor wie ein krankhaftes Gewächs, wie ein Tumor. So häßlich!« Angst und Ekel sind durchaus verbreitete Gefühle. Manche Frauen empfinden sie oft oder immer, die meisten nur gelegentlich, in unterschiedlichem Ausmaß. Man darf diese Emotionen nicht außer acht lassen. Sie sollten sie akzeptieren und dann etwas dagegen unternehmen. Ich stelle hier eine Liste von Vorschlägen zusammen, die mir mehrere Frauen gemacht haben. Einige klingen amüsanter als andere, aber man hat mir versichert, daß alle funktionieren.

1. Erforschen Sie Ihren Partner, wenn er nach dem Liebesakt neben Ihnen liegt. Sie müssen sich mit seinem Körper in Situationen vertraut machen, in denen sich keine unmittelbaren sexuellen Aktivitäten entwickeln werden. Wenn Sie sich mit ihm darauf einigen können, verzichten Sie eine Zeitlang auf den Koitus. Statt dessen sollte einer den Körper des anderen kennenlernen. Sprechen Sie miteinander über die Gefühle, die Sie dabei empfinden. Notfalls veranlassen Sie ihn, allein zu masturbieren, damit sich

sein Penis nicht aufrichtet, wenn Sie zusammen sind, und keine sexuelle Atmosphäre entsteht. Nach einigen solchen Begegnungen bringen Sie ihn dazu, vor Ihren Augen zu masturbieren. Danach spielen Sie zärtlich, aber nicht aufreizend miteinander. Auf diese Weise werden Sie den Penis allmählich als keineswegs aggressives, sondern sensitives Freudenobjekt betrachten und Ihre Angst oder Ihren Abscheu verlieren.

2. Nach der Ejakulation Ihres Partners lassen Sie seinen Penis in Ihrer Vagina, und warten Sie, bis er erschlafft und hinausgleitet. Bei diesem Vorschlag kommt es darauf an, daß Sie sich sowohl die Stärken als auch die Schwächen des Penis und des männlichen Sexualtriebs bewußt machen.

3. Beobachten Sie, wie sich der Penis nach der Ejakulation verkleinert. Halten Sie ihn sanft in der Hand. Je vertrauter Sie mit diesen Vorgängen werden, desto besser können Sie sie verstehen, und Ihr Unbehagen wird nachlassen. Mir gefällt der Penis am besten kurz nach der Ejakulation, wenn er halb steif ist.

4. Nehmen Sie den erigierten Penis in die Hand, befeuchten Sie die Spitze und streichen Sie damit behutsam um Ihren Mund herum, so als würden Sie Lippenstift auftragen. Diese Übung wird Ihnen zusagen, denn die Spitze ist der weichste Teil des Penis und fühlt sich am angenehmsten an.

5. Wenn Ihr Partner ein riesengroßer, kräftig gebauter Mann ist, den Sie erst am Vorabend auf einer Party kennengelernt haben, taxieren Sie ihn, wenn er nur eine Unterhose und Socken trägt. Dann können Sie ihn auf die richtige Größe zurechtstutzen.

6. Lassen Sie sich möglichst viele Wörter für »Penis« einfallen. Manche klingen so süß oder komisch – zum Beispiel

»Pimmel« oder »Piepmann«, daß einem die netten kleinen Dinger richtig ans Herz wachsen.

7. Sagen Sie sich das Wort »Penis« zehnmal vor. Dann werden Sie merken, wie albern es klingt. Sagen Sie's immer wieder, bis Sie laut lachen. Die Frau, die mir diesen Rat gab, erfand ein wundervolles idiotisches Spiel, bei dem sie sich mit ihren Freundinnen am Boden kugelte. Sie sangen populäre Lieder, ersetzten die Hauptwörter durch »Penis«, und währenddessen floß der Wein in Strömen. Das Lieblingslied lautete: »Wieviel kostet der Penis im Schaufenster?«

12
Nebenstufe A – Manueller Sex

Wenn ein Mann eine Frau manuell erregt, so hat das den großen Vorteil, daß es fast überall geschehen kann – im Kino, im Auto, auf einer Party, beim Schlangestehen. Einer meiner Freunde brachte sein Mädchen während der Rush-hour in der U-Bahn zum Orgasmus. Die beiden standen da, hingen an den Haltegriffen und preßten sich aneinander. Man kann's nackt oder angezogen tun, allein oder in der Öffentlichkeit, mit Penetration (ein Finger des Mannes) oder ohne, als Vor- oder Nachspiel.

Warum bezeichne ich den manuellen Sex als Nebenstufe des Programms und nicht als logische Folge der Masturbation? Einerseits, weil manche Leute ihn immer noch für verwerflich halten, und andererseits, weil die Männer wegen des unzulänglichen Gebrauchs ihrer Hände verschrien sind. Das darf man ihnen nicht allzu übelnehmen. Es ist sehr schwierig, eine Frau manuell zu befriedigen, im Gegensatz zum Mann. Er hat ein großes, unübersehbares Organ, das ein gewisses Maß an eher heftigen, phantasielosen Aufmerksamkeiten verlangt. Es gibt ein paar zusätzliche Tricks, die eine Frau lernen kann – die Sexbücher wimmeln nur so davon –, aber die Mehrzahl der Männer ist anscheinend mit schlichten Reibungseinheiten glücklich.

Aber eine Frau besitzt einen sehr zarten, empfindlichen Genitalbereich. Außerdem gibt es unterschiedliche Meinungen, was stimulierende Manipulationen betrifft. Eine Freundin gestand mir: »Ich bin verdammt froh, daß ich keine Frau lieben muß, denn ich hätte nicht die leiseste Ahnung, wie ich sie erregen oder wo ich rumfummeln soll.«

Der folgende Vers, von einem Arzt verfaßt, drückt die Verwirrung, selbst der Mediziner aus:

>Da gibt's die Vulva und die Vagina, das süße Perineum;
das Hymen brav gehütet von so mancher Braut;
dann gibt's den Uterus, die Klitoris, die Ovidukte;
und nur der Himmel weiß, wie man all das durchschaut.«

Also ist es nicht erstaunlich, daß Männer, deren manuelle sexuelle Erfahrungen normalerweise auf die Masturbation beschränkt sind, sich ein bißchen ungeschickt anstellen, wenn sie eine Frau mit der Hand befriedigen sollen. Leider entwickeln nur wenige genug Taktgefühl – oder bringen den Mut auf –, ihre Partnerin zu fragen, welche Technik sie bevorzugt. Die meisten wollen es ihrem männlichen Ego nicht zumuten, zu zögern oder Ignoranz zu zeigen – oder sie fürchten, die Frau könnte sie wegen mangelnder erotischer Kenntnisse verspotten. Ich glaube, das ist eine der großen Tragödien in der Beziehung zwischen den Geschlechtern. Für viele Frauen wäre es nämlich ein Traum, der Wirklichkeit geworden ist, wenn sie von einem Mann nach ihren Wünschen gefragt würden, und keineswegs ein Grund, ihn zu verhöhnen.

Aber solange sich die Kommunikation zwischen Männern und Frauen nicht verbessert, wird dieses beklagenswerte Mißverständnis weiterbestehen. Lassen Sie es mich ganz einfach feststellen – allen Männern zuliebe, die zufällig in diesem Buch blättern: *Es gibt keinen Grund, warum es einen Mann beschämen sollte, einer Frau zu gestehen, daß er nicht weiß, was bei ihr da unten los ist.* Joline, normalerweise eher zurückhaltend, äußert sich sehr freimütig und sogar lyrisch zu diesem Thema: »Ich sage immer, daß sich ein guter Liebhaber durch zweierlei auszeichnet – seine Hände und seine Fragen. Wenn er seine Hände feinfühlig gebraucht, forschend und suchend, niemals grob, sondern immer zärtlich, dann hat er das Zeug zum echten Freudenspender. Mit seinen Fingern sollte er genauso Fragen stellen wie mit seinen Lippen. Seine Hände müßten erkennen, welche Liebkosungen den gewünschten Effekt erzielen, welcher Rhythmus am angenehmsten ist, und er sollte seine Unsicherheit in Worte fassen, wenn es ihm zu schwer fällt, die sexuellen Zeichen zu interpretieren.«

Kurz gesagt, die Probleme, die der manuelle Sex für Frauen oft aufwirft, entstehen durch Unkenntnis und Kommunikationsschwierigkeiten. Deshalb bezeichne ich ihn als Nebenstufe. Ich persönlich hatte damit erst Erfolg, nachdem ich die Stufen eins bis vier absolviert hatte, vor allem, weil mein damaliger Partner – ein netter Bursche, mit dem ich immer noch befreundet bin – Hände wie Hackbretter hatte. Andere Frauen waren allerdings schon in früheren Programmphasen erfolgreich. Es liegt also bei Ihnen, wann Sie es versuchen wollen. Und bedenken Sie, so tolpatschig sich Ihr Liebhaber auch anstellen mag, mit ein bißchen Erfindungsgeist können Sie die Situation erheblich verbessern.

Manueller Sex mit Kleidern

Beginnen Sie Ihr manuelles Sexprogramm in bekleidetem Zustand. Erst wenn Sie mit Ihrem Partner jede einzelne Übung dreimal erfolgreich absolviert haben, können Sie sagen, daß Sie sie beherrschen. Vielleicht bleiben Sie bei ein und derselben Übung, bis das Ziel erreicht ist, oder Sie wechseln ab. Probieren Sie aber nicht mehr als zwei Methoden gleichzeitig aus. Sollten Sie Fortschritte gemacht haben, müssen Sie die früheren Übungen regelmäßig wiederholen.

Die Aufmerksamkeit gilt ausschließlich Ihnen, also müssen Sie entscheiden, ob Sie die Bedürfnisse Ihres Partners vorher oder nachher befriedigen wollen (falls Sie es überhaupt tun). Manche Männer, die noch keinen Höhepunkt hatten, werden ungeduldig, und das könnte sie blockieren. Andererseits ziehen es einige Frauen vor, ihren Liebhaber erst danach zu befriedigen, weil er jedes Interesse verliert, sobald er ejakuliert hat.

Eine sehr gute Freundin geriet in eine Situation, so wie sie Erica Jong in *Angst vorm Fliegen* (zitiert im sechzehnten Kapitel) beschrieb. Sie fuhr mit der Bahn durch Europa, in einem vollbesetzten Abteil. Keiner der Fahrgäste hatte einen Schlafwagen gemietet. Als die Nacht hereinbrach, brachte ein Schaffner Decken, in die sich alle kuschelten. Irgendwie schaffte es meine Freundin, mit ihrem jungen Sitznachbarn manuellen Sex auszutauschen, ganz heimlich unter den Decken. »Himmlisch«, schwärmte sie. »Ich weiß nicht einmal, wie er heißt.«

Übung 12.1 Zunächst soll Ihr Liebhaber Sie erregen, während Sie angezogen bleiben. *Bevor Sie anfangen*, müssen Sie mit ihm vereinbaren, Sie würden keinen richtigen Orgasmus anstreben. Richten Sie es so ein, daß die Situation diese Zurückhaltung erzwingt (lesen Sie noch einmal das Kapitel über Stufe 3).

Absolvieren Sie diese Übung in einer entspannenden, angenehmen Atmosphäre, aber nicht im Schlafzimmer. Jede Situation, die Sie animieren könnte, sich einen Orgasmus zum Ziel zu setzen, soll vermieden werden.

Übung 12.2 Verändern Sie die Umstände. Ziehen Sie etwas anderes an; tun Sie es zu einem anderen Zeitpunkt, in einer ungewohnten Umgebung. Aber meiden Sie auch diesmal das Schlafzimmer. Wenn Sie im Kino sitzen, besteht keine Gefahr, daß Ihr Partner versuchen würde, zu weit zu gehen. Eine sanfte Stimulation, während Sie beide sich den Film anschauen, kann sehr konstruktiv wirken. Und *weil nichts auf dem Spiel steht,* werden Sie sich völlig entspannen. Es sollte in Ihrer Beziehung zur Gewohnheit werden, daß er Sie hin und wieder manuell stimuliert, wenn Sie zusammen ausgehen.

Um weitere Möglichkeiten zu finden, lesen Sie noch einmal das Kapitel über die Masturbation. Zwischen der Masturbation und dem manuellen Sex gibt es zahlreiche Gemeinsamkeiten, und Sie können Ihre Fortschritte in beiden Bereichen aufeinander abstimmen.

Ermuntern Sie Ihren Liebhaber hin und wieder, während er Sie manuell stimuliert (küssen Sie ihn, streicheln Sie seinen Penis), aber nicht mehr. Jetzt sind *Sie* an der Reihe, und Sie müssen sich unbelastet fühlen, um konzentriert zu bleiben.

Übung 12.3 Üben Sie so wie bisher, aber lassen Sie es offen, ob Sie einen Orgasmus erreichen wollen oder nicht. Sagen Sie auf keinen Fall: »Diesmal muß es mir kommen.« Beziehen Sie nur die Möglichkeit mit ein. Geben Sie sich noch ein bißchen mehr Zeit. Meiden Sie auch diesmal das Schlafzimmer, und nehmen Sie sich vor, keinen Gedanken daran zu verschwenden, wie lange Sie brauchen oder daß alle Aufmerksamkeit auf Sie gerichtet ist.

Wenn ein Höhepunkt ausbleibt, regen Sie sich nicht auf. Sie haben noch genug Zeit, und es gibt andere Programmpunkte, mit denen Sie sich inzwischen befassen können. Üben Sie einfach weiter, irgendwann werden Sie Erfolg haben.

Erst wenn Sie mit Ihren Reaktionen auf diese Übung zufrieden sind, gehen Sie zur nächsten weiter.

Übung 12.4 Genaugenommen hat diese Übung nichts mit manuellem Sex zu tun. Aber sie ist eindeutig sexy. Liegen Sie nackt unter dem Bettuch. Ihr Partner, ebenfalls nackt (zumindest was die untere Körperhälfte betrifft) liegt auf Ihnen. Sie spreizen die Beine, und er preßt seinen Penis an Sie, so wie in der Missionarsstellung. Natürlich mit dem Unterschied, daß Sie durch das Laken von Ihrem Liebhaber getrennt werden. Die Wirkung ist so ähnlich wie beim manuellen Sex. Probieren Sie aus, ob Sie auf diese Weise zum Orgasmus kommen.

Manueller Sex ohne Kleider

Es gibt verschiedene katastrophale Situationen, wenn ein Mann versucht, eine Frau mit der Hand zu stimulieren. Das wissen viele von uns aus bitterer Erfahrung:

Der Mann, der seinen Finger hineinsteckt und sonst gar nichts tut. Eine allgemein bekannte Spezies. Ein junger Mann, wahrscheinlich ein Student. Wenn ich mich recht entsinne, ist er pickelig, sehr eifrig, und er liebt diese ekelhafte Geste, den Mittelfinger hochzurecken. Das macht er vielleicht nicht in Ihrer Gegenwart, aber wenn er mit seinen Kumpeln zusammen ist. Er schiebt also den Finger raus und rein – die Vagina stellt er sich so vor wie einen umgestülpten Penis: Sie reiben seinen draußen, er Ihren drinnen. Das ist die Technik eines blutigen Anfängers, eines Mannes, der noch keine Zeile über die weiblichen Geschlechtsorgane gelesen und sich weder die Mühe genommen noch eine Gelegenheit erhalten hat, eine Frau danach zu fragen. Er glaubt, allein aufgrund seiner Männlichkeit würde er instinktiv wissen, was man mit einer Frau machen muß.

Der Mann, der sich nur auf den einen Punkt konzentriert und alles andere links liegen läßt. Dieser Typ hat einiges gelesen oder ein Gespräch in der Kneipe belauscht. Vielleicht hat ihm jemand augenzwinkernd zugeflüstert, die Klitoris sei »der Mittelpunkt weiblicher Leidenschaft«. Nun, ich kann nur sagen, daß Sie sich glücklich schätzen müssen, wenn er den falschen Punkt erwischt. Wie wir alle wissen, ist die Klitoris nämlich ein äußerst empfindsames Organ, das ganz zart behandelt werden muß. In Hampstead liegt ein Park, und jedesmal, wenn ich daran vorbeigehe, zucke ich zusammen – seit jener Nacht, wo ich mit meinem Freund über den Zaun geklettert bin. Weil er unter einem Kastanienbaum seine schmerzhaften Künste demonstriert hat!

Der Mann, der sich wie ein Elefant im Porzellanladen aufführt. In dieser Kategorie sammelte ich Erfahrungen mit einem Baukostenkalkulator, der es wahrscheinlich gewohnt war, mit Ziegelsteinen zu hantieren. Solche Fehlschläge sind darauf zurückzuführen, daß viele Männer den Unterschied zwischen ihren eigenen und den viel sensitiveren weiblichen Geschlechtsorganen nicht kennen. Also wird einfach munter drauflosgerieben. Zweifellos fallen Ihnen noch einige andere Typen ein! Falls Ihr Liebhaber nicht Bescheid weiß, sollten Sie Ihm einiges beibringen, ehe Sie mit der folgenden Übung beginnen.

Übung 12.5 Direkter manueller Sex (im Gegensatz zum indirekten bei den drei ersten Übungen) ist am einfachsten, wenn Sie nichts anhaben. Sie sollten Ihren Partner nicht veranlassen, in Ihren Slip zu greifen – sonst fühlt er sich in seinen Bewegungen behindert, und es fällt ihm schwerer, den richtigen Druck an den richtigen Stellen auszuüben. Also ziehen Sie sich zumindest unten herum aus und legen Sie sich aufs Bett.

Manueller Sex, im Bett ausgeübt, erfüllt natürlich zwei klassische Funktionen: Als Vorspiel, um Sie zu stimulieren und auf den Koitus vorzubereiten. Und als »Nachspiel«, falls der Mann zu früh ejakuliert hat. Nutzen Sie das aus. Wenn Sie wollen, bringen Sie ihn zuerst zum Höhepunkt. Dann soll er sich auf Sie konzentrieren.

Vielleicht sollten Sie am Anfang klären, daß Sie keinen Orgasmus anstreben, sondern nur die Gefühle genießen und sich damit vertraut machen möchten. Wenn Sie einen Orgasmus erleben, schön und gut, aber es kommt wie bei allen Übungen darauf an, daß Sie sich deshalb keine Sorgen machen und völlig entspannt bleiben.

Abgesehen vom unmittelbaren Vergnügen, das Ihnen der manuelle Sex bereitet, spielt er auch eine wichtige Rolle in diesem Programm: Er gewöhnt Sie allmählich an eine sexuelle Situation, in der *jemand anderer* die physische Kontrolle übernimmt. Deshalb lohnt es sich, damit zu experimentieren. Aber vernachlässigen Sie darüber nicht die Errungenschaften Ihres bisherigen Trainings. Stabilisieren und verbessern Sie all Ihre anderen bisher erworbenen Fähigkeiten, und versuchen Sie, den manuellen Sex als akzeptablen Bestandteil in Ihr normales Sexualleben einzubauen, als Alternative zum Koitus, nicht nur als Vor- oder Nachspiel.

Wenn Sie den manuellen Sex noch immer nicht genießen können, führen Sie eine Situation herbei, die Sie an Ihre vertrauten Masturbationsübungen erinnert. Während Sie von Ihrem Partner stimuliert werden, schließen Sie die Augen, und stellen Sie sich vor, Sie würden allein masturbieren. Falls nötig, benutzen Sie Ihre eigenen Hände, zusätzlich zu seinen.

13
Nebenstufe B – Oraler Sex

Wie der manuelle, so kann auch der orale Sex jederzeit nach der Stufe zwei ins Programm eingebaut werden. Der Zeitpunkt wird von der Qualität Ihres Liebhabers abhängen, von der Intimität, die zwischen Ihnen herrscht und von Ihrem Selbstvertrauen. Wenn Sie die Masturbationsübungen erfolgreich absolviert haben, seien Sie stolz auf Ihren Fortschritt, denn nun sind Sie auf dem Weg zu Ihrem Ziel ein gutes Stück vorangekommen. Aber vielleicht finden Sie den oralen Sex immer noch zu exotisch, und ehe Sie einen solchen Versuch wagen, ziehen Sie es vor, Ihre Erfolge auf traditionelle Weise zu stabilisieren. Das ist Ihre Entscheidung. Jedenfalls dürfen Sie es erst dann tun, wenn Sie wirklich dazu bereit sind.

Nach meiner Ansicht kann oraler Sex wundervoll sein. Aber es gibt auch andere Meinungen. Das ist ein weiterer Grund, warum ich ihn als Nebenstufe ins Programm eingebaut habe. Um Fortschritte zu machen, brauchen Sie ihn nicht unbedingt. Wenn Sie sich dafür entscheiden, gewinnen Sie eine zusätzliche Medaille, wenn nicht, wird Sie das keinesfalls daran hindern, die große, mit Rubinen und Diamanten besetzte Goldmedaille zu erobern, die Sie erhalten, wenn Sie das Hauptprogramm erfolgreich beendet haben. Ich rate Ihnen aber, es zu versuchen; sollten Sie sich trotz meiner Argumente nicht dazu aufraffen können, machen Sie sich keine Sorgen. Wenn Sie sich dazu entschlossen haben und lernen wollen, wie man den größten Nutzen aus oralem Sex zieht, lassen Sie den nächsten Abschnitt aus und gehen Sie sofort zu »Phase I« über.

Oraler Sex – »Cunnilingus«, wenn eine Frau von einem Mann stimuliert wird, »Fellatio« im umgekehrten Fall – erregt sehr starke Gefühle. Ich war zwischen zwanzig und dreißig, als Dr. David Reubens Buch *Alles, was Sie schon immer über Sex wissen wollten, aber bisher nicht zu fragen wagten,* Schlagzeilen machte. Der folgende extravagante Unsinn blockierte mich jahrelang:

»Bei gleichzeitigem Cunnilingus und Fellatio geraten alle beteiligten Sinne in eine fieberhafte Erregung, die meist schnell zum gemeinsamen Orgasmus führt. Das gilt auch für Menschen, die normalerweise schwer erregbar sind – vorausgesetzt, daß sie sich nicht innerlich dagegen sträuben.«

Wäre es nach mir gegangen, hätte ich den Autor in einen Löwenkäfig geschickt oder giftigen Schlangen zum Fraß vorgeworfen. Oraler Sex kann äußerst befriedigend wirken, aber nur wenige Paare können ihn so unbefangen ausüben, wie es Dr. Reuben schildert. Es ist ganz einfach absurd (und es klingt irgendwie nach billiger Pornographie), wenn behauptet wird, beim oralen Sex würde automatisch ein gemeinsamer Orgasmus erfolgen.

Cunnilingus und Fellatio werden simultan praktiziert, wenn der Mann und die Frau verkehrt beisammenliegen – etwa Seite an Seite oder übereinander. Dabei stimulieren Sie gleichzeitig Ihre Genitalien (die ungewöhnliche Position wird oft als 69 bezeichnet). Für die Frau kann das sehr unbequem sein, und eine Anfängerin sollte es niemals versuchen. Nie zuvor habe ich ein bösartigeres Versprechen gehört als die von Reuben garantierten explosiven Orgasmen, mögen sie schnell oder langsam erfolgen. Aber ich brauchte fast zwei Jahrzehnte, um das zu merken.

Von all den vielen Mythen ist der Gedanke, auch eine sexuell schwer erregbare Frau würde beim oralen Sex in Ekstase geraten, einer der schlimmsten. Erstens stimmt es einfach nicht. Zweitens wird dabei vorausgesetzt, der eine Mann verfüge über eine genauso gute Cunnilingus-Methode wie der andere, was absoluter Nonsens ist. Es gibt große Unterschiede zwischen den Fähigkeiten der einzelnen Männer. Schließlich jagen solche Behauptungen einer Frau, für die der Orgasmus niemals einfach war (so wie für mich zu der Zeit, wo ich das Buch las), solche Angst ein, daß sie bei einer Sexualtechnik, die angeblich sogar die frigidesten Frauen glücklich macht, völlig erstarren wird.

Stephen Vizinczeys Buch *Lob der erfahrenen Frauen* erzählt die Geschichte des jungen András Vajda und seiner sexuellen Begegnungen mit – erraten Sie's? – älteren Frauen. Vajdas Gedanken über die Abneigungen seiner Geliebten gegen den Cunnilingus beweisen seine sexuelle Sensivität in dieser Hinsicht.

»Wenn alle sexuellen Probleme auf Hemmungen zurückzuführen wären, gäbe es nicht viele, doch ich hielt es anfangs für selbstverständlich, daß sich Paola aus reinem Schamgefühl weigerte, Liebesspiele mitzumachen, die ihr nicht vertraut waren. Ihr heftiger Widerstand hatte jedoch nichts mit Schüchternheit zu tun, sondern mit Angst. Angst stand im Blau ihrer Augen und hing über ihrem langen weißen Leib – die Angst vor falschen Hoffnungen und schlimmeren Niederlagen.«

Nachdem Paola auf »normale« Weise nicht zum Orgasmus gekommen war, befürchtete sie einen weiteren Fehlschlag.

Dr. Reubens Standpunkt stellt ein Extrem dar. Das andere Extrem ist die Ansicht von Leuten, die oralen Sex für schmutzig oder pervers halten. Viele Frauen fühlen sich unbehaglich, wenn sie von ihrem Partner auf diese Weise stimuliert werden. Sogar die emanzipierten gestehen ihren engsten Freundinnen, daß sie sich dabei nicht entspannen können.

Für solche Gefühle gibt es viele Gründe. Sie reichen von der offensichtlichen physischen Tatsache, daß zu den weiblichen Genitalien ein Loch und viele verschiedene komische Teile gehören, die regelmäßiges Waschen erfordern, bis zum subtileren Einfluß einer puritanischen Erziehung oder dem Trauma einer frühen sexuellen Begegnung. Keiner dieser Gründe darf leichtfertig abgetan werden. Ganz egal, welche Ursache dahintersteckt – wenn Sie sich allein schon beim Gedanken an einen Cunnilingus unwohl fühlen, wird er Ihnen in der Praxis noch unangenehmer sein. Deshalb ist die Selbstanalyse in der Phase 1 so wichtig, auch wenn sie noch keinen körperlichen Kontakt einbezieht.

Phase 1

Zunächst müssen Sie Ihre Ideen, Hoffnungen und Ängste im Zusammenhang mit oralem Sex in die richtige Perspektive rücken. Damit befassen Sie sich im ersten Teil dieser Nebenstufe. Die ist keineswegs der kürzeste Weg zum Erfolg. Hier müssen Sie genauso trainieren wie auf den anderen Stufen. Aber wenn Ihnen ein guter Liebhaber zur Seite steht und wenn Sie im Lauf des Trainings ein neues Gefühl für Ihre Sexualität entwickeln, kann die orale Befriedigung zu besonderen Höhepunkten in Ihrem Sexualleben führen. Die Zunge ist ein sanfter, weicher und vielseitiger Teil des männlichen Körpers; ich gewann oft den Eindruck, daß sie sich gar nicht besser nutzen ließe als beim Cunnilingus. Wenn Sie glauben, dieser Vorgang sei im Grunde genommen schmutzig, oder befürchten, Ihr Partner könnte so denken, dann waschen Sie sich kurz zuvor. Vielleicht macht es Ihnen auch Spaß, gemeinsam zu duschen oder zu baden und einander zu waschen.

Und jetzt möchte ich Ihnen eine gute Neuigkeit mitteilen: Die meisten Männer lieben es, eine Frau oral zu befriedigen. Praktisch alle, die ich befragt habe, finden das ungeheuer sexy.

Wenn Sie mir nicht glauben, werfen Sie doch einen Blick in den Hite-Report *Über das sexuelle Erleben des Mannes.*
Meine eigene Abneigung gegen oralen Sex lag an katastrophalen frühen Erfahrungen mit dem Cunnilingus. Meinen Partnern mochte es Spaß gemacht haben, aber sie konnten es nicht besonders gut. Finden wir uns mit der Tatsache ab – die meisten sexuell aktiven Frauen können ziemlich beklagenswerte Erlebnisse mit oralem Sex erzählen – traurige oder komische, je nachdem, wie man's betrachtet. Ich kenne kaum eine Frau, die nicht mit ihren Freundinnen über die schauerlichen Cunnilingus-Methoden eines Mannes gekichert hat.
Hier schildere ich ein paar typische Szenen. Manche erinnern schmerzlich an die manuellen Sexgewohnheiten einiger Männer, die im vorangegangenen Kapitel behandelt wurden.

1. Schnurstracks und sehr zielstrebig stürzt er sich runter. Er hat gelesen, die Klitoris sei das Zentrum sexueller Gefühle, und sobald er sie gefunden hat, läßt er sich nicht mehr davon abbringen. Irrigerweise glaubt er, die Klitoris wäre nichts anderes als ein winziger Penis. Ein sehr schmerzhafter Irrtum – sie ist viel empfindsamer. Ein guter Liebhaber wird sich erst einmal eine Weile mit der Umgebung der Klitoris beschäftigen und sie nur indirekt stimulieren. Nicht so der selbsternannte Cunnilingus-Champion, der Ihre qualvollen Windungen für einen Ausdruck intensiver Ekstase hält und sich einbildet, Sie würden in wenigen Sekunden einen Orgasmus genießen.

2. Einem anderen Typus wurde eingeredet, er besitze eine lange Zunge, und er hält die Vagina für das Zentrum aller weiblichen Leidenschaft. Also steckt er seine Zunge hinein und zieht sie wieder hinaus, simuliert einen Penis und hält alle paar Sekunden inne, weil er müde wird. Natürlich

spüren Sie dabei nicht viel, bestenfalls seine kratzigen Bartstoppeln.

3. Ein Mann mit Sinn für Methode. Er kultiviert den Look des mediterranen Liebhabers – ein Hemd mit offenem Kragen, ein Medaillon, ein ausländischer Sportwagen, möglicherweise sogar Bettlaken in komischen Farben (vielleicht schwarz). Den Cunnilingus betrachtet er als einen von vielen Gängen auf der sexuellen Speisekarte, irgendwo zwischen dem Beginn des Vorspiels und dem Hauptgericht, dem Koitus. Und während er sich eifrig da unten zu schaffen macht, können Sie nur denken, daß Sie nach dem Hauptgang noch den Käse, das Dessert und den Kaffee vor sich haben. Woraus wird das alles wohl bestehen, fragen Sie sich, von wachsenden bösen Ahnungen ergriffen.

4. Jetzt kommen wir zu dem eher sportlichen Typ. Im Grunde will er's gar nicht tun (obwohl es ihn nicht stört, wenn Sie ihn mit Fellatio beglücken), aber er hat das Gefühl, es müßte nun mal sein, oder er reagiert auf Ihre wiederholten Klagen. Dieser Mann ist ziemlich pingelig. Sein Penis, denkt er, ist ein unkompliziertes Ding, eigentlich nur ein sehr großer Finger. Und wen stört es schon, an einem Finger zu saugen? Aber all das komische Zeug da unten bei einer Frau – das ist ganz was anderes. Okay, die weiblichen Organe machen beim Orgasmus nichts schmutzig, aber man kann doch wohl kaum behaupten, daß sie besonders schön sind, oder?

5. Endlich ein zivilisierter Mann! Alles scheint bestens zu laufen. Sie haben sich bequem hingelegt und beginnen sich auf das köstliche Gefühl zu konzentrieren, das Ihren Körper durchströmt. Ihr Partner ist nicht grob, tut Ihnen nicht weh, bewegt seine Zunge sehr angenehm und bemüht sich, Ihren Rhythmus zu finden – und dann verdirbt

er alles, indem er den Kopf hebt und Ihrem Blick begegnet. Oh, wie peinlich! Sie kennen ihn nicht allzu gut, also herrscht keine intime Atmosphäre. Gerade haben Sie angefangen, sich richtig zu entspannen, als er zwischen Ihren Brüsten hindurchstarrt (die zu groß sind), über Ihr Doppelkinn hinweg, an der Nase vorbei in Ihre Augen. Was für eine Situation, um plötzlich überrumpelt zu werden! Der Freund meiner Schwester pflegte ihr sogar zuzuzwinkern!

Wenn Ihre Aversion gegen oralen Sex tieferliegende Gründe hat und nicht mit unpassenden Partnern zusammenhängt, wird es sich lohnen, genau darüber nachzudenken. Wenn Sie sich dann immer noch unbehaglich fühlen, lassen Sie dieses Kapitel aus. Später können Sie immer noch darauf zurückkommen, wenn Sie mit dem Hauptprogramm weitere Fortschritte gemacht haben.

Phase 2

So wie bei allen anderen Teilen des Programms müssen Sie sich wohl und entspannt fühlen. Falls nötig, geben Sie Ihrem Partner zu verstehen, Sie hätten sich soeben gründlich gewaschen. Das spielt eine wichtige Rolle, nicht so sehr seinetwegen, sondern weil *Sie* sich keine Sorgen mehr um *seine* Bedenken machen müssen.

Wenn Sie an Ausfluß leiden oder unangenehm riechen, sollten Sie natürlich auf oralen Sex verzichten und sich auch nicht dazu überreden lassen. Ihr Liebhaber mag eine Vorliebe für schmutzige Unterhosen hegen (lachen Sie nicht, es gibt solche Männer), aber falls Sie dieses Faible nicht teilen, sollten Sie ihm den Laufpaß geben.

Manche Männer lieben sogar oralen Sex mit einer menstruierenden Frau. Ich selbst könnte mich in einer solchen Situation niemals unbefangen fühlen, nicht einmal, wenn mein Partner sein Bestes tun würde, um mich zu beruhigen. Bedenken Sie – *nichts* darf Sie nervös machen.

Im Anfangsstadium ist es günstig, den oralen Sex möglichst anonym zu betreiben. Ein dunkles Zimmer kann enorm besänftigend wirken. Wenn Sie wollen, bleiben Sie teilweise angezogen oder verstecken Sie sich unter der Bettdecke. Als Laura das erstemal beim Cunnilingus zum Orgasmus kam, war das Licht ausgeschaltet, und um ihre Privatsphäre zusätzlich zu betonen, breitete sie die Decke von der Hüfte aufwärts über ihren Oberkörper, sogar übers Gesicht:

»So konnte ich sicher sein, daß Mark nichts von den Körperteilen sehen würde, die kleiner und dünner und in besserer Form sein müßten. Natürlich hasse ich den ganzen Unsinn, der einem ständig von irgendwelchen Diätspezialisten erzählt wird, aber trotzdem bin ich ihr Opfer wie so viele andere Frauen. Ich schaffe es einfach nicht, oralen Sex unbefangen zu genießen, und ich spanne mich dabei so an, daß er genausogut an einem Laternenpfahl lecken könnte. Aber in jener Nacht deckte ich mich zu, so daß nur meine Beine freiblieben und ich sie ungehindert bewegen konnte. Das war eine schrecklich alberne Situation – und trotzdem gelang es mir, mich restlos zu entspannen. Ich ließ mich einfach gehen. Mark hatte sich noch nie beklagt, es würde zu lange dauern, und so machten wir einfach weiter. Ich sah weder ihn noch seine Bewegungen, und deshalb brauchte ich mich auch nicht zu sorgen, er könnte müde werden oder sich langweilen. Ich lag einfach da und dachte ausschließlich an mich selber.«

Zunächst *dürfen Sie nicht an einen Orgasmus denken.* Das

kommt später. Jetzt müssen Sie sich erst einmal an die Gefühle gewöhnen, die der Cunnilingus hervorruft, und lernen, sich dabei zu entspannen.

Wenn Sie verlegen sind, gießen Sie sich einen Drink ein. Auf dem Weg zum Höhepunkt ist der Alkohol ein bißchen hinderlich, aber das wird durch die entspannende Wirkung wettgemacht. Und auf einen Orgasmus kommt es vorerst ohnehin nicht an. Auch ein warmes Bad wird Ihnen helfen, etwas lockerer zu werden, und außerdem riechen Sie dann köstlich. Erst wenn Sie imstande sind, den oralen Sex ganz zwanglos zu genießen, sollten Sie sich auf einen Orgasmus konzentrieren.

Paola (in *Lob der erfahrenen Frauen)* weigert sich kompromißlos, auch nur über den oralen Sex nachzudenken. Aber schließlich erlebt sie ihren ersten Orgasmus beim Cunnilingus, weil Vajda eine Situation genutzt hat, wo sie ganz entspannt und gelöst gewesen ist:

»An einem Samstag vormittag weckte mich die Hitze. Durch die gekrümmten Fensterscheiben und die hauchdünnen weißen Gardinen schien mir die Sonne in die Augen, und wir hatten bestimmt schon dreißig Grad im Zimmer. Im Laufe der Nacht hatten wir Bettdecke und Leintuch abgeworfen, und Paola lag, lautlos atmend, mit angezogenen Beinen auf dem Rücken. Nie erscheinen wir so sehr unserem Körper ausgeliefert, so sehr in der Gewalt unserer bewußtlosen Zellen, wie wenn wir schlafen. Mit klopfendem Herzen faßte ich den Entschluß, diesmal alles zu riskieren. Langsam drückte ich ihr die Beine auseinander – wie ein Dieb, der Äste zur Seite biegt, um sich in einen Garten zu stehlen. Hinter dem Büschel aus blondem Gras sah ich die dunkelrote Knospe, deren zwei lange Blütenblätter leicht geöffnet waren, als spürten auch sie die Hitze. Sie waren ganz besonders hübsch, und meine alte Begehrlichkeit erwachte. Bald schmeckte ich die Willkommenströpfchen, obwohl Paolas Körper unbewegt blieb. Inzwischen mußte sie wach sein, aber sie stellte sich schlafend; sie blieb in jenem traumhaften Zustand, in dem wir uns allen Verpflichtungen dadurch zu entziehen versuchen, daß wir von vornherein jede Verantwortung für Sieg oder Niederlage ablehnen. Zehn Minuten oder eine halbe Stunde später (die Zeit hatte sich im Kiefernduft verflüchtigt) fing Paolas Bauch an, sich zusammenzuziehen und wieder zu dehnen, bis sie schließlich zitternd jenes Elixier verströmte, ohne das Liebende selbst in einer flüchtigen Affäre nicht auskommen. Als der Becher überlief, zog sie mich an den Armen nach oben, und endlich konnte ich reinen Gewissens in sie eindringen.

›Jetzt kommst du dir wohl gut vor‹, waren ihre ersten Worte, als sie ihre kritischen blauen Augen wieder in der Gewalt hatte.«

Falls Ihr Liebhaber zu der Sorte zählt, für die Sex ohne Orgasmus nicht in Frage kommt, und Sie sich deshalb gehemmt fühlen, täuschen Sie einfach einen Höhepunkt vor. Fassen Sie diesen Entschluß schon vorher, nicht mittendrin, nachdem Sie bereits in Panik geraten sind, weil Sie vermutlich nicht zum Orgasmus gelangen werden.

Ein anderes weitverbreitetes Problem, das dem oralen Sex anhaftet, wurde bereits diskutiert – nämlich die Qualität Ihres Liebhabers. Betrachten Sie den Mann, der weiß, »wie man's macht«, einfach nur als einen Freudenspender. Ein paar Instruktionen von Ihrer Seite können nicht schaden.

In diesem frühen Stadium müssen Sie die Position 69 unbedingt vermeiden – worin mir Julia zweifellos zustimmen würde:

»Während meiner Teenagerzeit war 69 total ›in‹. Die Jungs in der Schule tuschelten darüber. In meiner Naivität fragte ich eines Tages den Mathematiklehrer, was das denn sei. Er war sehr jung, ein Aushilfslehrer, der uns nur ein oder zwei

Wochen lang unterrichtete. Das Blut stieg ihm in die Wangen, und er tat so, als hätte er meine Frage nicht gehört. Aber das war ein schicksalhafter Tag, denn nachdem ich die Schule verlassen hatte, ging ich aufs College, und da traf ich ihn zufällig in einem Café. Wir verstanden uns wirklich gut, und bald schliefen wir miteinander. Eines Tages wollte er wissen, ob ich mich an meine Frage nach der 69-Position erinnerte. Ja, sagte ich, und etwas später veranlaßte er mich, diese Stellung mit ihm einzunehmen. Mein Gott, was für eine Enttäuschung! Bis dahin hatte ich die Überzeugung gewonnen, in dieser Position müßte man automatisch einen Orgasmus erleben, eine wahre Explosion, aber es war einfach nur verdammt peinlich. Zuerst lag er auf mir. Er war ziemlich knochig und eckig, und ich erstickte beinahe an seinem Schwanz. Später lag ich auf ihm und hatte Angst, ich würde ihn erdrücken. Schließlich versuchten wir's Seite an Seite, aber da wurde sein Hals müde, und er mußte den Kopf immer wieder ablegen.«

Lassen Sie sich Julias Geschichte eine Lehre sein. Und glauben Sie mir, keine Frau wird einen Orgasmus erleben, wenn sie auf dem Rücken liegt und mit einem Penis kämpft. Genausogut können Sie an den Anfang Ihres Trainingsprogramms zurückkehren.

Phase 3

Erst wenn Sie sich daran gewöhnt haben, einen Mann da unten zu spüren, sollten Sie anfangen, sich auf die Möglichkeit eines Orgasmus zu konzentrieren. Was am oralen Sex besonders interessant ist – wenn Sie dabei zum Höhepunkt kommen, kann er äußerst massiv sein – intensiver und schöner als alles andere.

Katherine war jahrelang unfähig, auf diese Weise einen Orgasmus zu erreichen. Aber nachdem es geklappt hat, genießt sie es in vollen Zügen, und das weiß sie sehr verlockend zu schildern:

»Ich liege nackt auf dem Rücken, während Freddy mich mit oralem Sex beglückt. Dafür nimmt er sich sehr viel Zeit. Auch er ist nackt. Und wenn ich spüre, daß ich mich dem Orgasmus nähere – in jenem wundervollen Augenblick, wo es keine Rückkehr mehr gibt – gleitet er zu mir herauf und dringt mit seinem Penis in mich ein. Es ist ein himmlisches Gefühl, einen Orgasmus zu erleben, während er in mir ist, und bald danach kommt es ihm ebenfalls. Das Timing ist dabei allerdings nicht ganz einfach!«

EIN GANZ BESONDERER TIP

Falls Ihr Partner einen erfreulichen Cunnilingus bietet, Sie aber trotzdem noch jene »unsichtbare Barriere« fühlen, die Sie am Orgasmus hindert, versuchen Sie es mit folgender Methode. Benutzen Sie Ihre eigene Hand und stimulieren Sie sich in der Zone Ihres Schamhaars, fast so, als würden Sie masturbieren. Dabei bleiben Sie zu weit von Ihrer Klitoris entfernt, um Druck auf sie auszuüben – außerdem ist *er* dafür verantwortlich. Aber oft genügt die *Illusion der Kontrolle*, die Einbildung, Sie würden sich in Ihrer vertrauten Masturbationsposition befinden, um die unsichtbare Barriere niederzureißen und einen Orgasmus zu erzielen.

Teil III

14
Täuschen oder nicht täuschen?

»Wonnelaute stoß aus, gleich als empfändest du Lust ...
Wenn du täuschest, hab recht acht, daß er es nicht merke:
Und bewege dich so, blicke so, daß er es glaubt!
Daß es dir wohl tut, bezeuge dein Wort,
das Keuchen des Atems.«

OVID, Liebeskunst

Es gibt keinen Zweifel – für mich war die Täuschung ein Meilenstein auf dem Weg zum Erfolg. Höre ich Protestgeschrei, die Behauptung, es sei ein Vertrauensbruch, einen Orgasmus zu heucheln? Hoffentlich. Nichts wirkt so ermutigend wie ein gewaltiger Chor überholter Mißbilligung. Denn obwohl die Heuchelei immer noch zu den letzten echten Sexualtabus zählt – viele tausend Frauen frönen ihr Tag für Tag. Und es gibt sehr gute Gründe, einen Orgasmus vorzutäuschen, besonders während der Lernphase. Das kann Ihnen nämlich *helfen*, einen richtigen Höhepunkt zu erzielen.

Warum täuschen Frauen Orgasmen vor?

Blicken wir der Tatsache ins Auge – niemand *will* einen Orgasmus mimen. Warum tun wir's trotzdem? Dafür gibt es viele Gründe. Der am weitesten verbreitete ist sicher das Widerstreben, unsere sogenannte sexuelle »Unzulänglichkeit« zu zeigen. Wir fürchten, als »frigide« abgestempelt zu werden. Diese besondere Angst gibt es in mehreren Varianten. Ich zitiere eine kleine Auswahl der Aussagen, die ich gesammelt habe;

»Weil ich keinen Orgasmus erreichte, hatte ich immer das Gefühl, ich wäre keine richtige Frau. Ich meine, stellen Sie sich doch einen Mann vor, der nicht ejakulieren kann! Und weil ich's nicht an die große Glocke hängen wollte, fing ich zu schauspielern an.«

»Es war einfach unerträglich, wie hochnäsig die Männer mich anschauten, wann immer ich sagte, es sei mir nicht gekommen. Als hätte ich ihnen eine zweitklassige Ware verkauft! Es ist viel einfacher, einen Orgasmus vorzutäuschen.«

»Ich versuchte, es nicht zu tun, weil ich es stets für falsch hielt. Mein Psychotherapeut redete mir ein, ich solle mit meinem Partner eine liebevolle Beziehung aufbauen, und dazu passe keine betrügerische Heuchelei. Also verzichtete ich in der nächsten Woche darauf, einen Orgasmus zu mimen. Aber da wurde Mark ernsthaft böse und warf mir vor, ich hätte mich nicht genug bemüht. Das Gefasel dieses blöden Psychiaters muß mir wohl zu Kopf gestiegen sein, denn ich gestand Mark, daß ich noch nie einen Orgasmus erlebt hatte. Wow! Da flogen die Fetzen! Er sagte, es komme ihm so vor, als hätte er eine Affäre mit einem Eisberg. Ein paar Tage später verließ er mich, und ich wechselte den Psychiater.«

»Man sitzt so oder so in der Klemme: Wenn man nicht heuchelt, glauben sie, irgendwas würde mit einem nicht stimmen. Und wenn man heuchelt, behauptet irgendein Trottel, das sei hinterhältig und es würde ein schlimmes Ende mit einem nehmen. Am besten sagt man dem Trottel, er soll abhauen, und spielt weiter Theater.«

»Ich glaube, mit einem Mann, der wütend auf mich wird, wenn er's gemerkt hat, könnte ich gut fertig werden. Dann wüßte ich wenigstens, daß er ein Ekel ist, und das würde die Dinge vereinfachen. Sogar ein indifferenter Mann wäre okay, denn bei dem könnte ich tun, was mir beliebt. Aber Bens endlose Aufmerksamkeit ging mir auf den Wecker. Ständig sorgte er sich meinetwegen und schaute mich voller Mitleid an, als hätte ich drei Arme oder so was.«

»Für mich ist es ganz einfach. Wenn mein Mann auf mir herumrammelt, immer rein und raus, wird meine Vagina wund. In den ersten zehn Minuten ist das okay, aber ich bin nun mal nicht feucht genug. Würde ich keinen Orgasmus heucheln, könnte ich am nächsten Tag nicht gehen!«

»Wenn ich mit meinem Freund schlief, verglich er mich oft auf unschmeichelhafte Weise mit meiner Vorgängerin. Und wenn ich mich nicht in wilder Ekstase umherwand, erzählte er mir, wie scharf sie gewesen sei. Hätte er von ihrer Schönheit geschwärmt, wäre ich nicht so wütend gewesen. Ich wurde richtig eifersüchtig. Und so fing ich an, ihm Orgasmen vorzuspielen, nur damit ich nicht ins Hintertreffen geriet.«

»Warum ich Höhepunkte vortäusche? Das läßt sich leicht erklären. Weil ich nicht gern mit meinem Mann schlafe. Und wenn ich ihm was vormache, bringe ich's schneller hinter mich.«

Was für eine beklagenswerte Situation!

Ein weiterer bedeutsamer Grund, der die Frauen zu diesem Theater veranlaßt, ist die Angst, den Partner zu verärgern. Viele Männer bestehen auf der Befriedigung ihrer Partnerinnen – entweder aus echter Fürsorge oder ihrer Eitelkeit zuliebe, weil sie beweisen wollen, welch »gute Liebhaber« sie sind. Es gehört zu den kleinen Ironien der sexuellen Befriedigung und Gleichberechtigung in unserem Zeitalter, daß ein Mann von der Frau verlangt, sie müsse ebenso mühelos einen Orgasmus bekommen wie er. Oder um mit Catherine Stimpson zu sprechen, einer bedeutenden feministischen Schriftstellerin:

»Bei der sogenannten sexuellen Revolution in den sechziger Jahren versuchten die Männer, eine neue, freundschaftliche, begeisterte weibliche Sexualität zu erfinden. Aber nach dieser experimentellen Dekade tauchte die feministische Bewegung auf, um die Motive der Männer herauszufordern und klarzustellen, daß die Forderung nach weiblicher sexueller Leidenschaft ebenso erdrückend wirkte wie die frühere Maxime, eine Frau müsse kühl und rein sein. Der Druck, den jene Erfindung verursacht hat, bleibt bestehen.«

Nicht zuletzt deshalb heucheln auch Frauen wie Harriet – nur um ihre Ruhe zu haben.

»Manchmal werde ich wirklich wütend, weil er einen Orgasmus kriegt, im Gegensatz zu mir. Aber wenn man mit einem Mann zusammen ist, der einem unbedingt eine Chance geben will, kann das sehr ermüdend sein. Er meint es sicher gut. Aber dazuliegen, während er voller Feuereifer an einem herumreibt und ständig erwartet, man würde in wilde Ekstase geraten – also, das ist harte Arbeit. Und peinlich, wenn er's endlos lange versucht, und es klappt einfach nicht. Schließlich kommt der Punkt, wo man die Niederlage verlegen eingesteht und ihn bittet aufzuhören. Sicher ist es für alle Frauen leichter, einen Höhepunkt vorzutäuschen. Dann ist er zufrieden und man selber auch.«

Manche Frauen, die mir begegnet sind, heucheln sogar aus Höflichkeit.

»Nach einem netten Abend in einem schicken Restaurant oder im Theater finde ich's rüde und undankbar, beim anschließenden Sex keine Freude zu zeigen. Marilyn Monroe pflegte Theater zu spielen, um ihren Partner nicht zu kränken. Warum soll ich's nicht genauso machen? Man weiß doch, wie verwundbar das männliche Ego ist – und wenn man den Typ mag, warum nicht ? Man vergibt sich doch nichts dabei.«

Sicher würden die Männer staunen, wenn sie wüßten, wie *oft* die Frauen Orgasmen vortäuschen. Mehrere Männer, die ich kannte, schwärmten von den »tollen« sexuellen Reaktionen

ihrer Partnerinnen – und einen Tag zuvor hatten sich dieselben Frauen zu ihren schauspielerischen Leistungen beglück-
wünscht.

Ich habe auch ein paar Männer kennengelernt, die mitleidig
die Köpfe schüttelten, wenn von einer Heuchlerin die Rede
war, und einfühlsame Kommentare abgaben wie: »Sie sollte
sich doch wirklich nicht einbilden, daß so was nötig ist.« Aber
wenn ihre Partnerinnen nicht kommen – um Himmels willen,
erzeugen dann dieselben Männer etwa keine unbehagliche
Stimmung –, auch wenn sie darauf verzichten, richtiggehend
in Wut zu geraten? Es ist eine traurige Tatsache, daß beim Sex
die Realität und die Ideale weit auseinanderklaffen.

Wenn in einer Beziehung Orgasmen geheuchelt werden, so
plant die Frau nicht immer ein großes Täuschungsmanöver.
Manchmal fängt es fast zufällig an, so wie bei Bella.

»Als Larry und ich uns kennenlernten, wollte ich ihn nicht
enttäuschen. Ich liebte ihn sehr, und er erregte mich auch.
Deshalb glaubte ich, bis zu meinem ersten explosiven Orgasmus in seinen Armen würde es nur wenige Tage dauern. Leider dehnten sich die Tage zu Wochen und dann zu Monaten.
Ich bekam nie einen Orgasmus. Und wie sollte ich ihm sagen,
daß ich ihm die ganze Zeit nur was vorgespielt hatte? Ich
mußte wohl oder übel weitermachen. Und jetzt ärgere ich
mich darüber.«

Um es in knappe Worte zu fassen – die geheuchelten Orgasmen sind keine Ursache, sondern eine Konsequenz sexueller
Schwierigkeiten. Sie verstärken die Verständigungsprobleme
oder das sexuelle Unbehagen nicht, sie stellen nur eine Reaktion darauf dar. Wenn man richtig damit umgeht, können sie
sogar zu einer freieren, ehrlicheren und befriedigenderen
Sexualatmosphäre führen.

Wie ich bereits erklärt habe – in meiner Jugend kam ich nie
auf den Gedanken, einen Orgasmus zu heucheln. Dafür war

ich zu naiv. Ich wünschte, ich hätte Bescheid gewußt. Dann wären mir viele peinliche Situationen, Herzenskummer und Schuldgefühle erspart geblieben. Erst als ich dieses Programm für mich selbst entwickelte, erkannte ich, daß mir die Heuchelei helfen konnte. Und da begann ich ganz bewußt, Orgasmen vorzutäuschen. Das sollte die erste Etappe meiner langen Reise sein. Ich wollte damit Zeit gewinnen, um mich auf meine eigene Person konzentrieren zu können.

Und es funktionierte.

Wie kann mir die Heuchelei helfen?

Immer wieder habe ich betont, wie wichtig es ist, den eigenen Körper unter *Kontrolle* zu haben. Wenn Sie einen Orgasmus vortäuschen, befreien Sie sich von dem Druck, unter dem Sie vielleicht stehen, und von Ihrer Angst. In solchen Fällen *hilft* Ihnen das Täuschungsmanöver, im Gegensatz zur Behauptung so vieler wohlmeinender Leute, Ihre Beziehung zu stabilisieren. Sicher, in gewisser Weise ist es ein Betrug, und wir alle würden es vorziehen, darauf zu verzichten. Aber es hat keinen Sinn, über Ideale zu reden, wenn man sich in der Realität zurechtfinden muß. Wenn Sie das Eingeständnis Ihrer mangelnden Orgasmen entnervt oder es Spannungen zwischen Ihnen und Ihrem Partner hervorrufen würde, dann lohnt sich eine kleine Lüge, durch die größere Unannehmlichkeiten vermieden werden.

Also verdammen Sie die Heuchelei nicht. Sie kann ein wertvolles Hilfsmittel sein und Ihre Fortschritte beschleunigen, und sie braucht eine liebevolle Beziehung keineswegs zu gefährden. Im Gegenteil, sie wird Ihnen helfen, Stabilität und wechselseitiges Verständnis zu fördern. Sobald ich mich nicht mehr gezwungen sah, vor meinem Partner das demütigende Geständnis meiner Orgasmus-Unfähigkeit abzulegen, konnte ich mich während der sexuellen Aktivitäten ungehindert auf meinen Genuß konzentrieren. Statt mich dauernd aufzuregen, weil mein Freund vermutlich in zehn Minuten alles erledigt haben, mir heikle Fragen stellen – und gekränkt dreinschauen würde, wenn ich wahrheitsgemäß antwortete, konnte ich mich nun entspannen. Und wie Sie inzwischen wissen, ist Entspannung für dieses Programm unerläßlich. Außerdem, wenn ein Mann das Gefühl hat, daß Sie irgendwann einen Orgasmus erreichen werden (das heißt, Ihren vorgetäuschten Orgasmus), strengt er sich wahrscheinlich etwas länger an, als wenn er glauben müßte, alles wäre vergebliche Liebesmüh.

Natürlich rate ich Ihnen nicht, jedesmal zu heucheln, oder wann immer Sie wissen, daß Sie keinen echten Orgasmus bekommen werden. Auf keinen Fall sollten Sie es aus Höflichkeit tun oder um der Eitelkeit Ihres Partners zu schmeicheln. Wenn Sie sich zu einem Täuschungsmanöver entschließen, *dann nur, weil es Ihnen zu einem befriedigenderen Sexualleben verhilft.* In Situationen, wo Sie unter Druck stehen, weil Sie einen Höhepunkt erzielen wollen, und dadurch von Genuß und Konzentration abgelenkt werden, sollten Sie das Problem lösen, indem Sie Theater spielen. Das hängt von Ihrer Persönlichkeit ab. Ich kann Ihnen nicht sagen, unter welchen Bedingungen es empfehlenswert ist. Das müssen Sie selbst entscheiden. Ich will Ihnen nur klarmachen, daß es nicht unbedingt falsch oder schädlich ist, einen Orgasmus zu mimen.

Anna, eine stellvertretende Managerin eines Versicherungsbüros, erzählte ihre Geschichte:

»Das Täuschungsmanöver hat mir zweifellos geholfen. Mein Mann ist wirklich ein netter Kerl. Aber am Anfang unserer

Beziehung kümmerte er sich kaum um meine Bedürfnisse im Bett – das war vor zwanzig Jahren. Ich glaube, wir hatten ein eher durchschnittliches Sexualleben. Niemals wurde ich ausreichend erregt, um einen Orgasmus zu bekommen. Aber wir wurstelten eben einfach weiter, und meine Karriere lenkte mich davon ab. Nach mehreren Ehejahren las Harry ein Sexbuch. Das veranlaßte ihn, über etwas nachzudenken, das er bis dahin für selbstverständlich gehalten hatte – meine Befriedigung. Er begann mich zu fragen, ob es mir gekommen wäre, und weil ich ihn liebte, mochte ich nicht lügen. Als ich immer wieder nein sagte, fühlte er sich bemüßigt, etwas mehr Mühe in unseren Sex zu investieren. Das war okay, aber es machte mich nervös, daß er ständig wissen wollte: ›Wie gefällt's dir, Liebling?‹ So was ist doch eine Scherzfrage.

Schließlich fand ich's furchtbar lästig. Aber wie konnte ich ihm sagen, er solle den Mund halten, wo er's doch nur gut mit mir meinte? Eines Abends kam ich nach einem verdammt anstrengenden Einkaufsbummel nach Hause und nahm ein Bad. Dabei genehmigte ich mir einen Drink, und ich mußte wohl eingenickt sein, denn als Harry erschien, saß ich immer noch in der Wanne. Ich beobachtete, wie er sich auszog. Plötzlich begehrte ich ihn.

Wir gingen ins Bett, und ich dachte: Ja, diesmal könnte es klappen, ich fühle mich so toll. Harry legte sich also auf mich und fing an. Es lief wirklich gut, und dann verdarb er alles. ›Heute nacht mußt du unbedingt einen Orgasmus kriegen, Darling‹, sagte er. ›Ich hör erst auf, wenn's soweit ist.‹ Insgeheim hatte ich darauf gehofft, aber sobald er es ausgesprochen hatte, erstarrte ich. Und weil er mich so erwartungsvoll beobachtete, wußte ich, daß es nicht funktionieren würde. Es heißt doch, wenn man im Job mit einem knappen Termin konfrontiert wird, bringt einen das Adrenalin auf Hochtouren. Beim Sex leider nicht. Ich ließ ihn noch eine Weile weitermachen, dann dachte ich: Zum Teufel, jetzt spiel ich ihm was vor. Er war hell begeistert.

Danach täuschte ich sehr oft einen Orgasmus vor. Das erstemal war ich wütend gewesen, denn ich hatte es mehr oder weniger unter Zwang getan. Aber wie ich bald erkannte, gewann ich dadurch Zeit für mich selbst. Ich veranlaßte Harry, mich so lange wie möglich zu bumsen, was er bereitwillig tat, weil er mit einem spürbaren Erfolg rechnen konnte. Und seit er wußte, daß ich zu einem Orgasmus fähig war, bedrängte er mich deshalb nicht mehr. Endlich entspannte ich mich. Und dann geschah es – ich erlebte einen richtigen Höhepunkt. Schließlich wurde es immer besser. Ohne meine Heuchelei hätte ich's nie geschafft.«

Das Täuschungsmanöver befreit Sie nicht nur von dem Zwang, einen Orgasmus erzielen zu müssen, und hilft Ihnen, den Sex entspannt zu genießen. Durch die gelockerte Haltung können Sie Ihre Sexualität auch *entwickeln und trainieren*, bis Sie lernen, einen richtigen Orgasmus herbeizuführen. Für viele Frauen ist die Heuchelei der Weg zur wahren Erfüllung.

Manchen Männern ist es egal, ob eine Frau zum Höhepunkt kommt oder nicht. Falls das auch für Ihren Partner gilt, lohnt es sich nicht zu heucheln. Es ist nur nützlich, wenn es Ihnen Unbehagen bereitet, einen Fehlschlag zuzugeben. Und es hat keinen Sinn, Theater zu spielen, sollte Ihre Orgasmusunfähigkeit das Zusammenleben mit Ihrem Partner nicht beeinträchtigen.

Sicher merkt er es,
wenn ich ihm was vormache

Das dachte ich früher auch, aber ich irrte mich. Eine gute Neuigkeit (zumindest im Zusammenhang mit der Heuchelei) – die meisten Männer leiden an jämmerlicher Ignoranz und haben keine Ahnung, ob eine Frau gekommen ist. Wie ich feststellen konnte, wissen gerade die sogenannten Schwerenöter trotz ihrer reichhaltigen Erfahrungen am allerwenigsten Bescheid. Männer, die in einer stabilen langjährigen Beziehung leben, sind da viel feinfühliger und scharfsinniger.

Aber lassen wir die Männer für sich selbst sprechen:

»Es ist sehr schwierig, herauszufinden, ob ein Mädchen gekommen ist. Da gibt es viele Mißverständnisse und Betrügereien. Ich muß zugeben, daß ich mir oft nicht sicher bin. »

»Die Differenziertheit des Orgasmus bei einigen Frauen kann einen sehr täuschen. Ich versuche es gewöhnlich festzustellen, indem ich die Bewegungen meiner Partnerin, eine Änderung im Tempo, schweres Atmen, Stöhnen, Kontraktionen, leidenschaftliches Küssen und so weiter beobachte, aber meistens bin ich da nicht so ganz sicher.«

»Ich kann's nie genau sagen ... Immer bin ich im Zweifel ... Gerade jetzt verwirrt mich das völlig. weil jede Frau anders wirkt.«

Diese Zitate stammen aus dem Hite-Report *Das sexuelle Erleben des Mannes*. Shere Hite zieht das Fazit, die meisten Männer seien sehr unsicher und verwirrt, was die Frage betrifft, wann – oder ob – eine Frau einen Orgasmus erlebt habe.

Wie täusche ich einen Orgasmus vor?

Wenn Sie glauben, die Heuchelei wäre gerechtfertigt, muß sie überzeugend wirken. Bedenken Sie, wie empfindlich es Ihrer Beziehung schaden kann, wenn Ihr Partner herausfindet, daß Sie ihn mit voller Absicht getäuscht haben.

Sollten Sie es zum erstenmal versuchen, erregt Ihr plötzlicher Orgasmus vielleicht seinen Argwohn. Überlegen Sie sich das sehr genau – falls Sie bisher kein Theater gespielt haben, ist es möglicherweise gar nicht nötig, damit anzufangen. Es lohnt sich nur, wenn Sie das Gefühl haben, es könnte Ihnen helfen. Tun Sie's nicht, um ihm hin und wieder ein kleines Geschenk zu machen. *Sie* sind es, die solche Geschenke brauchen. Er ist nicht drauf angewiesen.

Aber wenn sie nachgedacht und entschieden haben, ein Täuschungsmanöver wäre das kleinere von zwei Übeln, bauen Sie es ganz allmählich in Ihr Sexualleben ein. Natürlich müssen Sie folgerichtig vorgehen. Heucheln Sie einen Orgasmus, die nächsten Male lassen Sie's bleiben, dann mimen Sie wieder einen, und so weiter.

Einen Sexualwissenschaftler, der in seinem Labor über präzise Meßgeräte verfügt, können Sie nicht so leicht zum Narren halten, aber Ihren Partner jederzeit. Die folgenden Punkte sind wichtig.

1. Ihre Atmung – wahrscheinlich das *wichtigste* Anzeichen. Lesen Sie keine Sexromane, um herauszufinden, wie's gemacht wird, denn darin wird meistens viel zu dick aufgetragen. Jeder Mann, der glauben müßte, das wäre Ihr durchschnittlicher Orgasmus, würde zutiefst erschrecken. Bei der Masturbation werden Sie bemerken, daß sich Ihre Atemzüge auf dem Weg zum Orgasmus und am Ziel stark

verändern. Das ist kein heftiges Keuchen, das erst beim Höhepunkt explodiert und danach sofort aufhört. Wenn Sie zu masturbieren beginnen, wird die Atmung allmählich schwerer und beschleunigt sich bis zum Orgasmus, dann dauert es etwa eine Minute, bis sie sich wieder normalisiert. Vermeiden Sie einen gleichmäßigen Rhythmus, variieren Sie ein bißchen. Manche Frauen ächzen beim Höhepunkt sehr laut, einige werden kurz davor ganz still und fangen erst zu keuchen an, wenn's soweit ist. Und die meisten Frauen verhalten sich immer wieder anders.

Übung 14.1 muß *vor* dem Beginn Ihres Täuschungsmanövers absolviert werden. Legen Sie das Mikrophon eines Tonbandgeräts neben Ihr Gesicht und masturbieren Sie. Dann spielen Sie das Band ab, und hören Sie sich Ihre Atemzüge aufmerksam an. Sie werden staunen, wie oft sie sich verändert haben, ohne daß es Ihnen bewußt geworden ist.

Übung 14.2 Zeichnen Sie Ihre Atmung beim Masturbieren noch einmal auf, dann bei einem vorgetäuschten Orgasmus. Können Sie einen Unterschied feststellen?

2. Die Anspannung Ihrer Bauchmuskeln kann eine große Rolle spielen. Davon wird ein Mann, der nicht weiß, wie sich ein weiblicher Orgasmus anfühlt, wahrscheinlich nichts merken – ein erfahrener schon. Überprüfen Sie auch in diesem Punkt, was bei der Masturbation geschieht. Vielleicht spüren Sie, wenn der Penis Ihres Partners in Sie eindringt, eine leichte Anspannung, die sich allmählich verstärkt (aber, so wie bei der Atmung, nicht in gleichmäßiger Steigerung, sondern mit gelegentlichen Muskellockerungen) und beim Orgasmus sehr intensiv wird, unabhängig von den Bewegungen des Mannes.

3. Vaginale Kontraktionen. Einige Männer behaupten, die können sie spüren, aber die meisten geben das Gegenteil zu. (Shere Hite stellte diese Frage und berichtete von zahlreichen negativen Antworten.) Für Heuchlerinnen eine gute Neuigkeit ... Trotzdem kann es nicht schaden, im Augenblick des vorgetäuschten Orgasmus die Vagina rhythmisch anzuspannen und zu lockern (drei- oder viermal, im Abstand von einer Sekunde, so wie Sie es bei der Masturbation bemerkt haben.

Übung 14.3 Masturbieren Sie und stecken Sie kurz vor dem Höhepunkt einen oder zwei Finger in die Vagina. Dadurch können Sie die Stärke Ihrer Kontraktionen feststellen.

Übung 14.4 entspricht den im sechsten Kapitel erwähnten Kegelübungen. Die Vaginalmuskeln müssen abwechselnd zusammengezogen und gelockert werden. Das kann zu jeder Tages- und Nachtzeit geschehen, ohne daß irgend jemand was merkt. So wie alle anderen Muskeln werden sich auch Ihre Vaginalmuskeln bei häufigem Training besser entwickeln.

4. Erigierte Brustwarzen. Dr. Reuben hat den Frauen wirklich übel mitgespielt.
   »Die Erektion der Brustwarzen folgt dem weiblichen Orgasmus automatisch. Trotz kreisender Hüften, eines sich aufbäumenden Beckens und leidenschaftlichen Gestöhnes keine harten Brustwarzen, kein Orgasmus. Dies ist ein unfehlbarer Busenlügendetektor – für jene, die auf der Wahrheit bestehen.«
   Wir hatten schon zuvor Probleme mit Dr. Reubens albernen Bemerkungen. Und genauso, wie mich seine unsinnigen Bemerkungen über den Cunnilingus jahrelang behin-

derten, wagte ich wegen der oben zitierten Behauptung keinen Orgasmus vorzutäuschen. Das verschlimmerte den Streß mit Männern, die sich über meine vermeintliche Frigidität ärgerten, ganz erheblich.

In Wirklichkeit braucht man sich von dieser »biologischen Tatsache« nicht einschüchtern zu lassen. Ebenso wie der uralte und irreführende Nachweis der Jungfräulichkeit (das blutige Laken) sind erigierte Brustwarzen *kein* verläßliches Anzeichen für einen Orgasmus. Glauben Sie mir, ich war so beeindruckt von Dr. Reubens Verdikt, daß ich mich gründlich mit diesem Thema befaßte.

Die beiden berühmtesten Sexualforscher, Masters und Johnson, erklärten kategorisch, die Brust reagiere nicht in spezifischer Form auf den Orgasmus. Eine Frau, deren Brustwarzen sich beim Höhepunkt aufrichten, wird diese Reaktion wahrscheinlich auch beim Beginn der sexuellen Erregung zeigen.

Falls Ihnen das nicht genügt – die Intensität dieser Erektion ist nicht nur von Frau zu Frau verschieden, sondern auch von Orgasmus zu Orgasmus, und an manchen Tagen nur minimal. Also besteht kein Grund, warum sie *täglich* erfolgen sollte, oder? Bedenken Sie auch, daß die Temperatur eine Rolle bei der Reaktion Ihrer Brustwarzen spielt. Wenn es kalt ist, werden sie sich unabhängig vom Höhepunkt aufrichten. Wenn Sie Ihrem Partner mit der Qualität ihrer (simulierten) Orgasmen ganz besonders imponieren wollen, verführen Sie ihn im Schnee!

Wenn eine Frau auf dem Rücken liegt, verschwinden die erigierten Brustwarzen infolge der Schwerkraft manchmal in der Busenfülle. Und schließlich können Sie mittels Ihrer Körperhaltung oder Kleidung verhindern, daß Ihr Partner an Ihre Brüste herankommt.

Übung 14.5 Masturbieren Sie stehend in einem warmen Raum. Diese Stellung wird Ihnen die *maximale* Erektion zeigen, die Ihre Brustwarzen beim Orgasmus erreichen. (Wenn es kalt im Zimmer ist, werden Sie nicht wissen, ob's wirklich am Höhepunkt liegt.)

Übung 14.6 Masturbieren Sie liegend in einem Raum und überprüfen Sie beim Orgasmus den Zustand Ihrer Brustwarzen. Vermutlich haben sie sich weniger deutlich aufgerichtet als bei der Masturbation im Stehen.

5. Berücksichtigen Sie bei der Heuchelei, daß die Qualität der Orgasmen stark variiert. Bei manchen (echten!) keuchte und stöhnte ich geradezu theatralisch. Andere, ebenso intensive genoß ich ganz still und passiv. Seien Sie erfinderisch, verhalten Sie sich unterschiedlich, spielen Sie nicht in allen Nächten Theater. Übrigens, die Rötung der Haut habe ich nicht erwähnt, weil sie nicht unbedingt mit dem Orgasmus zusammenhängt und nur bei manchen Frauen hin und wieder auftritt, bei vielen aber gar nicht. Also zerbrechen Sie sich nicht den Kopf darüber.

Übung 14.7 Für die wirklich Mutigen – zum Teufel mit dem Häkelkränzchen! Setzen Sie sich statt dessen mit Ihren besten Freundinnen zusammen und tauschen Sie Ihre Erfahrungen mit vorgetäuschten Orgasmen aus. Jede soll eine Tonbandaufnahme von einem mittels Masturbation erreichten Höhepunkt mitbringen, und das hören sie sich gemeinsam an. Dabei können Sie feststellen, wie unterschiedlich die Frauen reagieren. Und sobald Sie die anfängliche Verlegenheit überwunden haben, werden Sie sich köstlich amüsieren.

Wenn Ihr Partner Ihnen noch nie beim Orgasmus zugehört hat, mangelt es ihm an Vergleichsmöglichkeiten. Aber es lohnt sich trotzdem, ein bißchen Mühe zu investieren und das Täuschungsmanöver möglichst naturgetreu zu gestalten. Denn Sie werden bald einen echten Orgasmus erleben, und dann soll er doch nicht merken, daß Sie ihm bisher etwas vorgemacht haben. Also halten Sie sich an die GOLDENE REGEL: *Untertreibung ist besser als Übertreibung.*

Sollten Sie bei einem richtigen Orgasmus intensivere Reaktionen zeigen als zuvor bei einem geheuchelten, können Sie Ihrem Partner wahrheitsgemäß erklären: »In letzter Zeit ist es viel schöner, Darling.«

Halten Sie sich zurück, was kreisende Hüften, ein aufgebäumtes Becken oder leidenschaftliches Gestöhne angeht. Nutzen Sie lieber Ihre Erfindungsgabe, bitten Sie ihn ein- oder zweimal, innezuhalten und zu warten – dann wird er glauben, Sie stünden kurz vor dem Orgasmus, den Sie noch ein bißchen hinauszögern wollen. Später, wenn Sie Ihr Training abgeschlossen haben, werden Sie das ohnehin tun.

Heucheln Sie den Orgasmus nicht vorzeitig, sonst kommt es Ihrem Partner, und für Sie ist alles vorbei.

Vergessen Sie nicht – es läßt sich unmöglich »beweisen«, ob eine Frau einen Orgasmus hatte oder nicht.

Und zu guter Letzt ein unbezahlbarer Rat: Timen Sie Ihren vorgetäuschten Orgasmus so, daß er mit der Ejakulation Ihres Partners zusammenfällt. Dann kann er gar nicht feststellen, ob Sie schwindeln oder nicht.

Fragen und Antworten

Weil der geheuchelte Orgasmus ein strittiges Thema ist, habe ich hier einige Fragen ausgewählt, die oft gestellt werden, und beantwortet:

F: *Ich habe die Liste Ihrer Ratschläge bezüglich der vorgetäuschten Orgasmen gelesen, aber ich wage nicht, es zu versuchen. Wie kann ich mir das alles merken?*
A: Eine sehr gute Frage, denn die Heuchelei soll Sie von Ängsten befreien und keine neuen schaffen. Meine Liste enthält alles, was man über einen vorgetäuschten Orgasmus wissen muß. Es ist sozusagen die Liste einer Kennerin. Sie müssen sich nur auf zwei grundlegende Punkte konzentrieren.
  1. Ihre Atmung
  2. Übertreiben Sie nicht, indem Sie sich heftig umherwerfen, und untertreiben Sie nicht – liegen Sie nicht wie eine Tote da, um dann plötzlich zu explodieren.

Wenn Sie die Masturbationsübungen erfolgreich absolviert haben, werden Sie wissen, was für Sie typisch ist. Je mehr Sie für Ihren Partner empfinden, desto intensiver werden Sie sich wünschen, alles richtig zu machen. Für ein kurzes Abenteuer lohnt sich die Mühe nicht.

F: *Was soll ich tun, wenn er herausfindet, daß ich ihm was vorgemacht habe?*
A: Das hängt von den Umständen ab. Wenn er Sie nur »verdächtigt« und Sie festgestellt haben, daß Sie von der Heuchelei profitieren, bleiben Sie standhaft und leugnen Sie. Er kann Ihnen nichts beweisen. Aber wenn er Verständnis für Ihre Situation und Mitgefühl zeigt, könnten sie den Zeitpunkt für

geeignet halten, um mit der Wahrheit herauszurücken. Sollten Sie den Eindruck gewinnen, daß er Sie tatsächlich »überführt« hat (vielleicht ist ihm Ihr Tagebuch in die Hände gefallen), geben sie sich ganz *cool*. Schauen Sie nicht schuldbewußt drein, verhalten Sie sich auch nicht so, als hätten Sie ein schlechtes Gewissen.

Bedenken Sie – keine Frau täuscht einen Orgasmus vor, weil ihr das Spaß macht. Wenn Sie's getan haben, dann mit gutem Grund. Und ob Sie's glauben oder nicht – für ihn ist es noch viel peinlicher als für Sie, wenn Sie zu Kreuze kriechen und sich des »Betrugs« anklagen. In der ersten Kränkung und Wut strebt er vielleicht nach der Genugtuung, alle Schuld in Ihre Schuhe zu schieben, aber bei nüchterner Überlegung müßte er erkennen, daß Sie nicht grundlos geschwindelt haben.

Bleiben Sie also cool und reden Sie ganz sachlich darüber: »Ja, du hast recht, ich habe dir was vorgemacht.« Erklären Sie ihm, warum – zum Beispiel, daß er sehr empfindlich ist, was sein Ego betrifft, und dadurch unangenehmen Druck auf Sie ausübt. Oder daß Sie einfach nicht zum Orgasmus kommen können und seine diesbezügliche Erwartungshaltung alles noch verschlimmert. Wenn er Ihnen eine große Szene macht und betont, wie schmerzlich ihn Ihre Heuchelei getroffen habe, ist es höchste Zeit, ihn dran zu erinnern, daß *Sie* viel mehr Verständnis und Zuwendung brauchen als er.

F: *Ich liebe meinen Mann und leide unter Gewissensbissen, wenn ich ihm einen Orgasmus vorspiele. Was kann ich tun?*
A: Dann lassen Sie's bleiben. Es ist nur eine Möglichkeit, kein Muß. Deshalb gehören die geheuchelten Orgasmen ja auch nicht zu meinem Hauptprogramm. Aber wenn Sie einen guten Grund haben, um Ihrem Mann was vorzumachen, halten Sie sich vor Augen, daß Sie auf diese Weise den Weg zu einem

richtigen Orgasmus ebnen und die Täuschungsmanöver nur vorübergehend als Mittel zum Zweck einsetzen.

F: *Sie sagen, man müsse sich nicht schämen, wenn man keinen Orgasmus hat. Trotzdem empfehlen Sie, einen vorzutäuschen. Ist das kein Widerspruch?*

A: Hoffentlich habe ich in den vorangegangenen Kapiteln eindeutig klargestellt, daß sich keine Frau ihrer Orgasmusunfähigkeit schämen sollte. Wenn jemand »schuldig« ist (meistens ist es niemand), dann der Partner. In einer idealen Welt wären geheuchelte Orgasmen überflüssig. Ich schlage sie nur vor, *weil sie Ihnen helfen können, Zeit zu gewinnen und sich in Ruhe auf sich selbst zu konzentrieren.* Als vorübergehende Maßnahme werden sie Ihnen den Weg zum vollen Erfolg erleichtern, aber sie sollen Ihnen keineswegs nur die Peinlichkeit ersparen, einen »Fehlschlag« eingestehen zu müssen.

Ich kann es nicht oft genug wiederholen – *täuschen Sie einen Orgasmus nur vor, um sich während des Trainings selber zu helfen.* Wenn Sie dabei ein schlechtes Gewissen haben, fragen Sie sich: Was nützt es mir?

15

Phantasie

»PHÖBE: *Sag, guter Schäfer, diesem jungen Mann,*
Was lieben heißt! ...
SILVIUS: *Es heißt, aus nichts bestehen als Phantasie* ...«
SHAKESPEARE, *Wie es euch gefällt*

Ich glaube unerschütterlich an die Macht der sexuellen Phantasie, die mir bei meinem Orgasmus-Training sehr geholfen hat. Und sie hilft mir immer noch. So gut mein Sexualleben auch klappt, durch die Phantasie bekommt es noch mehr Farbe.

Niemand sollte sich seines sexuellen Einfallsreichtums schämen. In allen Kulturen werden Menschen, die ihre Phantasie gebrauchen, hoch geschätzt – Geschichtenerzähler, Romanautoren, Dichter, Filmemacher. Genauso wundervoll ist es, die Einbildungskraft im Bett zu benutzen, und damit erzielt man noch unmittelbarere Ergebnisse. Die Phantasie kann – vor allem in Verbindung mit der Realität – ein wesentliches Element befriedigender Sexualität darstellen. Um eine berühmte Sexualtherapeutin, Helen Singer Kaplan, zu zitieren: »Sex ist Reibung und Phantasie.«

Nur Männer?

Im allgemeinen wird die sexuelle Phantasie eher mit Männern als mit Frauen assoziiert. Der Grund dafür ist nach meiner Ansicht glasklar und wohlbekannt – die jahrhundertelangen kulturellen Beschränkungen, die der weiblichen Sexualität auferlegt wurden, weckten in den Frauen, die an diese Dinge dachten, tief verwurzelte Schuld- und Schamgefühle. In einer Diskussion, die erst kürzlich stattfand, gaben drei Frauen zu, sie wären ziemlich beunruhigt, wenn sie wilden Phantasien frönten und sich in Gedanken von einem Scheich vergewaltigen ließen. Ein solches Verhalten wird immer noch mit unschicklicher, nervenaufreibender Wollust gleichgesetzt, die nichts mit respektabler Weiblichkeit zu tun hat. (Eine vierte Diskussionsteilnehmerin gestand, die Scheichphantasie würde auch sie beunruhigen, aber nur, weil sie normalerweise für blonde, blauäugige Typen schwärme.) Männer hingegen stellen sich, gerade weil man von ihnen sexuelle Aggressionen *erwartet*, sehr gern vor, sie wären ein kraftstrotzender Scheich, der über eine Frau herfällt – obwohl sie nach dem Höhepunkt vielleicht Gewissensbisse haben und sogar kleidsam erröten. (Ich mag errötende Männer.)

In den Anfängen der Psychoanalyse wurde die sexuelle Phantasie als Anomalität betrachtet. Der triste alte Freud sah darin eine unerwünschte Wirklichkeitsflucht, eine repressive Blockade sexueller Instinkte, die zu Psychosen oder Neurosen (und logischerweise zurück in Dr. Freuds Praxis) führen könnte. Noch vor vierzig Jahren glaubte man, für die meisten Frauen wäre Sex nur ein Mittel, mit dem sie erreichten, was sie wirklich wollten – kitschige Romantik und Mutterschaft. Demzufolge hielt man ihre Phantasien für nichtssagend. Aber heutzutage akzeptiert man, daß weibliche Sexualvorstellungen genauso intensiv und aufregend sein können wie die männlichen Pendants. Wie aus zahlreichen Berichten hervorgeht, übt die Sexualphantasie eine äußerst positive Wirkung auf Einzelpersonen und Liebesbeziehungen aus. Neuere Studien ergaben, die Häufigkeit sexueller Phantasien sei ein schlüssiger Hinweis auf ein gesundes Sexualleben und die Leichtigkeit, mit der ein Orgasmus erzielt wird. Ein Wissenschaftler ging sogar so weit zu behaupten: »Sexuelle Phantasien helfen vielen Ehefrauen, erregt zu werden und/oder beim Koitus zum Orgasmus zu kommen.«

Interessanterweise (folgern Sie daraus, was Sie wollen) scheinen junge Burschen besonders oft zu phantasieren, während es bei jungen Mädchen nur selten vorkommt, dafür um so häufiger bei älteren Frauen.

Worüber phantasieren die Leute und warum?

Einige weitverbreitete weibliche Phantasien drehen sich um Sex mit einem Mann, der einen großen Penis besitzt, mit einem unschuldigen Jungen, vor Publikum, mit einer anderen Frau, mit einem dominanten Partner, mit einem Freund oder Bekannten, mit mehreren gleichzeitig oder – nur damit sich niemand übergangen fühlt – mit einem Fremden.

Genette erzählt sehr freimütig von ihren Sexualphantasien: »Ohne Phantasie könnte ich nie einen Orgasmus bekommen, und das bedauere ich keineswegs. Die Phantasie ist großartig. Damit kann man das Beste aus dem Sex herausholen. Während ich gevögelt werde, denke ich an alle möglichen schmutzigen Dinge. Manchmal flüstere ich sie in Philips Ohr und spüre, wie er zu zittern beginnt, wenn er sich die Szene ausmalt ...

In einer meiner Lieblingsphantasien bin ich Wärterin in einem Kriegsgefangenenlager zur Zeit des Zweiten Weltkriegs. Ich betrete einen großen Raum, und da sind lauter unrasierte, zerlumpte, gertenschlanke, ungewaschene Männer. Dann tauche ich auf, hübsch und sauber, in einem hautengen Kleid, das ziemlich viel von meinem Busen zeigt. Ich wandere an den Reihen der Männer vorbei, die neben ihren Feldbetten stehen. Irgendwie (ich frage mich, warum) sehen sie alle sehr gut aus – groß und stattlich. Weil sie Offiziere sind, beherrschen sie sich, und knisternde Spannung liegt in der Luft. Wütend starre ich sie an, gehe auf und ab, eine Peitsche in der Hand. Schließlich schlendere ich zu einem Gefangenen und mustere ihn verächtlich. Er bemüht sich, nicht zurückzuzucken, und schweigt. Zum Schein inspiziere ich ihn, berühre ihn da und dort mit dem Stiel meiner Peitsche. Dann knöpfe ich ihm die Hose auf. Er steht immer noch reglos da, und ich lasse mir eine Kiste bringen. Alle glauben, ich würde nun eine besondere Foltermethode anwenden. Ich befehle ihm, auf die Kiste zu steigen. Nun ist sein Hosenschlitz mit meinem Gesicht auf gleicher Höhe. Ich spüre, wie er zittert, als ich seinen Schwanz heraushole, der sich in jenem wundervollen halbschlaffen, halbsteifen Zustand befindet, leicht gebogen und sehr groß. Mühsam ringt der Mann um Selbstkontrolle. Ich nehme seinen Schwanz zwischen die Lippen und sauge daran, immer heftiger, bis zur Ejakulation. Dann ziehe ich den Penis aus meinem Mund und beobachte, wie sich das Sperma über mich ergießt. Während des ganzen Vorgangs habe ich keine Emotionen gezeigt.«

Viele Leute phantasieren, um ihre sexuelle Erregung zu steigern – einer Umfrage zufolge ein erstaunlich hoher Prozentsatz von 46 % bei den Frauen und 38 % bei den Männern. Fast ein Viertel der Frauen erklärte, solche Phantasien sollten die Partner attraktiver machen. 10 Prozent der Männer und 15 Prozent der Frauen waren sich nicht sicher, warum sie es überhaupt taten. Ein großer Vorzug der Phantasien liegt darin, daß man sich befreiend unpersönliche und angenehm unpräzise Situationen ausmalt. Und was vielleicht am wichtigsten ist – man hat sie völlig unter Kontrolle.

Trotzdem staunte ich, weil ich so viele Phantasiegeschichten hörte, in denen eine *Frau* die Situation kontrollierte, während ihr der Mann mehr oder weniger hilflos ausgeliefert war. Erica liefert da ein interessantes Beispiel:

»Ich bin eine Diebin, eine Einbrecherin, und habe es auf ein riesiges georgianisches Haus abgesehen, inmitten eines gepflegten Parks voller nackter Statuen. Mitten in der Nacht steige ich durch ein Fenster im Oberstock hinein. Ich trage ein schwarzes hautenges Trikot mit einer schwarzen Maske, und ich habe einen großen Schraubenzieher bei mir. Lautlos schleiche ich durch ein Schlafzimmer und fülle meinen Sack mit Wertsachen, als ich plötzlich ein Geräusch höre. Die Person, die im Bett liegt, ist aufgewacht. Im Licht einer kleinen Nachttischlampe sehe ich einen Mann. *Natürlich* sieht er phantastisch aus – Mitte Dreißig, schlank und dunkelhaarig –, und er fürchtet sich sichtlich. Mit der Spitze meines Schraubenziehers ziehe ich ihm langsam die Decke weg. Mit einer Hand greife ich nach seinem Pyjama. Sobald er meine Finger sieht, merkt er, daß ich eine Frau bin. Ich öffne den Hosenschlitz und berühre seinen Schwanz. Lange Zeit spiele ich damit, teils aufreizend, teils bedrohlich. Dann zwinge ich ihn, sich auf den Rücken zu legen. Ich setze mich auf ihn und öffne den Reißverschluß meines Trikots an einer ganz besonderen Stelle, ohne es auszuziehen. Während ich den Mann auf der Matratze festhalte, wippe ich auf und ab, erst ganz langsam, dann immer schneller. Ich befriedige mich restlos. Vielleicht erlaube ich ihm zu ejakulieren – vielleicht lasse ich ihn unbarmherzig um Erleichterung betteln, das hängt ganz von meiner Stimmung ab. Als der Morgen graut, ziehe ich ihm die Pyjamahose aus, werfe sie in meinen Sack zu den Antiquitäten und klettere zum Fenster hinaus.«

Ein bemerkenswerter Aspekt vieler solcher eingebildeter Situationen ist die *unpersönliche* Atmosphäre – ungeheuer erotisch, aber ohne störendes Beiwerk wie Liebe und Romantik. Diese Situationen eignen sich großartig für Phantasievorstellungen, insbesondere, weil solche Begegnungen im wirklichen Leben heutzutage durch das Aids-Risiko gefährlich geworden sind.

In ihrem wundervollen Roman *Angst vorm Fliegen* schildert Erica Jong ein »bestimmtes Szenarium des Spontanficks«, einer idealen Kopulationsform, bei der es nur um die Leidenschaft geht, nicht um die Person des Liebhabers. Der Schauplatz dieser Phantasie ist ein »schmutziges, südeuropäisches Zugabteil« zweiter Klasse. Da sitzen eine hübsche junge Witwe in Trauerkleidung und vier eher unliebenswürdige Leute. An einer Station steigt eine sechste Person zu, ein »langer, schlaksiger, gleichgültig blickender Soldat, unrasiert, jedoch mit einem prächtigen Haarschopf und ein wenig diabolischen, trägen Augen ... ein prachtvolles Stück Mann«. Charmant entschuldigt er sich und setzt sich neben die junge Witwe. Nach einer Weile schiebt er seine Finger unter ihre Schenkel, dann verlassen die vier unsympathischen Leute den Waggon. Der Soldat unternimmt kühnere Annäherungsversuche, aber noch immer fällt kein einziges Wort. Der Zug fährt in einen Tunnel, »und in dem Halbdunkel wird die Symbolik zur Tat«. An der nächsten Station steigt die junge Frau aus.

»Ob Knöpfe am Hosenschlitz (wie die europäischen Männer sie bevorzugen) oder Reißverschluß – das spielt keine Rolle. Auch nicht, ob die Partner umwerfend attraktiv sind. Der schnelle Ablauf des Intermezzos hat die komprimierte Dichte eines Traumes und zieht anscheinend keinerlei Reue oder Schuldgefühle nach sich, da weder über ihren verstorbenen Ehemann noch über seine Verlobte gesprochen, noch die Ratio bemüht wird – da überhaupt nicht gesprochen wird. Die Traumnummer oder der Spontanfick ist von äußerster Reinheit, da ohne jede Nebenabsicht ... Und er ist seltener als das Einhorn. Mir ist er nie beschieden gewesen.«

Phantasien sind nur selten klar definiert. Man springt hierhin und dahin, nimmt Stimmungs- und Gefühlsmomente in sich auf, wiederholt jene, die einem gefallen, vermeidet andere, die man nicht mag, spielt nicht nur sich selbst, sondern bis zu einem gewissen Grad auch die Rollen anderer Personen. Wenn meine Phantasie kein Tagtraum ist und mich völlig in ihren Bann zieht, konzentriere ich mich nicht einmal ganz darauf – ein Teil meiner Gedanken befaßt sich mit den Fakten.

Viele Frauen phantasieren über Leute, die sie normalerweise nicht in sexuellen Situationen kennen. Ich freue mich immer darauf, Lauras neueste Phantasiegeschichten zu hören, die sich unweigerlich um ihren Arzt drehen. Das ist besonders unterhaltsam, weil ich ihn kenne, und ich kann mir diesen eher prosaischen grauhaarigen Mann nur mühsam in solchen Szenen vorstellen.

Aber sie sieht in ihm einen mysteriösen Fremden, der seine sexuellen Energien unterdrückt:

»Ich habe einen Termin gegen Mittag, wegen irgendeiner harmlosen Sache. Sagen wir mal, mit meiner Hand stimmt was nicht, und aus unerklärlichen Gründen muß ich meinen Oberkörper entblößen. Ich sehe, wie sich seine Atemzüge beschleunigen, und es ist richtig süß, wie er sich bemüht, professionell zu bleiben ... Natürlich wird er letzten Endes schwach und drängt mich an die Wand. Interessanterweise konzentriere ich mich halb auf meine eigenen und halb auf seine Gefühle. Und mein eigentliches Ich phantasiert von einer imaginären Kombination der beiden Personen.«

Soll ich mich schuldig fühlen?

Ein Aspekt meiner Phantasie bereitete mir schlimme Gewissensbisse, und zwar die immer wiederkehrende Sehnsucht nach einer Vergewaltigung. Das verhalf mir zu wundervollen Orgasmen, aber danach fühlte ich mich gräßlich. Ich machte mir keine Illusionen und wußte, daß eine solche Situation in der Realität grauenvoll und widerlich sein würde. Und ich fand es ungeheuerlich, mir etwas zum Vergnügen vorzustellen, was das Leben zahlreicher Frauen zerstört hat. Aber wie ich dann überrascht und erleichtert erfuhr, spielt die Vergewaltigung eine bedeutsame Rolle in allen weiblichen Sexualphantasien. Nancy Friday schreibt in *Die sexuellen Phantasien der Männer* über die Phantasien der Frauen:

»Das große Thema, das immer wieder auftauchte, handelte von ›schwachen‹ Frauen, die sexuell beherrscht wurden, von männlicher Kraft ›bezwungen‹, dieses köstliche, grauenhafte, himmlisch Verbotene zu tun und immer wieder schuldlos eine ›Vergewaltigung‹ zu erdulden.«

Erwiesenermaßen erfüllt diese Phantasie nicht den Zweck, den Horror einer echten Vergewaltigung zu wiederholen, sondern sexuelle Hemmungen zu überwinden.

Natürlich konnte ich in meiner Phantasie gewisse Dinge übertreiben, die ich angenehm fand, ohne mich sorgen zu müssen, ich wäre zu fordernd oder pervers. Deshalb setze ich das Wort »Vergewaltigung« in Anführungszeichen, wenn ich solche Phantasien erörtere. Im Gegensatz zur echten Vergewaltigung steuert man die eingebildete Situation in die Richtung, die man wünscht, tut aber so, als würde man gezwungen. Man wählt den Schauplatz aus, den Partner, die Art, wie er an einen herantritt und so weiter. Kurz gesagt, bei einer imaginären »Vergewaltigung« haben Sie die Kontrolle, während Sie

bei einer realen machtlos sind. Zwischen diesen beiden Verge-
waltigungen gibt es keine Gemeinsamkeiten, sie sind gerade
Gegensätze. (Interessanterweise werden Frauen von Phantasien erheblich mehr erregt als von erotischen Filmen. Auch
das schreibe ich der Lust an der eigenen Kontrolle zu, die man
auf das Drehbuch nicht ausüben kann.)

Neulich führten einige Forscher ein Experiment durch, das
den Mythos aus der Welt schaffen sollte, die Frauen seien
insgeheim bereitwillige Vergewaltigungsopfer. Die Wissenschaftler arbeiteten mit einer Methode, die sie »gesteuerte Einbildung« nannten, nämlich mit Tonbandaufnahmen und speziell konstruierten Szenen. Sie spielten einigen Frauen, die
sich freiwillig gemeldet hatten, zwei Szenen vor. Die erste war
eine erotische Phantasie von einer »Vergewaltigung«, bei der
sich die Frauen erregt fühlten. Später erklärten sie, »Interesse,
Freude und Vergnügen« empfunden zu haben. Daraus folger-
ten die Forscher: Bei der eingebildeten »Vergewaltigung«
behält die Frau *die Kontrolle,* weil sie den Mann zur »Vergewaltigung« verführt und die Tat demzufolge auch erlaubt, zu
ihren eigenen erotischen Zwecken.

Die zweite Szene schilderte eine reale Vergewaltigung, bei der
die Frauen »Ekel, Angst, Zorn, Schmerz, Scham und Depressionen« empfanden – Gefühle, wie sie auch von Vergewal-
tigungsopfern beschrieben wurden. Die Testpersonen reagier-
ten so heftig, daß der Bericht über die Forschungsergebnisse
die ethische Überlegung enthält, ob man in Zukunft noch
genauso bei solchen Tests verfahren sollte.

Ich glaube, meine eigenen Vergewaltigungsphantasien hängen ebenso mit Scham- wie mit Schuldgefühlen zusammen.
Allein schon der Gedanke, die Eltern könnten sich sexuell
betätigen, ist manchmal peinlich und sogar ein bißchen ekelhaft. Deshalb empfinde ich – ebenso wie viele Frauen, mit
denen ich gesprochen habe – solche Emotionen auch, wenn es

um meine eigene Sexualität geht. Eine Frau, die ich kenne, leidet an immer wiederkehrenden Alpträumen. Sie beobachtet sich selber beim Sex in einem Spiegel und wacht dann auf, hochrot vor Verlegenheit, »so als wäre ich gerade an einem Samstag nachmittag splitternackt die Hauptstraße hinuntergegangen«. Kein Wunder, daß sich alle ihre Phantasien auf erzwungenen Sex konzentrieren, der befreiend unpersönlich ist. Sie führt eine glückliche Ehe, aber wenn sie mit ihrem Mann schläft, bittet sie ihn, sie niemals beim Namen zu nennen. Für ihn ist das eine bizarre Situation, und er hat mir gestanden:

»Die Männer, die eine Geliebte haben, fürchten ständig, in einem leidenschaftlichen Augenblick könnte ihnen der falsche Name herausrutschen. Und ich muß Angst haben, eines Tages würde mir der *richtige* über die Lippen kommen!«

Wie sich bei mehreren Umfragen herausgestellt hat, haben heutzutage nur noch wenige Frauen Gewissensbisse wegen ihrer sexuellen Phantasien – höchstens dann, wenn sie sich ausmalen, sie würden nicht mit ihren Partnern, sondern mit anderen Männern schlafen. Während es manchmal ratsam ist, ihn nicht darüber zu informieren (es sei denn, man hat zuvor vereinbart, Sexualphantasien auszutauschen), so dürfte es in allen Fällen reine Energieverschwendung sein, sich schuldig zu fühlen. Man malt sich eine angenehme Szene aus, die in der unschönen, unkoordinierten realen Welt wahrscheinlich gar nicht zu ertragen wäre. Phantasie ist nicht Untreue, denn eine richtige Begegnung mit dem Phantasieobjekt würde vermutlich ganz anders verlaufen als der Tagtraum, was Dorothys Erfahrungen in einem New Yorker Büro beweisen:

»Ich arbeitete für einen großen Buchhaltungs-Service, als eine von drei Chefsekretärinnen. Wahrscheinlich schwärmten wir alle für den Boß. Er war groß und kräftig gebaut, mit glänzendem, dunklem Haar, an den Schläfen leicht ergraut. Irgendwie schaffte er es, distinguiert und gleichzeitig verwegen zu wirken. Nach ein paar Wochen begann ich, mir auszumalen, wie ich's mit ihm treiben würde. In meiner Phantasie sah ich uns am Boden des Konferenzraums liegen, bei hellem Tageslicht, ich mit meinem Stenoblock in einer Hand.

Eines Tages blieb ich länger im Büro, weil ich etwa eine Stunde später ins Theater gehen wollte, und so mußte ich die Zeit bis dahin totschlagen. Ich holte meine Kosmetika hervor und breitete sie vor mir aus. Fest überzeugt, daß alle anderen schon nach Hause gegangen wären, zog ich meine Bluse aus und saß im Rock an meinem Schreibtisch. Plötzlich öffnete sich die Tür, und – sicher haben Sie's bereits erraten – er kam herein. Ich dachte, er würde in Verlegenheit geraten und sofort wieder verschwinden, aber das tat er nicht. Er stand einfach nur da und starrte mich an. Dann ging er wortlos auf mich zu und küßte mich. Zuerst fand ich das wahnsinnig aufregend. Er nahm meine Hand und schob sie in seinen offenen Hosenschlitz. ›Nimm ihn, nimm ihn!‹ sagte er in einem fort, schloß die Augen und saß reglos da, während ich an seinem Schwanz herumfummelte. Was für ein Widerling, dachte ich sekundenlang, doch dieser Gedanke verflog sofort wieder, und wir machten weiter.

Schließlich zerrte er meinen Rock zur Taille hinauf und begann, mit meiner Muschi zu spielen. Das machte er ziemlich schlecht, obwohl er sich offensichtlich für cool hielt. Ich lag auf dem Schreibtisch, und er knöpfte den Bund seiner Hose auf, die zu seinen Füßen hinunterfiel. Dann spreizte er meine Beine und schob seinen Schwanz in mich hinein. Anfangs war ich hin- und hergerissen zwischen dem Gedanken: ›Mein Gott, phantastisch, endlich treibe ich's mit ihm‹, und wachsendem Abscheu. So hatte ich mir das nicht vorgestellt. Meine Beine lagen auf seinen Schultern, und er stand da und schnaufte wie verrückt. Was er nicht wußte – in der spiegelnden Glastür konnte ich seine Kehrseite betrachten – einen nackten Arsch, dürre Beine und die Hose um seine Fußknöchel herum. Er sah aus – nun ja, wie ein Widerling. In diesem Augenblick ohne jeden Zweifel. Die ganze Szene wirkte irgendwie entwürdigend und schmutzig. Ich mag diesen Kerl nicht einmal, sagte ich mir, und da liege ich auf einem Schreibtisch, und er rammelt in mir herum.

Aber so richtig wütend wurde ich erst, als er seinen Schwanz aus mir herauszog und sein Sperma auf die Bluse tropfen ließ, die ich im Theater tragen wollte. So was kommt also dabei heraus, wenn aus einer Phantasie Wirklichkeit wird! Die Bluse habe ich weggeworfen.«

Olivia liefert ein weiteres Beispiel für den Unterschied zwischen Realität und Phantasie. Seit sieben Jahren ist sie mit Adrian zusammen und gibt zu, sie sei in sexueller Hinsicht sehr eifersüchtig. »Wenn ich mir vorstelle, er könnte eine andere Frau anschauen, knirsche ich mit den Zähnen.« Aber wann immer sie mit ihm schläft, schwelgt sie in ihrer Lieblingsphantasie. Das hilft ihr, einen Orgasmus zu erreichen:

»Ich male mir ganz einfach aus, Adrian würde es mit einer anderen Frau treiben. Aus irgendeinem bizarren Grund finde ich das unglaublich sexy. Die ganze Zeit, während er mich vögelt, stelle ich mir in allen Einzelheiten vor, wie er das mit der anderen macht – und ich beobachte die beiden durch ein Schlüsselloch. Wenn mein Höhepunkt auf sich warten läßt – spiele ich in Gedanken noch einmal die Anfangsszene durch, in der er ihr das Höschen runterzieht, ihre Beine auseinanderschiebt und in sie eindringt.«

Offensichtlich ergeben sich manchmal ganz seltsame Situationen daraus, daß wir zuviel getrunken haben, die Beleuchtung schlecht ist oder wir am Vortag auf unsere Brille getreten sind. Jedenfalls liegen wir mit *dem falschen Mann* im Bett, und dann bleibt uns gar nichts anderes übrig, als in die Phantasiewelt zu flüchten. Janie wurde zu einem Ball eingeladen und mit einem europäischen Grafen bekannt gemacht, der über untadelige Manieren verfügte. Er küßte ihre Hand und tanzte mit ihr Walzer. Die Lockung des blauen Bluts war einfach unwiderstehlich:

»In einem Taxi fuhren wir zu seinem Haus. Die Kristallüster, die Louis-quinze-Möbel und das Rockingham-Porzellan überwältigten mich dermaßen, daß ich gar nicht bemerkte, wie er sein Korsett aufknöpfte. Ein Typ mit Spitzbauch, der nach Zigarren stank, kroch mit mir ins Bett. Mit aller Kraft mußte ich mich an meine Phantasievorstellungen klammern, um meine Gedanken von ihm abzulenken. Die gerechte Strafe für meinen Snobismus.«

Im großen und ganzen sind Phantasien nützlich, weil sie tatsächlich vorhandene Stimmungen und Gefühle *intensivieren*. Auch wenn Sie mit einem Mann schlafen, den Sie mögen, sind Ihrer Phantasie keine Grenzen gesetzt. Sich hinzulegen, ihn zu vergessen und Ihre Lieblingsgeschichte wie einen Tagtraum Revue passieren zu lassen, ist eine Verschwendung Ihres Partners, einer guten Phantasie und einer wunderbaren Zweisamkeit. Um in dieser Situation einen Orgasmus zu erzielen, benutzt man am besten die »gemischte Phantasie«, wie ich sie nenne. Ich weiß, das klingt nach einem Rezept, aber vielleicht ist es das in gewisser Weise auch – ein Rezept für den Orgasmus. Man kombiniert Phantasie und Realität. Statt sich ein völlig exotisches Szenario auszumalen, konzentrieren Sie sich auf die Verschmelzung von Wirklichkeit und Einbildung, indem Sie alle Aktivitäten Ihres Partners harmonisch in Ihre Phantasie einbauen. Die höchste Verfeinerung dieser »gemischten Phantasie« erreichen Sie mit Ihrem Liebhaber in einer gemeinsamen Phantasie, wo jeder eine bestimmte Rolle spielt.

Pornographie, erotische Literatur
oder Romantik?

Dem Thema Phantasie steht die sexuell anregende Literatur nahe. Lange Zeit wurde über die Frage debattiert, ob Frauen von romantischen Geschichten oder von direkteren Schilderungen stärker erregt werden. Diese direkteren Texte kann man in Pornographie und erotische Literatur unterteilen. Andrea Dworkin (eine amerikanische Feministin, die ich in einer Fernsehsendung sah und deren Vortrag ich lebhaften Beifall spendete, obwohl nur meine Katze zuhörte) definiert Pornographie als sexuell unverblümtes Material, das Gewalt gegen Frauen oder deren Unterwerfung darstellt. Sie glaubt – zu Recht, wie ich finde –, daß pornographische Bücher verboten werden müßten. Andrerseits kann erotische Literatur genauso scharf sein, verzichtet aber darauf, die Frauen als nicht ebenbürtig zu diskriminieren, fügt ihnen deshalb keinen Schaden zu und provoziert die Männer nicht zu gewalttätiger Dominanz.

Kinsey gehörte zu den Forschern, die glaubten, Frauen würden von überdeutlichen sexuellen Texten nur geringfügig oder gar nicht erregt und würden romantische Literatur vorziehen. Diesem Urteil habe ich stets mißtraut, denn mich reizt scharfe erotische Literatur sehr wohl. Ich lehne auch die Vorstellung ab, Frauen würden nur Romantik mögen. Denn das ist ein weiterer Trick, der es den Männern ermöglicht, uns herablassend zu behandeln und in die untergeordnete Position des schwächeren, weniger sinnlichen, leichtgläubigen Geschlechts zu drängen; kurz gesagt, es klingt verdächtig nach dem Tenor der sexuellen Gefühle in den fünfziger Jahren, in denen Kinsey seine wissenschaftliche Arbeit leistete. Glücklicherweise wird Kinsey heutzutage als überholt betrachtet – insbesondere, was sein Urteil über die Frauen betrifft. Man argwöhnt sogar, daß er sich einen Teil seiner Forschungsresultate aus den Fingern gesogen hat, wenn es auch niemand laut auszusprechen wagt. Immerhin stellte neulich ein Wissenschaftler namens Jakobovitz die Kinsey-Ergebnisse in Frage und fand heraus, daß es in diesem besonderen Bereich kaum Unterschiede zwischen Männern und Frauen gibt: Beide werden von erotischer Literatur erregt. Andere Studien unterstützen Jakobovitz' Schlußfolgerung: Das wesentliche Element, das die sexuelle Erregung bewirkt, ist die Deutlichkeit der Texte, und dabei spielt es keine Rolle, ob auch Romantik mit einbezogen wird oder nicht.

Natürlich ist es schwierig, in der Debatte über die Wirkung von Romantik oder deutlicher erotischer Literatur irgend etwas zu beweisen. Wie auf anderen Gebieten, so ist es auch hier sehr schwer, die weibliche sexuelle Erregung genau zu messen. Wir haben keine Erektionen vorzuzeigen, die unwiderlegbar demonstrieren würden, daß wir scharf sind. Immerhin wird die Tatsache, daß sich die weibliche Haltung zu Sexszenen verändert, durch den Erfolg immer sinnlicher werdender Heftromane demonstriert. Die folgende Szene ist typisch (und ich sollte hinzufügen, daß sie an sich schon erregend wirkt. Im Zusammenhang mit der ganzen Handlung ist sie aber noch viel effektiver):

»Er zog sie bereits aus, geschickt öffneten seine Finger die Knöpfe ihres Kleids ...«

›Faß mich an, Beatrice.‹

Sie wollte protestieren, ihm erklären, sie sei noch nicht bereit, wurde aber überwältigt vom plötzlichen Strom ihrer Gefühle, als seine Hände über ihren Körper glitten und das Kleid von den Brüsten hinabstreiften.

›Du ahnst nicht, wie sehr ich mich danach gesehnt habe, das zu tun‹, gestand er leise, ›und das.‹

Er neigte den Kopf hinab, und sie spürte, wie seine Lippen behutsam ihre Brüste liebkosten ... Ein tiefer, heiserer Laut rang sich aus seiner Kehle, und er preßte seinen Körper an ihren, bis die köstliche Reibung ihr einen Schrei entlockte ... Sein Mund löste sich von ihrem, und sie wußte, daß er in ihrem Gesicht die Erregung las, die sie empfand, während seine Hand sich fordernd zwischen ihre Schenkel schob ... Jetzt bebte seine Stimme ebenso wie sein Körper, dessen wilder Rhythmus in ihrem eigenen pulsierte und plötzlich außer Kontrolle geriet. Sie klammerte sich an ihn und hörte, wie er ihren Namen stöhnte, fühlte das immer heißere Verlangen ihres Fleisches, das dem männlichen Drängen antwortete. Überwältigende Gefühle der Lust entstanden in ihr, eine vibrierende Spannung, die sie nicht mehr losließ, die sie begierig fordern ließ, er möge sie mitnehmen zu jenem Ort, wo die Grenzen des Fleisches und der Sterblichkeit auf einem gewaltigen schimmernden Gipfel explodierten.«

(Frances Roding, *A Certain Spell*)

Ein solcher Roman wird radikalen Feministinnen gewiß nicht gefallen, aber er führt uns vor Augen, wie sich die Situation mit der Zeit verändert, daß die wachsende wirtschaftliche, intellektuelle und sexuelle Unabhängigkeit der Frau ihr nicht zuletzt gestattet, sich freimütig von erotischer Literatur erregen zu lassen. Worauf es dabei ankommt – die moderne Frau schwelgt nicht nur in außerehelichem Sex, dieser Sex wird auch noch ausdrucksstark geschildert, statt bloß erwähnt zu werden.

Wenn Sie also in Stimmung kommen wollen, bevor Sie ins Bett gehen oder masturbieren, lesen Sie ein paar Seiten in einem erotischen Buch. Als ich noch lernte, wie man einen Orgasmus bekommt, feuerte ich mich oft mit der Lektüre eines Sexbuchs an, während sich mein Partner aufs Schlafengehen vorbereitete. Damals scheuchte ich meine Freunde unmißverständlich ins Badezimmer. (Wahrscheinlich haben sie alle immer noch gräßliche Komplexe wegen ihres Körpergeruchs.) Zweifellos kann erotische Literatur innerhalb dieses Programms sehr nützlich sein.

Übung 15.1 Hierbei geht es um Timing und Kontrolle. Halten Sie in einer Hand ein erotisches Buch, und masturbieren Sie mit der anderen, während Sie lesen. Lernen Sie, Ihren Höhepunkt so zu timen, daß er mit der sinnlichsten Szene des Buchs zusammenfällt. Das mag eine frivole Übung sein, aber sie wird Ihnen gute Dienste leisten. Wiederholen Sie sie möglichst oft – wenn Sie wollen, kombinieren Sie sie mit den Übungen im siebenten Kapitel.

Schmutzige Bücher oder Literatur?

Ich soll mich also an einer erotischen Story aufgeilen und dabei masturbieren, werden Sie vielleicht denken, das tun doch nur fiese alte Kerle in Regenmänteln.

Nun, vielleicht tun die das auch. Ich kann nur sagen, als Methode sexuellen Vergnügens ist diese Übung absolut sauber, nützlich, interessant und erfreulich. Die Bücher, die Sie lesen, können von der billigeren Sorte sein, die man in den Läden für über Achtzehnjährige bekommt, oder große Literatur, wie sie tagtäglich von seriösen weißhaarigen Akademikern analysiert und kommentiert wird. In beiden Kategorien finden Sie sehr viel Sex, wenn Sie wissen, wo Sie suchen müssen.

Ich habe der Bibliographie eine Liste von Büchern beigefügt, die Sie vielleicht lesen möchten. Die meisten können Sie in respektablen Buchhandlungen kaufen, und niemand wird Sie schief anschauen – im Gegenteil, man wird Sie für eine aufgeschlossene, ernstzunehmende Leserin halten. Daheim können Sie dann alles auslassen, was nichts mit Erotik zu tun hat, und sich auf die saftigen Szenen stürzen – oder sie ganz langsam genießen, was immer Ihnen besser gefällt. Ich persönlich glaube, daß der Zusammenhang zwischen Sex und Romanhandlung sehr wichtig ist, denn die gewissen Szenen regen einen noch viel mehr auf, wenn man siebzig Seiten lang darauf warten muß. Wenn Sie die Geduld nicht aufbringen, lesen Sie die unverfängliche Prosa tagsüber und heben Sie sich das heiße Zeug für die Schlafenszeit auf.

Wenn Sie (so wie ich) gepfefferte Texte bevorzugen, versuchen Sie's doch im nächsten Sexshop. Da bin ich sehr oft hingegangen (manche dieser Läden haben eine praktische Hintertür für schüchterne Kunden), wenn auch mit gemischten Gefühlen. Ein Großteil der Bücher, die dort verkauft werden, erniedrigen die Frauen; aber man findet auch hocherotische Texte. Die meisten Videos sind einfach nur albern. Ich erinnere mich an eines, wo zwei Mädchen unter viel Gequietsche und Gekicher den Milchmann verführen, und man sieht deutlich genug, daß sie nur so tun, denn für den Bruchteil einer Sekunde gerät ein schlaffer kleiner Penis ins Bild.

Aber ich habe auch schon Videos von eindeutig echtem Sex gesehen. Dabei fühle ich mich immer hin- und hergerissen zwischen der Erregung, die der Anblick eines tatsächlich korpulierenden Paares erweckt, und der beunruhigenden Überlegung, was die Schauspielerinnen bei solchen Szenen wirklich *fühlen*.

Dawn fand ein exzellentes Gegenmittel – Schwulenvideos. Sie versicherte mir, da könne man phantastische attraktive Jungs mit *enormem* Rüstzeugs sehen. (Ich kann bezeugen, daß die heterosexuellen Videopenisse der Betrachterin fast immer herbe Enttäuschungen bereiten.) Die schärferen Schwulen-videos mögen Ihrem Geschmack vielleicht nicht entsprechen, aber die milderen zeigen oft hübsche Männer, die masturbieren. Und man erspart sich die Sorge um die sexuelle Ausbeutung der Frauen.

Wie ich zugeben muß, hält mich meine weibliche Loyalität heutzutage davon ab, einen Sexshop zu besuchen. Aber jetzt, wo ich gelernt habe, jederzeit einen Orgasmus herbeizuführen, brauche ich keine zusätzliche Stimulation mehr.

Abgesehen von ideologischen Erwägungen lauert im Sexshop eine ganz besondere Gefahr – man weiß nie, wen man dort treffen wird. Meine Freundin (die in einer Kleinstadt lebt) gewann eine völlig neue Einstellung zu ihrem Fußpfleger, nachdem sie ihn in einem solchen Laden beim Studium eines Magazins über Fußfetischismus ertappt hatte. Tapfer ging sie weiterhin zu ihm, denn wie sie betonte: »Ich hätte es mir denken können. Wer *sonst* sollte denn beschließen, sein Leben mit den Füßen anderer Leute zu verbringen? Und solange er sich nicht *hinreißen* läßt, finde ich seine ungeteilte Aufmerksamkeit eher schmeichelhaft.«

Es gibt auch noch die Möglichkeit, gewisse Dinge per Post zu bestellen. Annoncen finden Sie in allen Zeitungen und Zeitschriften. Sie müssen sich nur fragen, ob Ihr Postbote verläßlich ist.

Natürlich kann Literatur sowohl eindeutig als auch andeutungsweise erotisch wirken. Jane Austens *Stolz und Vorurteil* zählt zu den großen Klassikern der Weltliteratur und wahrscheinlich auch zu den dezentesten Romanen, die je verfaßt worden sind. Trotzdem ist die sexuelle Spannung zwischen den beiden Hauptpersonen, Elizabeth Bennett und Mr. Darcy, reinstes Dynamit. Ich fühle, dieses Buch schwankt auf faszinierende Weise zwischen Romantik und Erotik – für ersteres zu ausdrucksstark, für letzteres zu zurückhaltend. Und ich glaube, keine Frau, die *Stolz und Vorurteil* kennt, hat nicht von einer Begegnung mit Dr. Darcy im Wald geträumt.

Roses Lieblingsroman ist Thomas Hardys *Am grünen Rand der Welt*:

»Ich male mir aus, ich wäre Bathsheba (die Heldin), und drei völlig verschiedene Männer würden mich lieben. Der schneidige Sergeant Troy, der im Mondlicht sein Schwert schwingt, Farmer Boldwood mit seiner unterdrückten Leidenschaft, und dann die stürmische sexuelle Vereinigung mit dem Schafzüchter Gabriel Oak am Ende ... Das alles mag nicht besonders erotisch wirken – ich meine, eigentlich betrachtet man Hardy nicht als sexuell aufregenden Schriftsteller. Aber wenn man sich in die Romanfiguren hineinversetzt, kann man gar nicht anders, als ihre triebhaften Gefühle zu teilen. Das Kino finde ich längst nicht so sexy.«

Eine meiner Lieblings-»Klassiker« ist ein literarisches Meisterwerk aus dem achtzehnten Jahrhundert. John Clelands *Fanny Hill*. In unglaublich rührseligem Stil schildert es die Abenteuer eines unschuldigen jungen Mädchens in einem Bordell.

»... so daß auch seine Beinkleider das, was sie enthielten, hergaben und den Feind, mit dem ich zu kämpfen hatte, vor der Front zeigten, der stolz und steif sein glühendes, unbedecktes Haupt emporhob. Jetzt sah ich deutlich, womit ich zu rechnen hatte: es war eines der richtig geformten Instrumente, die der Besitzer mehr in seiner Gewalt hat als die von einer ungewöhnlicheren, nicht zu bändigenden Größe. Indem er mich nun also fest an seine Brust drückte und sein Idol in seine Nische brachte, worin ich ihm, so gut ich konnte, zur Hand ging, tat er es bis auf jeden Zoll, indem er meine Schenkel über seine nackten Hüften hob ...«

Dieser Roman ist einfach köstlich – und genau richtig für Sie, wenn Sie sich gern vorstellen, ein lächerlich großer (und lächerlich farbenfroher) Penis würde in Sie eindringen.

Die klassische Phantasie

Um zu beweisen, daß es keineswegs unehrenhaft sein muß, anzügliche Bücher zu lesen und erotische Bilder zu betrachten, will ich von Annies Phantasien erzählen. Sie ist eine große, schlanke Frau um die Dreißig und arbeitet als Graphikerin, entwirft Buchumschläge, Zeitungsannoncen und so weiter. Neulich besuchte ich sie in ihrer Wohnung in Bristol, wo wir bei einer Flasche Chianti das Thema Phantasie anschnitten. »Nun, was magst du am liebsten?« fragte ich. »Oh, ganz einfach«, erwiderte sie, ging zum Bücherregal und nahm einen großen, reichbebilderten Band heraus. »Ich glaube, die sinnlichsten Geschichten finden wir bei den griechischen Klassikern«, erklärte sie, blätterte die Seiten um und zeigte mir eine traumhafte Illustration nach der anderen. Viele stammten von großen Renaissance-Meistern. »Die meisten meiner Phantasien hängen mit griechischen Mythen zusammen«, fuhr sie fort. »Wundervolle Geschichten von hübschen Göttern – schau dir diesen Körper an! Das ist Phantasie in Reinkultur, sexuell ebenso wie als Wirklichkeitsflucht. Wie ich gestehen muß, stelle ich mir den Mann, an dem ich gerade interessiert bin, als griechischen Gott vor. Und was mir ganz besonders gefällt – so wollüstig man solche Phantasien auch gestaltet, sie wirken niemals schmutzig. Außerdem kann man sie sogar während einer Bahnfahrt lesen ...«

Wenn Sie also das nächste Mal mit einem Mann schlafen und Hilfe brauchen, kaufen Sie sich ein Buch über die griechische Mythologie und denken Sie an Zeus' ungewöhnliche Verführungsmethoden. Die können Sie natürlich mit Ihren eigenen speziellen Details ausschmücken ...

16

Lernen Sie Ihren Orgasmus kennen

»Wer jemals gesagt hat,
der Orgasmus sei für die Frau nicht wichtig,
war zweifellos ein Mann.«
Aussage einer Frau in SHERE HITE,
Das sexuelle Erleben der Frau

In diesem Kapitel möchte ich mich etwas eingehender mit dem Wesen des Orgasmus befassen. Nach dem Wort an sich habe ich in über tausend Büchern gesucht. Manche dicken Bände, die angeblich von Sexualität handeln, enthalten das Wort nicht einmal, so als wüßten die Autoren nichts von diesem Thema und glaubten, es gehörte zu einem anderen Fachgebiet, vielleicht Politik, oder es wäre ein neues, von einem Atomphysiker entdecktes Partikel.

In anderen Büchern kommt das Wort vor, aber nur in ein oder zwei kurzen Abschnitten. Man glaubt beinahe zu sehen, wie der Verfasser damit kämpft. »Orgasmus? Schon wieder? O Gott!« Nach einer Tasse Kaffee und ein paar kummervollen Schritten durchs Zimmer kehrt er an den Schreibtisch zurück und streicht die betreffenden Zeilen. »Sicher war's ein Fehler, das zu erörtern.«

Neuerdings hat sich die Situation ein wenig gebessert. Die Sexualforschung ist eine respektable Wissenschaft geworden, umfangreiche streng vertrauliche Studien über das Sexualleben vom Durchschnittsmenschen sind sehr beliebt. Und da die Durchschnittsperson in ihrer Privatsphäre eindeutig informativer ist als der Spezialist in der Öffentlichkeit, verstehen wir den weiblichen Orgasmus mittlerweile viel besser. Und der Feminismus hat nicht nur die wissenschaftliche Objektivität gefördert, sondern den Sex zudem noch *interessant* gemacht, so daß er nicht mehr als Zielscheibe von Gespött und Gekicher herhalten muß. Und auch die Wissenschaftler, die das Verhalten von Tieren erforschen, konzentrieren sich nicht mehr ausschließlich auf das männliche Geschlecht der Spezies.

Aber obwohl die Komplexität des weiblichen Orgasmus endlich ein weitverbreitetes professionelles Interesse findet, wissen wir noch immer zu wenig darüber. Er ist und bleibt eines der faszinierendsten sexuellen Mysterien unserer Zeit.

Was genau passiert beim Sex?

Viele von uns wissen, wie sich ein Orgasmus anfühlt. Aber es ist erstaunlich, was dabei alles in unserem Körper vorgeht. Der sexuelle Reaktionszyklus der Frau wird (wie beim Mann) in vier Phasen unterteilt – Erregung, Plateau, Orgasmus, Rückgang. (Andere Klassifizierungen sind möglich, aber diese ist laut Masters und Johnson am gebräuchlichsten. Ich will jede Phase kurz beschreiben – teils wegen der sehr unterschiedlichen Reaktionen (es gibt keine »richtigen« oder »falschen«), teils wegen des Unbehagens, das eine solche medizinische Terminologie hervorrufen kann.

In der *Erregungsphase* steigen Herzfrequenz und Blutdruck, die Atmung wird beschleunigt, die Muskeln spannen sich. Die Körperteile, die besonders empfänglich für sexuelle Erregung sind, werden stärker durchblutet und röten und erwärmen sich. Deshalb schwellen die Brüste an, die Brustwarzen richten sich auf. In dieser Phase verändern sich die Genitalien erheblich, was die meisten Leute allerdings nicht bemerken. Die Klitoris, die Vagina und die kleinen Schamlippen vergrößern sich durch die erhöhte Blutzufuhr. Außerdem produziert die Vagina vermehrt Feuchtigkeit, um das Eindringen des Penis zu erleichtern und das Überleben der Spermen durch die Neutralisierung der natürlichen vaginalen Säuren zu sichern.

Die *Plateau*phase ist eigentlich falsch benannt. Bis zum Orgasmus verläuft keineswegs alles auf derselben Ebene. Die meisten Reaktionen, die in der Erregungsphase begonnen haben, verändern sich weiterhin, wenn auch in langsamerem Tempo. Die Klitoris zieht sich unter ihre Haube zurück. Diese Phase dauert nicht lange, zwischen ein paar Sekunden und mehreren Minuten, aber eine Verlängerung kann großes Vergnügen bereiten und bewirkt oft einen intensiven Orgasmus.

Während der *Orgasmus*phase erreichen Blutdruck und Atmung ihren Höhepunkt, begleitet von unwillkürlichen Kontraktionen des äußeren Vaginadrittels, oft auch des Uterus, des rektalen und des urethralen Schließmuskels. Für gewöhnlich kommt es zu drei bis fünfzehn Kontraktionen, die zunächst in Abständen von einer Vierfünftelsekunde und dann verlangsamt erfolgen.

Das Ärgerliche am Orgasmus ist sein baldiges Ende – schon nach Sekunden, nicht erst nach Minuten. Von Roberta stammt eine ausgezeichnete Schilderung:

»Kurz bevor ich komme, entsteht eine kleine Pause, so als würde ich am Rand eines Abgrunds schwanken, in den ich springen will, aber ich schaff's noch nicht ganz – oder als würde ich vor dem Niesen Atem holen, ein stiller Vorgang, der ein lautes Geräusch einleitet. Ich weiß, was mich erwartet, und ich sehne mich verzweifelt danach, es zu erleben. Und ich weiß auch, daß ich's nicht verhindern kann, daß ich mich nur noch ein paar Sekunden gedulden muß – dann falle ich. Es fängt zwischen meinen Beinen an, ein Gefühl reiner, schmerzhafter Freude, die plötzlich emporfließt, mich für einen Augenblick festhält und dann in ein Meer der Erlösung taucht.

Ich bringe meine Metaphern ein bißchen durcheinander, aber es ist unmöglich, einen guten Orgasmus anders zu schildern. Das kann ein äußerst intensives Gefühl sein. Vor dem Orgasmus stöhne ich und bewege mich, weil ich mehr Sex möchte, mehr von diesem und jenem. Aber auf der Höhe bin ich allein und stöhne, weil ich alles loslasse – die ganze sexuelle Spannung, die ich zuvor mit aller Macht steigern wollte, alle Spannung auf der Welt. Gelegentlich ist es eher mickrig, natürlich ganz nett und nicht zu verachten, aber ohne Explosion.«

Beim Orgasmus versteifen sich viele Frauen und sehen nicht so aus, als würde es ihnen Spaß machen. Es gibt einen großartigen Krimi, *Ein bitterer Nachgeschmack* von Peter Lovesey, den ich nur empfehlen kann. Ein wichtiges Handlungselement hängt vom oben erwähnten Phänomen ab.

Andere Frauen geben während ihres Höhepunkts ausdrucksvolle Laute von sich, wie die folgende hübsche Episode aus dem Leben des Abenteuers Sir Walter Raleigh zeigt, die sich im sechzehnten Jahrhundert ereignet hat:

»Er liebte die Frauenzimmer, einmal lehnte er eine Hofdame im Wald an einen Baum (sie war seine erste Lady), die anfangs ganz schrecklich um ihre Ehre und Sittsamkeit zu bangen schien, und so rief sie: ›Teurer Sir Walter, was verlangt Ihr von mir? Wollt Ihr mich vernichten? Nein, Sir Walter!‹ Sir Walter! Aber als das Entzücken im selben Maße wie die Gefahr wuchs, schrie sie in heißer Ekstase: ›Pitsch, patsch! Pitsch, patsch!‹« (John Aubrey, *Brief Lives*)

Nach dem Orgasmus (oder den Orgasmen) erfolgt die Rückkehr zur Normalität, die *Rückgangs*phase. Die Vagina und die kleinen Schamlippen schwellen ab, die Klitoris taucht wieder auf, die Feuchtigkeit läßt nach, Herzschlag und Atmung verlangsamen sich, der Blutdruck sinkt. Dabei entsteht ein Gefühl der Entspannung, der inneren Ruhe, der emotionalen Nähe zum Partner.

In der Literatur finden sich nur wenige von Frauen geschilderte weibliche Orgasmen, denn im Lauf der Jahrhunderte wurden Erotika fast ausschließlich von Männern verfaßt. Der folgende Abschnitt stammt aus Mary McCarthys *Die Clique*: »Sie wehrte sich gegen die Erregung, die sein kitzelnder Daumen über der Scheide hervorrief, und als sie merkte, wie er sie beobachtete, schloß sie die Augen, und ihre Schenkel öffneten sich. Er löste ihre Hand, und sie fiel keuchend hintenüber aufs Bett. Sein Daumen setzte sein Spiel fort, und sie gab sich dem willenlos hin, völlig auf einen bestimmten Höhepunkt der Erregung konzentriert, die sich jäh in einer nervösen, flatternden Zuckung entlud. Ihr Körper bäumte sich, spannte sich und lag dann still.«

Intensität und Gefühl variieren nicht nur von Frau zu Frau sondern auch von Orgasmus zu Orgasmus. Viele drücken sich in ihren Schilderungen etwas vage aus, und manchmal kann es ein zwar angenehmes, aber nicht besonders aufregendes Erlebnis sein. Ich finde es bedauerlich, daß zahlreiche Sexbücher den Orgasmus in einem geradezu einschüchternden Ausmaß verherrlichen. Eine Ehefrau gestand: »Ich mache mir Sorgen, denn so sehr ich meine Höhepunkte auch genieße, sie erscheinen mir nicht so wahnsinnig *bedeutsam*, wie es manche Schriftsteller suggerieren.«

Natürlich wirkt ein guter Orgasmus ungemein befriedigend, ebenso in physischer wie in emotionaler Hinsicht – besonders, wenn man den Partner liebt. Aber viele tausend Frauen spüren nur ganz selten ein Erdbeben. Meistens ist es schnell vorbei, und wir wollen uns nur noch anziehen und frühstücken. Erst wenn wir die banale Seite des Orgasmus akzeptieren, können wir den Gipfel stürmen.

Haben Tiere Orgasmen?

Das ist wirklich ein faszinierendes Thema. Bis zu einem gewissen Grad hängt die Frage, warum Frauen Orgasmen (und Schwierigkeiten damit) haben, mit der Problematik des weiblichen Orgasmus bei anderen Spezies zusammen. Wenn Tiere Orgasmen erleben, so läßt das auf einen früheren Anfang dieser zusätzlichen Entwicklung in der weiblichen Sexualität schließen als andernfalls. Die Forschung begann sich erst in den siebziger Jahren gründlich damit zu befassen. Davor wurde irrigerweise angenommen, die Männchen wären interessanter, während die Weibchen einfach nur passiv herumhingen und auf die Geburt ihrer Jungen warteten.

Betrachtet man die Tiere aus diesem Blickwinkel, so lautet die erste Frage: Was macht einen Orgasmus aus? Zumindest, was das Männchen betrifft, sollte man glauben, die Antwort wäre ganz einfach. Aber nein, denn Ejakulation und Orgasmus sind nicht zwangsläufig dasselbe. Es könnte möglich sein (wer weiß das schon?), daß männliche Affen, Hunde, Hyänen, Känguruhs – oder was auch immer – ejakulieren, ohne die psychischen Gefühle zu empfinden, die man im allgemeinen mit dem Orgasmus des Mannes assoziiert.

Um so schwieriger ist es, das Verhalten der Weibchen zu erforschen. Der bebrillte Wissenschaftler kann eine kopulierende Gorilladame ja nicht *fragen*, ob sie einen Orgasmus hat. Und wenn ein Forscher nicht im Labor arbeitet, kann er nur still im Busch sitzen, mit einem Fernglas und Sandwiches, die Tierwelt beobachten und belauschen und abwarten, ob ihm in deren Sexualverhalten etwas auffällt, das ihm bekannt vorkommt. Der Wissenschaftler im Labor ist etwas besser ausgerüstet. Er verbindet das Weibchen an den richtigen Stellen mit Drähten, und wenn es mit dem Männchen loslegt, mißt er den

Blutdruck, die Herz- und Atemfrequenz, die Muskelanspannung und den Hormonspiegel. Dann analysiert er die Resultate und stellt fest, ob sie zum menschlichen Orgasmus-Verhalten passen. Trifft das zu, kann er annehmen, daß das Weibchen einen Orgasmus bekommen hat.

Was Nicht-Primaten betrifft, lassen sich keine Schlüsse ziehen. Weibliche Säugetiere haben eine Klitoris, aber nach allem, was man hört, dürften sie nur höchst selten zum Orgasmus kommen – entweder, weil er bei vielen Spezies einfach unmöglich ist oder (wie die Existenz der Klitoris vermuten läßt), weil die Umstände ungeeignet sind. Für unsere Zwecke besonders interessant – die meisten Forscher nehmen an, der *Orgasmus müßte ein Potential sein, das alle weiblichen Säugetiere besitzen.*

Nichtmenschliche Primaten haben es besser. Das wissen wir, weil allmählich sämtliche Affen auf der ganzen Welt im Augenblick ihrer sexuellen Ekstase gnadenlos exponiert werden. 1971 wurde ein weibliches Rhesusäffchen zum Orgasmus gebracht – *nicht* von dem Männchen, das (im Einklang mit zu vielen Kollegen im männlichen Tierreich) viel zu früh ejakulierte, sondern von stimulierenden Wissenschaftlern (die sich hoffentlich besonderer Dankbarkeit erfreuen durften). 1979 berichtete ein Forscher, er habe bei einem Gorillaweibchen einen Orgasmus beobachtet. Und weil wir gerade bei den Gorillas sind – in den zwanziger Jahren kam es zu einer romantischen Beziehung zwischen zwei Spezies. Eine Gorilladame namens Congo pflegte Männerhände zu packen, um damit zu masturbieren. Der berühmte Tierpsychologe Robert Yerkes wurde von Congo überfallen und entrann nur mit knapper Not einer Vergewaltigung.

1980 registrierten vier holländische Forscher bei einigen Makakenweibchen Uteruskontraktionen sowie Veränderungen der Herzfrequenz und des Gesichtsausdrucks, die sich mit den

Erscheinungsformen des menschlichen Orgasmus vergleichen lassen. Allerdings fällt mir da die bemerkenswerte Tatsache auf, daß die Makakenweibchen mit paradiesischer Hemmungslosigkeit gesegnet zu sein scheinen (*vier* holländische Wissenschaftler). Um die Stimulation in ausreichendem Maße zu verlängern (auch die Makakenmännchen leiden an vorzeitiger Ejakulation), mußten die Holländer eine Begegnung *zwischen zwei Weibchen* arrangieren. Fünf Jahre später wurden ihre Forschungsresultate durch Beobachtungen von Makaken in der Wildnis bestätigt. Blättern Sie einfach in Ihrem Lieblings-Sexjournal, um herauszufinden, welche Affenart man als nächstes unter die Lupe nehmen wird.

Viele weibliche Tiere masturbieren, was Haustierbesitzer sicher wissen. Katzen und Hündinnen reiben ihre Vulva an Gegenständen – manchmal an solchen, die man lieber damit verschonen würde. Mit dreizehn Jahren ging ich einmal zu unserem Tabakwarenhändler, um Süßigkeiten zu kaufen, und wurde von einer übereifrigen Schäferhündin angesprungen. »Klar, heute tragen wir ja unseren Minirock!« rief er, als würde das alles erklären. Da ein solches Verhalten (ich meine, von seiten der Hündin) einerseits der Stimulation dient und andererseits einen deutlich wahrnehmbaren Geruch hinterläßt, der Männchen anlocken soll, kann ich von Glück reden, weil ich auf dem Heimweg keinem Schäferhund begegnet bin.

Aber mein Lieblingsexempel, was dieses Thema betrifft, sind die Stachelschweinweibchen im Zoo. Manchmal nehmen sie einen Stock in einen Vorderlauf und setzen sich rittlings drauf wie Hexen auf einen Besenstiel. Dann trotten sie im Käfig umher, wobei sie den Stock über den Boden schleifen, um sich von den Erschütterungen und Vibrationen durch die Unebenheit des Untergrunds sanft erregen zu lassen.

Warum hat sich
der weibliche Orgasmus entwickelt?

Natürlich kann man mühelos erklären, warum sich der männliche Orgasmus entwickelt hat. In schlichter Evolutionsterminologie ausgedrückt – es gerät der Spezies zum Vorteil (zumindest in Zeiten, wo keine Übervölkerung herrscht), wenn sich das Männchen veranlaßt sieht, möglichst oft sein Sperma abzusondern und für die Fortpflanzung zu sorgen. Allein schon durch die Simplizität dieses Gedankens ist es schwierig, Gründe für die weibliche Orgasmus-Fähigkeit zu finden. Eigentlich müßte es genügen, wenn die Frau den Beischlaf nicht ablehnen würde oder unfähig wäre, ihn abzulehnen. Körperliche Schwäche und ein gewisses Lustgefühl würden vollauf genügen. Der Orgasmus, sagt der nachdenkliche Evolutionsforscher, treibt die Dinge wohl etwas zu weit.

Manche Wissenschaftler glauben, der weibliche Orgasmus würde die »Paar-Bildung« zwischen Ehemann und Ehefrau fördern. Sexuelle Erfüllung soll die emotionale Bindung zwischen den Partnern verstärken und für eine stabile, glückliche Familie sorgen, in der die Nachkommenschaft bessere Überlebenschancen hat. Kein Wunder, daß diese Theorie von Forschern geschätzt wird, die aus sehr unterschiedlichen professionellen Bereichen stammen – immerhin ist sie kein bißchen abenteuerlich und in gesellschaftlicher Hinsicht die respektabelste. Shere Hite hält nichts davon.

Mary-Jane Sherfeys Theorie ist aufregender, findet aber (verständlicherweise) nicht so viele Anhänger. In *Die Potenz der Frau* behauptet sie, früher seien weibliche Orgasmen – sogar multiple – die Norm gewesen, in so hohem Ausmaß, daß es die Männer schließlich veranlaßt habe, das Sexualleben der Frauen einzudämmen:

»Der starke, für die flukturierenden Extreme einer zwingenden, aggressiven Erotik empfängliche Sexualtrieb der primitiven Frau ließ sich nicht mit den Bedürfnissen eines geregelten Lebens vereinbaren, das Disziplin verlangt ...«

Da die Frauen, biologisch gesehen, zu zahllosen Orgasmen hintereinander fähig sind, konnten unsere Vorfahrinnen von einem Partner zum anderen gehen und sich amüsieren – und was sollte da aus der Gesellschaft werden! Weit davon entfernt, die »Paar-Bildung« als Ursprung des weiblichen Orgasmus zu betrachten, zieht Mary Jane Sherfey den Schluß, er sei wegen seines zerstörerischen Einflusses unbarmherzig unterbunden worden. Die sexuelle Repression der Frauen übernahm also eine Schlüsselfunktion bei der Entwicklung der Zivilisation. Natürlich litt die weibliche Orgasmus-Fähigkeit darunter. Es gibt tatsächlich historische Beweise für die weltweite Unterdrückung des weiblichen Sexualtriebs. Die Kunstwerke aus der Steinzeit zeigen, daß vor zwanzigtausend Jahren kein eindeutiger Unterschied zwischen den gesellschaftlichen Machtpositionen von Männern und Frauen gemacht wurde. Außerdem konzentrieren sich die Höhlenmalereien mehr auf die weiblichen als auf die männlichen Geschlechtsteile, also wurde die sexuelle Rolle der Frau durchaus gewürdigt.

Aber seither hat sich einiges geändert. Vor etwa zehntausend Jahren begannen die Menschen zu erkennen, daß es nicht genügte, im Mondlicht herumzuliegen und den Göttern zu huldigen, um Schwangerschaften herbeizuführen. Dazu brauchte man den Geschlechtsverkehr, und das förderte natürlich den Status des Penis. Unsere nicht allzu aufgeklärten Ahnen betrachteten die Frau fortan als eine Art fruchtbaren Boden, in den der überaus wichtige männliche Samen gepflanzt wurde. Anderen Theorien zufolge dient der weibliche Orgasmus der Fortpflanzung und hilft dem Sperma, die fruchtbaren Eier zu erreichen. Andere Forscher behaupten, er würde das Gegenteil bewirken und dem Samen den Weg versperren! Dann gibt es auch noch Wissenschaftler, die den Standpunkt vertreten, er erfülle keinen bestimmten Zweck, sei aber trotzdem erfreulich.

Suchen Sie sich aus, woran Sie glauben wollen.

Der männliche Orgasmus im Vergleich zum weiblichen

Gibt es einen Unterschied zwischen den männlichen und den weiblichen Gefühlen beim Orgasmus? Selbstverständlich ist das schwer zu beurteilen, es sei denn, man probiert beides aus. Und Menschen, die einer Geschlechtsumwandlung unterzogen wurden, stellen wohl kaum typische Beispiele dar. Die Verfasser der *Arabischen Nächte* glauben, das Vergnügen der Frau wäre größer. Den Schilderungen beider Geschlechter läßt sich jedoch entnehmen, daß sie ähnliche Emotionen empfinden.

Aber während die meisten Männer erklären, ein Orgasmus sei in etwa wie der andere, reicht die Emotionsskala bei den Frauen von höchster Intensität bis zu relativ schwachen Wahrnehmungen. Nach meiner Ansicht liegt das im Interesse der Frauen, doch ich bin wohl voreingenommen. Ein weiterer Unterschied – die Männer finden ihren ersten Orgasmus am intensivsten, die folgenden nicht mehr so aufregend, und bei den Frauen ist es umgekehrt. An dieser Stelle kann ich's mir nicht verkneifen, die deprimierende Schilderung eines männlichen Orgasmus in Hemingways *Wem die Stunde schlägt* zu zitieren:

»Für ihn war es ein dunkler Weg, der nach Nirgendwo führte und weiter nach Nirgendwo und abermals weiter nach Nirgendwo und noch einmal nach Nirgendwo, immer und ewig nach Nirgendwo, schwer auf den Ellbogen in die Erde gekrampft nach Nirgendwo.«

Sind Sie nicht froh, daß Sie eine Frau sind?

Interessanterweise verringern sich bei uns im Westen die Unterschiede zwischen der männlichen und der weiblichen Begierde sowie der Orgasmus-Fähigkeit im gleichen Maße, wie die sexuelle Befreiung voranschreitet (wahrscheinlich so rasch wie nie zuvor in der Geschichte) und die traditionelle Ablehnung der Gleichberechtigung nicht mehr toleriert wird. Wie aus wissenschaftlichen Untersuchungen hervorgeht, unterscheiden sich junge Frauen und Männer praktisch kaum noch in ihrem Verlangen nach sexuellen Aktivitäten. Sollte Sie das überraschen, bedenken Sie, daß andere Faktoren diese essentielle Ähnlichkeit maskieren können. Zum Beispiel brauchen Frauen länger, um sich für Sex zu erwärmen (und, was manche Männer nicht merken, auch länger, um wieder abzukühlen!). Und wegen der Möglichkeit einer Schwangerschaft steht für die Frauen bei jedem Koitus viel mehr auf dem Spiel. Deshalb sehen Sie sich veranlaßt, ihre Partner sorgfältig auszuwählen.

Viele Forscher sind der Ansicht, die Frauen hätten einen *stärkeren* Sexualtrieb als die Männer, der allerdings leichter zu unterdrücken ist. Masturbation wird im allgemeinen als schlüssigstes Anzeichen für das sexuelle Potential betrachtet, und wie wir festgestellt haben, können die Frauen dabei ebenso mühelos und schnell einen Orgasmus erreichen wie die Männer. Außerdem haben viele Frauen multiple Orgasmen, wozu nur wenige Männer fähig sind.

Das klitorale System und der Penis

Wir sind an die starken Unterschiede zwischen männlichen und weiblichen Genitalien gewöhnt. In diesem Buch habe ich mehrmals betont, wie sich diese offensichtlichen Unterschiede auf unsere Einstellung auswirken. Dr. Sherfey weist allerdings auf bemerkenswerte Ähnlichkeiten hin. Sie bezeichnet die Klitoris als kleinen sichtbaren Teil eines verborgenen *klitoralen Systems*. Damit kann der Penis verglichen werden, was die Größe und auch die Reaktion auf sexuelle Reize betrifft. Das drückt sie sehr hübsch aus:

»Wir könnten sagen, die äußeren Genitalien der Frau würden mit dem Penis übereinstimmen, wäre er an der Unterseite und am Hodensack aufgeschlitzt.«

Und während der sexuellen Erregung besteht laut Shere Hite *»zwischen den Erektionen von Mann und Frau ... der einzige Unterschied ... darin, daß die des Mannes außerhalb und die der Frau innerhalb des Körpers stattfinden«.*

Beide besitzen analoge Zonen, die *crura* und die *corpora cavernosa,* die bei sexueller Erregung stark durchblutet werden und im Fall des klitoralen Systems zur Vergrößerung der Vagina beitragen, im Fall des Penis zur Erektion führen. So wie die Erektion des Penis durch Muskeln unterstützt wird, gibt es homologe Muskeln, die in der Plateauphase die Klitoris zurückziehen. Die Kontraktionen der Vagina beim Orgasmus werden von Muskeln verursacht, deren Äquivalente beim Mann die Kontraktionen bewirken, die den Samenerguß hervorrufen. Die Kontraktionen erfolgen beim Mann und bei der Frau auch noch im selben Tempo, nämlich alle 0,8 Sekunden.

Im Erregungszustand sind der Penis und das klitorale System etwa gleich groß. Die Klitoris ist keineswegs der Brennpunkt der sexuellen Reaktion, obwohl das gemeinhin angenommen wird, sondern nur die Spitze des Eisbergs (um eine unpassende Metapher zu gebrauchen).

Vaginaler und klitoraler Orgasmus

Die Erkenntnis, daß Frauen mehr als nur eine Art von Orgasmus erleben, begann mit Freud. Nach seiner Ansicht bekommen die Frauen, die ihre passive sexuelle Rolle nicht akzeptieren oder nicht gelernt haben, ihren Penisneid zu bewältigen, klitorale Orgasmen. Diesen Typ von (vermeintlich nicht sehr befriedigenden) Höhepunkten assoziierte er mit der Masturbation, der Stimulation des weiblichen Penis, also der Klitoris. Reife Frauen erreichen vaginale Orgasmen, infolge der vaginalen Stimulation beim Koitus. Diese wirken befriedigender als die klitoralen, weil sich die betreffenden Frauen bereitwillig mit ihrem untergeordneten sexuellen Status und der Rolle einer Empfängerin abgefunden haben!

Es ist eine widerwärtige Theorie, aber sie entspricht dem damaligen Zeitgeist. Um Freud fair zu beurteilen, so absurd seine Argumentation auch klingt – seine Ideen wurden nicht nur von schlichtem männlichem Chauvinismus motiviert, und das erklärt, warum der vaginal-klitorale Mythos immer noch weiterlebt, obwohl er widerlegt und diskreditiert wurde.

Die Problematik zu Freuds Zeiten bestand teilweise im mangelnden Material über die sexuellen Reaktionen der Durchschnittsfrau. Die Untersuchungen, zum Beispiel von Krafft-Ebbing, Havelock Ellis und Freud selbst, beschränkten sich auf sexuelle Besonderheiten und Perversionen. Erst 1953 veröffentlichte Alfred Kinsey – ein freundlicher Akademiker mit sanfter Stimme, der lieber Fliegen als Krawatten trug und seine ersten professionellen Erfahrungen mit weiblicher Sexualität beim Studium der Gallwespen gesammelt hatte – endlich die erste Untersuchung über die Sexualität der Durchschnittsfrau. Weil dieses Buch so viel (Schlimmes und Unkonventionelles) über das amerikanische Sexualleben enthüllte und Sex zu einem wissenschaftlichen Thema erhob, wurden seine Resultate von gewissen politischen Elementen heftig attackiert. Drei Jahre später starb Kinsey als gebrochener Mann. Kein Wunder, daß Masters und Johnson erst Mitte der sechziger Jahre schlüssig bewiesen, daß die beiden Orgasmus-Arten ein und dieselbe sind, denn beim Koitus wird die Klitorishaube indirekt stimuliert.

Die Ignoranz erhielt den vaginal-klitoralen Mythos trotzdem am Leben. Die weiblichen Sexualorgane sind kompliziert und schwer zu verstehen. Die bemerkenswerte Diskrepanz zwischen der Mühelosigkeit, mit der Frauen bei der Masturbation Orgasmen erreichen, und den Schwierigkeiten beim Koitus (wie jetzt bekannt ist, ein Resultat unzulänglicher klitoraler Stimulation oder der Notwendigkeit, erst einmal sexuelle Künste zu erlernen) mochte weniger kritische Wissenschaftler veranlassen, von der Existenz zweier Orgasmus-Arten auszugehen. Sogar heutzutage wird das immer noch propagiert, weil die allgemeine Akzeptanz der sexuellen Gleichwertigkeit noch jung und anfällig ist und in gewissen Kreisen der psychoanalytischen Welt so wie eh und je chauvinistische Arroganz vorherrscht.

Aber die Tatsache bleibt bestehen: Obwohl die meisten weiblichen Orgasmen von klitoraler Stimulation hervorgerufen werden, drücken sie sich immer durch die Vaginalmuskeln aus. Die Orgasmen mögen in ihrer Intensität variieren, doch das ist im allgemeinen eher ein Ergebnis verschiedener Umstände als unterschiedlicher Orgasmus-Arten.

Shere Hite spricht vom »emotionalen Orgasmus«. Den definiert sie – notgedrungen etwas vage – als ein »Gefühl der Liebe und Vereinigung mit einem anderen Menschen, das einen Höhepunkt erreicht, ein starkes Aufwallen heftiger Gefühle«, das auch körperlich empfunden wird. Ich stimme ihr voll und ganz zu, wenn sie vorschlägt: »Solange Frauen nicht gezwungen werden, im emotionalen Orgasmus einen Ersatz für *wirklichen* Orgasmus zu finden ..., gibt es keinen Grund, warum man Entspannung nicht auf verschiedene Art genießen sollte.«

Gibt es auch männliche Orgasmus-Probleme?

Ja. (Ich meine nicht Impotenz und Erektionsschwierigkeiten, die natürlich häufig vorkommen, sondern ausbleibende Ejakulationen.) Aber das ist so selten, daß die wenigen Forscher, die sich damit befassen wollen, kaum Studienobjekte finden. In einem Bericht werden »religiöse Orthodoxie« erwähnt, die »männliche Furcht vor einer Schwangerschaft, negative Gefühle gegenüber oder mangelndes Interesse an der Partnerin und in einigen Fällen homosexuelle Neigungen oder die Dominanz der Mutter«. Bei Männern, die früher normal ejakuliert und diese Fähigkeit verloren haben, könnte ein bedrückendes Erlebnis das Problem erklären. Einer schaffte es nicht mehr, weil seine Frau ihn betrogen hatte, ein anderer, nachdem die Mutter und die Schwester seiner Frau ins Haus gezogen waren.
Derselbe Forscher weist auf einen anderen ungewöhnlichen Faktor hin: Mehrere dieser Männer masturbierten auf eine seltsame Weise, die sehr wenig mit dem Koitus zu tun hat-

te. Wenn man sich (wie in einem Fall) stimuliert, indem man mit dem Handrücken kräftig über den Penisschaft streicht, kann ein Frauenkörper wohl kaum den gewohnten Reiz bieten.

Gelegentlich täuschen auch Männer Orgasmen vor – normalerweise, wenn sie schlicht und einfach befürchten, sie würden nicht ejakulieren. Offenbar kann man Frauen in dieser Hinsicht genausoleicht hinters Licht führen wie Männer.

Der G-Punkt

Neuerdings gibt es einen berühmten (aber nicht schlüssigen) Beweis für eine weitere Orgasmus-Art, verursacht durch die Stimulation des sogenannten Graefenberg-Punkts mittels tiefer Penisstöße beim Koitus. Das ist kein vaginaler Orgasmus im Sinne Freuds, aber manche Forscher glauben, er wäre anders als der klitorale Höhepunkt.

Der G-Punkt ist eine kleine Erhebung an der Scheidenwand, etwa fünf Zentimeter von der Öffnung entfernt, und dieser Theorie zufolge das weibliche Gegenstück zur Prostata. Anfangs weckt seine Stimulation das Bedürfnis zu urinieren, was aber schnell von sexueller Erregung und einer Vergrößerung des Punkts verdrängt wird. Das kann zum Orgasmus führen, der bei manchen Frauen von der Ejakulation einer chemisch dem Sperma ähnlichen Flüssigkeit begleitet wird.

Doch diese Theorie war seit der Veröffentlichung in den frühen achtziger Jahren zahlreichen wissenschaftlichen Attacken ausgesetzt. Es gibt andere Erklärungen für die weibliche Ejakulation und die Tatsache, daß gewisse Teile der Vagina besser auf Stimulation reagieren als andere. Diese Erklärungen stimmen mit der Annahme überein, daß gar kein G-Punkt existiert.

Der vielleicht interessanteste Aspekt der G-Punkt-Diskussion: Sie wirft ein Licht auf die kunterbunten, unschlüssigen Elemente der wissenschaftlichen Sexualliteratur. Es mag einen faszinieren, etwas über die verschiedenen Arten des Orgasmus zu lesen, aber es ist besser, sie zu vergessen, wenn man ins Bett geht. Derzeit sind sie nur Resultate wissenschaftlicher Spielereien.

Die weibliche Ejakulation

Über die sogenannte weibliche Ejakulation wird immer noch viel debattiert. Manche behaupten, sie existiere gar nicht, andere streiten darüber, was genau sie eigentlich ist. Aufgrund persönlicher Erfahrungen bin ich überzeugt, daß es sie gibt – eine kleine Flüssigkeitsmenge, im Augenblick des Orgasmus abgesondert. Manche Männer glauben sie zu spüren, wenn sie ganz tief in ihre Partnerin eingedrungen sind.

Ebenso bin ich überzeugt, daß es sich nicht, wie manche Forscher beharrlich erklären, um Urin handelt, sondern um eine Flüssigkeit, die der normalen gesunden Scheidenabsonderung gleicht. Sie ist nicht nur farblos und unschädlich, manche Männer finden sie auch sehr aufregend.

Noch etwas – es wurde beobachtet, daß diese Ejakulation vor allem bei Frauen mit starkem Pubococcygeus-Muskeln abgesondert wird. Falls Sie also ernsthaft daran interessiert sind, blättern Sie zu den Kegel-Übungen, und fangen Sie an zu trainieren! Dann können Sie dieses Thema aus eigener Anschauung erforschen.

Nächtliche Orgasmen

Wir alle kennen die nächtlichen Ejakulationen des Mannes oder »feuchte Träume«, wie sie von kleinen Jungs genannt werden. Wußten Sie, daß auch Frauen im Schlaf manchmal Orgasmen haben? Nur wie oft das geschieht, läßt sich schwer feststellen. Selbst wenn die Männer nicht dabei erwachen, wissen sie später, daß sie einen nächtlichen Orgasmus hatten, weil ihr Bett naß ist. Da Frauen keine solchen verräterischen Spuren hinterlassen, scheinen weibliche nächtliche Orgasmen vergleichsweise selten vorzukommen. Falls die Frauen sie erleben, ohne aufzuwachen, könnten sie ziemlich weit verbreitet sein.

Notgedrungen muß sich die Forschung mit den Fällen begnügen, in denen die Frauen während solcher Orgasmen erwacht sind. Wie eine *Playboy*-Untersuchung ergab, berichteten etwa vierzig Prozent der befragten Frauen von mindestens einem nächtlichen Orgasmus – weniger als die Hälfte der Männer.

Viele Frauen erwachen (oft nach einem intensiven Sextraum) und fühlen sich einem Orgasmus nahe, nur um dann herauszufinden, daß sie dringend pinkeln müssen. Ich zähle schon gar nicht mehr, wie oft mir das passiert. Meistens genau in dem verlockenden Augenblick, wo ich in meinem Traum einen phantastischen Liebhaber ins Bett gelotst habe. So etwas kann sogar die Geduld einer Heiligen auf eine harte Probe stellen.

Lange Zeit hatte ich angenommen, nächtliche Orgasmen würden bei Frauen mit sexuellen Hemmungen vorherrschen: Wenn man sich keinen Sex auf normale Weise gestattet, muß er sich ja irgendwie Bahn brechen. Aber wie ich zu meinem Erstaunen las, assoziiert man nächtliche Orgasmen im allgemeinen mit Frauen, die ihrer Sexualität liberal und positiv gegenüberstehen. Verständlicherweise kommen die Orgasmen vor allem bei Frauen vor, die lange enthaltsam gelebt haben – im Gefängnis, nach einer Scheidung et cetera. Interessanterweise erleben die Männer ihre häufigsten nächtlichen Orgasmen während der späten Teenagerjahre und mit Anfang Zwanzig, während die Frauen erst nach dem vierzigsten Lebensjahr ihren diesbezüglichen Höhepunkt erreichen.

Unterstützen Aphrodisiaka den Orgasmus?

Aphrodisiaka – Getränke, die sexuelle Begierde und Leistungskraft steigern – machen großen Spaß. Nichts anderes führt einem so deutlich vor Augen, wie amüsant, einfallsreich und albern die Menschen sein können, wenn es um Sex geht. Leider halten nur wenige dieser Mittel, was sie versprechen. Aber für die Frauen, die dieses Programm absolvieren, ist es nützlich, einiges über das Thema zu wissen, auch über die Substanzen, die den Orgasmus erschweren könnten.

Es ist nicht erstaunlich, daß sich die meisten Experimente mit Aphrodisiaka – in alter und neuer Zeit – auf die Männer und die männliche Sexualität konzentriert haben. Die weibliche Sexualität wurde in dieser Hinsicht längst nicht so berücksichtigt, und die Fähigkeit der Frau, einen Orgasmus zu erreichen, noch viel weniger. Die Männer, die sich für weibliche Sexualität interessierten, wollten normalerweise nur das Verlangen der Frauen wecken, kümmerten sich aber nicht um deren Befriedigung.

Es läßt sich kaum nachweisen, daß die gebräuchlichen Drogen und Arzneien die Fähigkeit der Frauen zum Orgasmus stei-

gern oder verringern. Sicher ist Alkohol das bekannteste
»Aphrodisiakum«, aber die Sache hat einen Haken.

> »MACDUFF: Was sind denn das da für drei Dinge,
>   die der Trunk vorzüglich befördert?
> PFÖRTNER: Ei, Herr, rote Nasen, Schlaf und Urin.
>   Buhlerei befördert und dämpft er zugleich:
> er befördert das Verlangen und dämpft das Tun.«
>
> (Shakespeare, *Macbeth*)

Ein Vorteil des Alkohols liegt darin, daß er Hemmungen und
»sexuelle Schuldgefühle« abbaut; außerdem ist er nützlich,
wenn der Höhepunkt des Mannes hinausgezögert werden soll.
Aber wenn der Kerl zuviel trinkt, ist er aktionsunfähig.
Auf ähnliche Weise werden auch die Gefühle der Frauen um-
nebelt, so daß sie unmöglich einen Orgasmus erreichen können, wenn sie ohnehin schon Schwierigkeiten damit haben.
Als ich mit meinem Training begann, fand ich bald heraus,
wieviel Alkohol ich vertrug. Schnäpse warfen mich sofort um,
aber ein oder zwei Gläser Wein halfen mir oft, meine sexuellen Bedenken zu überwinden (die mir manchmal wertvolle
Dienste leisten), ohne meine Reaktionen zu beeinträchtigen.
Wenn ich mehr trank, bedeutete das, daß ich keinen Höhepunkt erreichen würde. Heutzutage kann ich auf eine Party
gehen, mir einen kleinen Schwips leisten und trotzdem einen
Orgasmus bekommen, aber es dauert viel länger.
Nikotin ist das gerade Gegenteil eines Aphrodisiakums – nicht
nur, weil Raucher stinken, sondern weil es klinisch erwiesen
ist, daß das Rauchen bei manchen Männern zur Impotenz
führt, wahrscheinlich, weil es den Blutkreislauf verlangsamt
und deshalb der Erektion entgegenwirkt.
Was die Auswirkung des Rauchens auf die weibliche Sexualität betrifft, gibt es praktisch keine Informationen. Warum

betreiben Sie nicht Ihre eigenen Nachforschungen? Falls Sie überlegen, ob Sie das Rauchen aufgeben sollen, stellen Sie (so ähnlich wie im siebenten Kapitel) eine Liste Ihrer sexuellen Reaktionen zusammen und schildern Sie, wie diese vor und nach der letzten Zigarette verlaufen sind. Diese Aufzeichnungen werden nicht präzise genug sein, um einen Wissenschaftler zufriedenzustellen, können Ihnen aber helfen. Und falls Sie mir einen ausgefüllten Fragebogen schicken möchten, warum fügen Sie nicht Ihre Erfahrungen mit dem Nikotin hinzu? Bedenken Sie auch, daß unangenehme Entzugserscheinungen Ihr sexuelles Verlangen verringern könnten.

An dieser Stelle müssen auch orale empfängnisverhütende Mittel erwähnt werden. Viele Leute glauben zwar, die Pille hätte die Frauen nicht nur von der Angst vor einer ungewollten Schwangerschaft befreit, sondern zur Promiskuität ermutigt. Aber in manchen Fällen dämpft sie die Lust. Das in diesem Medikament enthaltene Progesteron kann die klitorale Empfindsamkeit reduzieren und die Wirkung des Östrogens beeinträchtigen, das bei Frauen mit schwachem Sexualtrieb die Libido zu fördern vermag.

»Wirklich ein effektvolles Verhütungsmittel«, stöhnte ein Mann. »Es hält sie davon ab, überhaupt mit mir zu schlafen.«

Wenn Sie glauben, die Pille könnte Ihr Verlangen beeinträchtigen, versuchen Sie es mit einem anderen Präparat, ehe Sie ganz darauf verzichten.

Sogenannte »Straßendrogen« wie Cannabis, LSD und Kokain standen lange Zeit in dem Ruf, verschiedene dramatische Effekte auf die Sexualität und angeblich auch auf den Orgasmus auszuüben. Aber trotz dieser extravaganten Behauptungen gibt es kaum Beweise für ihre aphrodisischen Qualitäten.

In den meisten Fällen werden schädliche Nebenwirkungen die positiven Aspekte sofort oder sehr bald in den Hintergrund drängen. Fraglos beeinflussen Opium, Heroin und die Morphi-

umgruppe der Drogen die sexuelle Begierde und Reaktions-
fähigkeit ganz erheblich.

Jetzt bleiben nur noch die exotischen Aphrodisiaka übrig.
Trotz der gegenwärtigen Skepsis in der medizinischen Wissenschaft gab oder gibt es in fast allen Kulturen auf unserer
Welt eine sehr lebendige aphrodisische Tradition, mit allen
möglichen Reaktionen, von Haggis (schottisches Gericht aus
gehackten Schafsinnereien und Haferschrot im Schafsmagen
gekocht) bis zu Krokodilszähnen.

Manche dieser Aphrodisiaka, zum Beispiel Stierhoden, werden wegen ihrer offensichtlichen Assoziation zur Sexualität
benutzt, und ich bin überzeugt, daß zu gewissen Zeiten auch
menschliche Hoden verzehrt wurden, obwohl es besser ist,
sich das nicht vorzustellen. In Nordafrika mischen die Siwa-
nesen manchmal Ihr Sperma ins Essen der Partnerin.

Einmal teilte ich meine Wohnung mit einer Asiatin, die große
Mengen von Vanille zu verspeisen begann, sobald sie einen
neuen Freund hatte. Als ich sie nach dem Grund fragte,
erklärte sie, die Vanilleschoten würden den weiblichen Genitalien gleichen, also müßten sie – der alten Lehre zufolge,
daß äußere Ähnlichkeiten auch auf ähnliche innere Kräfte
schließen lassen – ihr sexuelles Verlangen steigern.

Falls die Liebeskünste Ihres Partners zu wünschen übrig-
lassen – das *Kamasutra* empfiehlt diverse Gewürze, in aus
Ziegenmilch zubereiteter Butter gekocht, ein Gebräu, das an
jedem Frühlingsmorgen getrunken werden soll. Wenn das
nichts hilft, soll er Ziegenhoden in gezuckerter Milch garen.
Und falls der arme Kerl es dann noch immer nicht schafft, Sie
zu befriedigen, muß er seinen Penis mit einem scharfen In-
strument durchbohren, mittels pflanzlicher Halme oder Wurzeln vergrößern und dann das geschwollene Organ mit Lakrit-
ze und Honig waschen.

Die spanische Fliege gehört zu den klassischen Aphrodisiaka

und soll die weibliche Libido erheblich steigern. Sie enthält das Gift Cantharidin, von dem bereits das Tausendstel einer Unze tödlich wirkt. Kein Wunder, daß der Shakespeare-Euphemismus für Orgasmus »Sterben« lautete. Die Spanische Fliege wurde deshalb ein so berühmtes Aphrodisiakum, weil das Cantharidin den genitalen und urethralen Bereich reizt – kurz gesagt, Ihre Vagina juckt wie verrückt, und deshalb brauchen Sie etwas, um dieses Ärgernis zu beseitigen.

Ein Chemiker namens Arthur Ford tötete versehentlich die beiden Assistentinnen, die er hatte verführen wollen, und beinahe starb er selber, als er mit ihnen Kokosnußeis aß, in das er eine größere Menge von der Spanischen Fliege gemischt hatte. Wie die Autopsie ergab, waren die inneren Organe der zwei Opfer buchstäblich verbrannt. Heutzutage wird Cantharidin hauptsächlich benutzt, um Warzen zu entfernen.

Bis in die jüngeren Jahrhunderte war die mythische Pflanze Mandragora als sexuelles Stimulans sehr beliebt, trotz der Tatsache, daß sie gar nicht existiert. Sie wächst nur zu Füßen eines Galgens, leuchtet in der Finsternis und stößt einen tödlichen Schrei aus, wenn man sie aus dem Boden reißt. Um am Leben zu bleiben, während man die Pflanze erbeutet, sollte man einen Hund daran festbinden und dann aus sicherer Entfernung nach ihm rufen. Verschiedene echte Pflanzen sind unter dem Namen Mandragora bekannt und werden im Hohelied Salomos als Mittel gegen Unfruchtbarkeit erwähnt. In der Genesis benutzt Leah die Pflanze, um Jakob zu veranlassen, mit ihr zu schlafen.

Ginseng ist besonders im Osten sehr beliebt und neuerdings eine Modeerscheinung im Westen. Da die Wurzel vage an eine menschliche Gestalt erinnert, müßte sie – wiederum jener Lehre von der Macht der Ähnlichkeit zufolge – dem ganzen Körper guttun. Und tatsächlich – wenn Sie in Ihren Bioladen gehen, werden Sie entdecken, daß Ginseng als Heilmittel für nahezu alles empfohlen wird. Eine Analyse der biochemischen Zusammensetzung der Ginsengwurzel hat ergeben, daß sie Stimulantia enthält, die bemerkenswert wirksam sind und nur geringe giftige Substanzen enthalten, im Gegensatz zu Kaffee oder Tee. Ihr Nachteil liegt darin, daß sie – wie sich bei einer jüngeren Untersuchung herausgestellt hat – Durchfall und Hautreizungen hervorrufen kann, und es gibt wohl kaum eine unromantischere Begleiterscheinung.

Tut mir leid, daß ich eine Miesmacherin bin, aber man findet tatsächlich leichter Substanzen, die der Lust entgegenwirken, als effektive Aphrodisiaka. Und wenn Ihnen jemand ein Gebräu verkaufen will, das Ihre Orgasmus-Fähigkeit steigern soll, zeigen Sie ihn wegen unlauteren Wettbewerbs an. Regelmäßiges Training wird Ihnen viel besser helfen und ist billiger. Außerdem kann Ihre Phantasie das allerbeste Aphrodisiakum sein.

Vor ein oder zwei Jahren war mein Sexualleben in eine besonders triste Phase geraten. Ich konsultierte ein altes Buch über Kräuterarzneien und erfand meinen eigenen Liebestrank, der alle anderen übertreffen mußte: Im Mondlicht pflückte ich ein paar Pflanzen, verrührte sie mit Tau und beschwor sie mit gemurmelten Zaubersprüchen, bevor ich sie hinunterschluckte. *Natürlich* fühlte ich mich an jenem Abend wahnsinnig sexy – wäre es Ihnen nicht auch so ergangen?

17
Umstände, die Ihre Orgasmus-Fähigkeit
beeinträchtigen können

Wir haben gesehen, wie sich Orgasmus-Schwierigkeiten mittels Training überwinden lassen. Aber es gibt Umstände – medizinische und andere –, die Ihnen die Freude am Sex und am Orgasmus restlos verderben können. Dieses Kapitel habe ich absichtlich kurz gehalten; es soll Sie nur auf die Möglichkeiten hinweisen. Für eine genauere Erörterung medizinischer Umstände greifen Sie lieber zu einem auf dieses Thema spezialisierten Handbuch. Einige von ihnen werden in der Bibliographie aufgeführt.

Vaginalinfektionen

Wie jede Frau weiß, gibt es zahlreiche Widrigkeiten (manche kommen nur selten vor, andere leider sehr oft), die den weiblichen Genitalbereich angreifen: Pilzkrankheiten, Herpes, Trichomonaden, Chlamydobakterien, Gonorrhö und so weiter. Schmerzen in der Vagina, Juckreiz oder ein fremdartiger Geruch sind die offensichtlichsten Symptome, treten aber nicht in allen Fällen auf. Wenn Sie ein solches Symptom bemerken, gehen Sie zum Arzt. Die meisten dieser Krankheiten sind leicht zu behandeln.
Die Pilzerkrankungen sollen hervorgehoben werden, weil sie den Sexualgenuß der Frauen am häufigsten behindern. Viel-

leicht existiert in Ihrer Vagina bereits ein Pilz, ohne Sie zu stören. Aber eine Veränderung im Säurehaushalt kann ihn wuchern lassen und zu einer Infektion führen: Das merken Sie an einem flockigen Ausfluß, an schlechtem Geruch und Schmerzen beim Sex. Viele Frauen erkennen den Beginn einer Pilzkrankheit an einem deutlichen Unbehagen beim Koitus. Sie kann mehrere Ursachen haben – die Pille, ein Pessar, sogar Sex. Häufig bricht sie nach einer Behandlung mit Antibiotika aus.

Verzichten Sie beim ersten Anzeichen auf sexuelle Aktivitäten, und lassen Sie sich behandeln. Von dieser Krankheit können Sie leicht kuriert werden, mittels (verschreibungspflichtiger) Vaginalsuppositorien, die drei Tage lang eingeführt werden müssen. Allerdings besitzt der Pilz die fatale Eigenschaft, immer wieder zurückzukehren. Weil er so unerwartet auftauchen kann, habe ich das Medikament stets vorrätig. Aber genaugenommen sollten Sie immer Ihren Arzt konsultieren, denn es kann auch etwas anderes hinter den Beschwerden stecken.

Blasenentzündung

Blasenentzündungen zählen zu den unangenehmsten, häufigsten Frauenkrankheiten. Sie verursachen einen brennenden Schmerz in der Blase und das gräßliche Gefühl, ständig pinkeln zu müssen. Manchmal verursachen sie auch Fieber und Schmerzen in der Leistengegend.

Die meisten Frauen leiden irgendwann an Blasenentzündungen, manche werden wiederholt davon geplagt. Bedauerlicherweise wird die Krankheit in einigen Fällen so vertraut, daß man sich damit abfindet. Jahrelang wurde ich davon gequält. Sobald ich Antibiotika bekam, war ich wieder okay. Danach begannen zwar die Pilze zu wuchern, die machten mir aber weniger zu schaffen als die Blasenentzündungen. Eines Tages nahm ich meine übliche Dosis Antibiotika, und die Krankheit verschwand nicht. Plötzlich entwickelten sich die relativ geringfügigen Beschwerden zu einem beängstigenden Leiden, das ich lange Zeit nicht loswerden konnte.

Angela Kilmartins ausgezeichnete Bücher – fast schon Klassiker hinsichtlich dieses Themas – halfen mir sehr, und schließlich besiegte ich die Krankheit. Ich will Sie nicht erschrecken, aber eine Blaseninfektion kann so grauenvoll sein und Ihrem Sexualleben dermaßen schaden, daß sich vorbeugende Maßnahmen lohnen. Halten Sie Ihren Genitalbereich immer sauber, und berühren Sie ihn nur mit frischgewaschenen Händen. Tragen Sie Unterwäsche aus Baumwolle, nicht aus Nylon. Benutzen Sie in der Genitalregion nur duftfreie Seifen oder Pudersorten, da alle anderen Allergien hervorrufen können. Vielleicht der wichtigste Ratschlag – wischen Sie sich, wenn Sie auf die Toilette gehen, immer von vorn nach hinten ab – niemals andersrum. Normalerweise völlig harmlose Darmbakterien können in der Blase schlimme Schäden anrichten. Glauben Sie mir, Ihr Sexualleben wird Ihnen solche Vorsichtsmaßnahmen danken.

Andere Umstände

Im allgemeinen sollte der Sex keine Schmerzen bereiten. Andernfalls stimmt irgendwas nicht. Die verschiedenen Infektionen habe ich bereits erwähnt. Sehr heftiger Sex kann Ihre

Vagina wund scheuern. Vielleicht haben Sie bemerkt, daß dies öfter am Anfang einer neuen Beziehung geschieht. Wenn man ganz verrückt nacheinander ist, macht man's drei- oder viermal am Tag. Bei Frauen, die nur selten Sex hatten, kann ein zu wenig ausgedehntes Hymen die Schmerzen verursachen. Auch Verkrampfungen rufen manchmal Probleme hervor, wenn die Vaginalmuskulatur nicht genug gelockert ist.

Unzulängliche Feuchtigkeit ist ein offensichtlicher Grund. Dazu kann es durch Ihr Unbehagen kommen, wenn Ihr Partner ein Kondom benutzt, durch Östrogenmangel oder weil es eben einfach in Ihrer Natur liegt: Im Gegensatz zu Behauptungen in manchen Sexbüchern – nicht bei allen erregten Frauen wird die Vagina ausreichend befeuchtet. Falls Ihnen das Kummer bereitet, konsultieren Sie einen Arzt. Aber in den meisten Fällen genügt es, Speichel oder ein Spezialgelee zu verwenden.

Der *Vaginismus* bewirkt eine unwillkürliche starke Verkrampfung der Scheidenmuskeln, die eine Penetration schmerzhaft oder unmöglich macht. Das hat psychologische Gründe, sollte deshalb aber nicht auf die leichte Schulter genommen werden, denn die Konsequenzen sind deutlich spürbar. Vielleicht haben Sie Angst vor Sex, sind auf Ihren Partner wütend oder werden von irgendwelchen Schuldgefühlen geplagt. Eine Frau litt an Vaginismus, weil sie wußte, daß ihr Freund ihrer Mutter mißfiel. Sie wurde erst geheilt, als sie sich vom übermächtigen mütterlichen Einfluß befreien konnte. Helen Singer Kaplans *Hemmungen der Lust* erörtert das Problem ausführlich und schlägt eine physische Behandlungsmethode vor, die Sie lernen können. Wahrscheinlich werden Sie auch feststellen, daß sich – falls Sie solche Schwierigkeiten haben – die Situation erheblich bessert, wenn Sie die ersten Stufen dieses Programms absolvieren, wo noch keine Penetration erforderlich ist.

Schmerzen tief im Bauch können entstehen, wenn der Penis Ihres Partners zu groß ist (siehe unten) oder aus verschiedenen heilbaren medizinischen Gründen, die Sie mit Ihrem Arzt besprechen sollten.

⊖

Ihre Fortschritte beim Orgasmus-Training werden manchmal auch von verschiedenen physischen Faktoren verzögert, die keine Schmerzen bereiten:
Schlaffe Vaginalmuskeln (oft die Folge einer Niederkunft) können Ihre Sensitivität aus zwei Gründen beeinträchtigen: Die Reibung zwischen Penis und Vagina wird verringert, und schlaffe Muskeln bewirken eine schwächere Durchblutung. Wenn Sie die Vaginalmuskeln trainieren und kräftigen, wird sich die Durchblutung verbessern und demzufolge auch Ihre Fähigkeit, einen Orgasmus zu erzielen und ihn zu intensivieren. Die hier hilfreichen Kegel-Übungen werden im fünften Kapitel erklärt.
Der Koitus während einer Schwangerschaft ist fast immer harmlos, aber unter gewissen ungewöhnlichen Umständen kann die Penetration und/oder der Orgasmus Schwierigkeiten machen – insbesondere, wenn Sie zuvor Fehlgeburten erlitten haben. Reden Sie mit Ihrem Arzt, wenn Sie sich sorgen, denn Ihre Bedenken sind vielleicht ungerechtfertigt und unterbrechen grundlos ihre Fortschritte auf dem Weg zum Orgasmus.
Die Missionarsstellung (die Frau liegt auf dem Rücken, der Mann auf ihr) kann im späteren Stadium einer Schwangerschaft problematisch sein. Ein Kissen unter Ihrem Rücken hilft vielleicht, aber wahrscheinlich ist es besser, andere Positionen einzunehmen.

Faktoren, die von Ihrem Partner ausgehen

Die vorzeitige Ejakulation wird im zehnten Kapitel ausführlicher diskutiert. Dieses Ärgernis kann mit erprobten, erfolgreichen Methoden aus der Welt geschafft werden. Ich empfehle Helen Singer Kaplans Buch *Hemmungen der Lust*.

Mancher große Penis ist *zu groß*. Wenn er den Gebärmutterhals berührt, kann er Schmerzen verursachen, vor allem bei gewissen Positionen: Wenn der Mann von hinten in die Frau eindringt oder wenn sie mit angezogenen Beinen auf dem Rücken liegt. In einigen Stellungen bereitet sogar ein Penis von normaler Größe Unannehmlichkeiten – wenn zum Beispiel Ihr Pessar nicht richtig sitzt oder wenn Sie an Verstopfung leiden. Da hilft es vielleicht, wenn Sie ein Kissen zwischen sich und Ihren Partner legen. Warten Sie vor der Penetration, bis Sie ausreichend erregt sind, denn dann zieht sich der Gebärmutterhals zurück.

Die Franzosen haben (natürlich) einen besonderen Schutz vor einem überdimensionalen Penis erfunden, etwas namens *bourrelet,* ein »kleines Seidenkissen, mit Watte ausgestopft, rund in der Form und mit einem Loch in der Mitte, dessen Größe dem Umfang des Penis entspricht, für den es bestimmt ist«. Falls Sie mit diesem Problem zu tun haben, sollten Sie vielleicht ein solches Kissen nähen ...

18
Ein Kapitel für Männer

*»Wenn in einer Ehe
die Sexualität nicht funktioniert,
gibt es keinen unbeteiligten Partner«*
MASTERS und JOHNSON,
Impotenz und Anorgasmie

Wie der Hite Report über das »sexuelle Erleben des Mannes«
enthüllt, wird die »größte Unzufriedenheit bei den Männern«
verursacht, weil die Frauen »nicht oft genug Sex« wollen:

»Zu viele Frauen finden Sex unangenehm, schmerzhaft,
schmutzig, sogar ekelhaft und gebrauchen Ausreden, um ihn
zu vermeiden.«

»Ich wünsche mir eine Frau, die am Sex *interessiert* ist. Sie
müßte es öfter wollen, in mehr Variationen, sich mehr Zeit
dafür nehmen.«

»Ich könnte überaus glücklich mit ihr sein, wenn ich sie erregen würde.«

»Was ich am Sex ändern würde, wäre in erster Linie, daß sich
entweder das Sexualverlangen meiner Frau verstärken oder
mein eigenes verringern müßte. Das ist mein größtes Problem.«

»Mehr natürlich. Ich möchte einfach mehr!«

286

Sollte das auf Ihre Beziehung zutreffen, gibt es ein einfaches Mittel: *Gestalten Sie den Sex erfreulicher für Ihre Partnerin.* Stellen Sie sich die folgende Szene vor. Es ist Abend. Sie sind mit Ihrer Frau oder Freundin im Theater und dann in einem Restaurant gewesen. Zwei Stunden lang haben Sie einander gegenübergesessen, sich angeschaut und auf den Augenblick gewartet, wo Sie sich lieben würden. Sie kommen heim, ziehen sich aus, löschen das Licht. Dann steht Sex auf dem Programm. Und als Sie gerade richtig warm werden, erreicht Ihre Partnerin den Höhepunkt, rutscht unter Ihnen davon, dreht sich zufrieden auf die andere Seite und schläft ein. Wenn Sie sich beklagen, ist sie auch noch so unverschämt, Ihnen vorzuwerfen, das sei Ihre Schuld.

So sieht das Sexualleben zahlloser Frauen aus.

Die Umstände mögen unterschiedlich sein, aber es steht fest, daß viele tausend Frauen weniger Freude am Sex finden als ihre Partner – für beide Geschlechter eine Tragödie angesichts des großen weiblichen Orgasmus-Potentials.

Der Hite-Report über das sexuelle Erleben der Frau erwähnt die erstaunliche Tatsache, daß siebzig Prozent der sexuell aktiven Frauen Orgasmus-Probleme haben. Entweder sind sie noch nie zum Höhepunkt gekommen, sie schaffen es nur gelegentlich, oder sie müssen sich sehr darum bemühen.

Manchmal fällt es den Männern schwer zu begreifen, was sexueller Frust für eine Frau bedeutet. Daß ein sexuell erregter Mann eine unübersehbare Erektion hat, die seiner Partnerin ins Gesicht starrt, läßt keinen Zweifel an seinem Zustand. Aber bei erregten Frauen weist kein äußeres Zeichen auf ihre Gefühle hin – auf ihren Zorn über die mangelnde Befriedigung, auf ihre Enttäuschung.

Vielen Frauen widerstrebt es aus den verschiedensten Gründen, ihre sexuellen Bedürfnisse anzumelden, was die Situation noch verschlimmert.

Es stimmt nicht, daß Frauen von vornherein einen schwächeren Sexualtrieb haben als Männer, sich nicht so sehr nach Orgasmus sehnen oder weniger sinnlich sind. Glauben Sie mir, die Frauen können ein genauso heftiges Verlangen empfinden wie die Männer, selbst wenn sie zu schüchtern sind, um das zuzugeben. Ein schlimmes Erlebnis erweckt in so mancher Frau den Eindruck, Sex sei gar nicht so großartig, wie's behauptet wird. Und wenn sie die Bedürfnisse des Partners jahrelang vor ihre eigenen gestellt hat, gelangt sie schließlich zu der Überzeugung, ihr eigener Sexualtrieb wäre nicht so stark. Oder sie würdigt sich mit einem Kommentar herab, den ich oft gehört habe: »Mir ist Sexualität nicht so wichtig.« Aber viele dieser Frauen haben noch gar keine Gelegenheit gefunden, befriedigenden Sex zu genießen. Wenn man Nacht für Nacht die Höhepunkte des Partners beobachtet und dann sich selbst überlassen bleibt, erzeugt das nicht nur sexuelle Spannungen, sondern auch emotionale Disharmonie: Immerhin soll es ja eine *Partnerschaft* sein.

Die meisten Verallgemeinerungen über die Geschlechter sind grob und wenig hilfreich. Aber es *stimmt*, daß die Frauen dazu neigen, sich den Männern unterzuordnen und deren sexuelle Bedürfnisse für wichtiger zu halten als die eigenen. (Eine ausführliche Erörterung dieses Problems finden Sie im vierten Kapitel, »Frauen übernehmen die Kontrolle«.) Das hat viele Gründe, aber sie beruhen alle auf jahrhundertelanger Konditionierung.

Weil die Männer es unbewußt schaffen, das meiste aus dem Sex herauszuholen, können sie oft nicht verstehen, daß Frauen Schwierigkeiten damit haben. Unzählige Male hörte ich einen Freund sagen: »Sie braucht mich doch nur darauf hinzuweisen. Aber es scheint sie nicht zu stören, wenn ich loslege und meinen Spaß habe.« Angesichts des weiblichen Widerstrebens, sich im Schlafzimmer zu behaupten, und der psychologischen Tatsache, daß Frauen sorgfältige sexuelle Aufmerksamkeiten eines geduldigen Mannes brauchen, ist es nicht verwunderlich, daß so viele mit dem Verhalten ihres Partners unzufrieden sind. Natürlich behaupte ich nicht, das alles würde notwendigerweise auch auf Sie zutreffen, lieber Leser. Aber ich weiß, daß dieses Problem weiter verbreitet ist, als man's in unserem Zeitalter der »sexuellen Befreiung« glauben möchte.

Die Unfähigkeit vieler Männer, die sexuellen Bedürfnisse und den Frust der Frauen zu begreifen, hängt großteils mit einer bedeutsamen Tatsache zusammen: Die männlichen und die weiblichen Orgasmen sind nicht einfach zwei Versionen ein und derselben Sache. Sie haben sich zu verschiedenen Zeiten entwickelt und involvieren unterschiedliche Faktoren. Im Gegensatz zum männlichen Orgasmus ist der weibliche äußerst subtil und heikel. Unter den richtigen Bedingungen, mit einem verständnisvollen Partner, der die Bedürfnisse einer Frau befriedigt, kann sie ein großes sexuelles Potential entfalten, das unter weniger günstigen Umständen vielleicht nie zum Vorschein kommt. Sexualwissenschaftler haben sogar festgestellt, daß Frauen einen *stärkeren Geschlechtstrieb* besitzen als Männer. Biologisch gesehen, kann eine Frau immer wieder zum Höhepunkt gelangen, während der Mann erschöpft im Bett liegt. Für gewöhnlich sind der zweite und der dritte Orgasmus noch intensiver als der erste. Und sie genießt den Sex nur deshalb nicht so oft wie ein Mann, weil er ihr nicht zu einem Genuß gemacht wurde. Ich muß hinzufügen, daß ich jetzt die Frauen als Kategorie meine. Einzelne Frauen haben genauso unterschiedliche Bedürfnisse wie einzelne Männer.

Es ist nicht nur die Sache Ihrer Partnerin, sondern auch Ihre eigene

Ich beabsichtige keineswegs, überflüssige Zweifel an Ihrer Partnerschaft heraufzubeschwören. Immerhin scheinen dreißig Prozent der Frauen ein befriedigendes Sexualleben zu führen. Aber falls Sie befürchten, Ihre Partnerin würde nicht soviel Freude am Sex finden wie Sie selbst, oder wenn Sie ihr zu häufigeren Orgasmen verhelfen wollen, möchte ich Ihnen einige Vorschläge machen. Davon wird Ihre Beziehung profitieren, nicht nur im Schlafzimmer, sondern auch außerhalb.

Die Orgasmus-Probleme der Frauen hängen nicht einfach nur mit dem mangelnden Verständnis der Männer für die weiblichen Bedürfnisse zusammen. Manchmal ist alles so, wie es sein sollte, der Liebhaber benimmt sich phantastisch, und seine Partnerin kommt trotzdem nicht zum Höhepunkt. Vielleicht befürchtet sie eine Empfängnis, es kann aber auch an hundert anderen Dingen liegen. Unzureichendes Verständnis ist sicher ein sehr wichtiger Faktor, und wenn alle Männer wirklich wüßten, wie man liebt, würde das ihre Orgasmus-Schwierigkeiten erheblich verringern. Das soll nicht heißen, daß es Männern an sexuellem Geschick fehlt, es bedeutet nur, daß die weibliche Sexualität komplizierter ist – nicht besser oder schlechter, nur anders. So wie die Frauen *lernen* müssen, das Beste aus dem Sex zu machen, müssen die Männer *lernen*, erfolgreiche Liebhaber zu werden. In einigen Kulturen wird das zur Kenntnis genommen. Man bringt Männern und Frauen bei, die sexuellen Aktivitäten für beide Teile befriedigend zu gestalten. Und in diesen Kulturen *erreichen alle Frauen immer Orgasmen.*

Ein Mann muß ein bißchen Mut fassen, um ein solches Buch

in die Hand zu nehmen. Aber dieses Kapitel ist für *alle* Männer wichtig, wie immer die Orgasmus-Fähigkeit ihrer derzeitigen Partnerin beschaffen sein mag. Wenn Ihre Partnerin in dieser Hinsicht Probleme hat, sollten Sie meine Ratschläge befolgen. Und falls Sie sich öfter Sex wünschen, kommen Sie Ihrem Ziel näher, wenn Sie die Subtilität der weiblichen Bedürfnisse verstehen.

Ich glaube, wenn die Männer wüßten, welchen Seltenheitswert ein rücksichtsvoller, aufmerksamer Liebhaber besitzt, würden sie sich geradezu überschlagen, um einer zu werden.

Wie kann ich meiner Partnerin helfen?

Im Idealfall sollten Sie auch die anderen Kapitel dieses Buchs lesen, vor allem das zweite, dritte und vierte. Darin wird genauer erklärt, warum die Männer vergleichsweise einfach zum Orgasmus kommen, während er für die Frauen viel komplizierter ist. »Eine verdammte Nerverei«, sagen wir, wenn wir uns frustriert fühlen – »köstlich und exquisit«, wenn alles klappt. Versuchen Sie den Fragebogen im fünften Kapitel so zu beantworten, wie es die Durchschnittsfrau nach Ihrer Ansicht tun würde, dann lesen Sie die Antworten Ihrer Partnerin, um die reale Situation zu erkennen. Bei der Lektüre der einzelnen Stufen meines Programms bemühen Sie sich zu verstehen, warum sie so aufgebaut sind und was sie über die weiblichen Bedürfnisse aussagen. Lassen Sie sich davon nicht einschüchtern. In der Psychologie und Sexualforschung wird der Orgasmus der Frau immer noch mit Eifersucht betrachtet. Es ist ein verwirrendes Thema. Und in den Buchhandlungen findet man zahlreiche einschlägige Werke – nicht, weil die

Autoren an verbaler Diarrhö leiden, sondern weil es schrecklich viel über die weibliche Sexualität zu sagen gibt.

Sie werden auch feststellen, wie groß die Ignoranz auf diesem Gebiet immer noch ist, trotz der Überfülle an Sex im Fernsehen, in Filmen, Zeitschriften und Bücherregalen. Uralte Sexualmythen leben weiter. Fast alle Leute, die mir begegnet sind, Männer und Frauen, glauben an irgendwelche der sexuellen Irrtümer, die Sexualwissenschaftler seit Jahrzehnten zu eliminieren versuchen. Wußten Sie zum Beispiel, daß viele Männer nach wie vor die Masturbation fürchten? Nicht, weil sie wie in den alten Tagen Angst haben, verrückt oder blind zu werden, sondern weil sie sich einbilden (eine moderne Version dieses Aberglaubens), sie könnten zuviel Protein oder zu viele Körperflüssigkeiten verlieren und dadurch krank werden ... Und wußten Sie, daß die meisten Frauen einen großen Penis keineswegs befriedigender finden als einen kleineren? Wußten Sie, daß die Klitoris kaum jemals direkt stimuliert werden sollte? Haben Sie eine Ahnung, wie viele Frauen sich gezwungen sehen, einen Orgasmus vorzutäuschen, weil sie verzweifelt sind und an Schuldgefühlen leiden?

Man braucht sich seiner Unwissenheit nicht zu schämen – die Verständigung zwischen Männern und Frauen bezüglich intimer Bedürfnisse ist bekanntermaßen schwierig, und unsere Gesellschaft neigt immer noch dazu, über Sex eher zu kichern als ihn zu erörtern. Das muß sich möglichst bald ändern.

Wenn Sie sich genauer informieren wollen, lesen Sie den Hite-Report *Das sexuelle Erleben der Frau,* eine Untersuchung der sexuellen Einstellung von dreitausendfünfhundert Amerikanerinnen aller Altersgruppen und aus allen Gesellschaftsschichten.

Fragen Sie Ihre Partnerin

Bücher werden Sie nur bis zu einem gewissen Grad in Kenntnis setzen. Wie ich schon mehrfach erklärt habe – das einzige, was hinsichtlich des weiblichen Sexualverhaltens *wirklich* feststeht, ist seine Verschiedenartigkeit. Letzten Endes können Sie sich über die Bedürfnisse Ihrer Partnerin nur informieren, wenn Sie sie danach fragen. Das ist überaus wichtig.

»Ich kann sie nicht fragen«, protestierte ein Mann, dem ich diesen Rat gab. »Sonst würde sie mich für einen Trottel halten. Ich meine, man setzt doch voraus, daß Männer über diese Dinge Bescheid wissen.«

Das rechne ich zu den tragischen Mißverständnissen zwischen den Geschlechtern. Glauben Sie mir, es sind die Männer und nicht die Frauen, die sich an den Gedanken klammern, ein Mann müßte vor allem Macho sein. Keine vernünftige Frau wird sich von einem Mann abgestoßen fühlen, der sich die Mühe macht, nach ihren Wünschen zu fragen, statt einfach draufloszubumsen.

Betrachten Sie die Sache doch mal aus einem anderen Blickwinkel. Ich erinnere mich noch gut an das erste Mal, als ich versuchte, einen Burschen manuell zu befriedigen – eine absolute Katastrophe! In Büchern hatte ich mir viele Bilder von Penissen angeschaut (und geradezu mit den Augen verschlungen), und sie sahen alle ziemlich unkompliziert aus. Aber ich hatte nie über die Schwierigkeiten der Befeuchtung und des richtigen Drucks nachgedacht, bis ich zum erstenmal mit einem Penis aus Fleisch und Blut konfrontiert wurde, und ich war viel zu verlegen, um zu fragen, was ich machen sollte. Also holte ich einfach tief Atem, packte das dargebotene Objekt und rieb daran auf Teufel komm raus, bis mich ein Schmerzensschrei stoppte. Auf einer Teenagerparty griff meine Schulfreundin Anne tapfer in die Hose eines Jungen, mit dem sie in einer dunklen Ecke knutschte, und es war ihr schrecklich peinlich, als sich ihre Ringe in seinem Schamhaar verfingen.

Falls Sie es nicht fertigbringen, ohne Umschweife Fragen zu stellen, probieren Sie die Methode aus, die ich im zwölften Kapitel empfehle, und »fragen« Sie mit Ihren Händen. Erforschen Sie behutsam den Körper Ihrer Partnerin und beobachten Sie Ihre Reaktionen. Wenn ein Sexbuch dies oder jenes vorschlägt, bedeutet das noch *lange nicht*, daß es Ihrer Partnerin automatisch gefallen wird. Manche Frauen lieben es, wenn man an ihren Brustwarzen saugt, andere hassen es.

Vielleicht wird es einige Zeit dauern, bis Sie die Techniken perfektionieren, die Ihrer Partnerin gefallen. Aber bedenken Sie – nichts frustriert eine Frau mehr als ein Mann, der sich einbildet, er wüßte genau, was sie will, der seine eigene Technik anwendet und sich damit nur zum Narren macht. Und es gibt nichts Erfreulicheres als einen Liebhaber, der die Wünsche einer Frau herausfindet und lernt, wie er sie am besten erfüllen kann.

Sollen Sie Ihre Partnerin über Ihre Bemühungen informieren?

Wenn Sie eine feste Partnerin haben, der es schwerfällt, zum Orgasmus zu kommen (oder wenn Sie das vermuten), überlegen Sie sich's gut, ehe Sie Ihre Beteiligung an irgendwelchen »Hilfs«-Programmen erwähnen.

Einer der größten Fehler von Sexualtherapeuten und schriftlichen Ratgebern ist die Annahme, ein Paar müsse sein Problem gemeinsam angehen. Natürlich sind beide *beteiligt*. Aber das bedeutet keineswegs notwendigerweise, daß sie zusammen daran arbeiten müssen. Natürlich gibt es Paare, die das bevorzugen, und die werden auch mein Programm gemeinsam absolvieren. Aber ich habe es hauptsächlich für Frauen entwickelt, die unabhängig trainieren möchten.

Falls Ihre Partnerin Ihre Mithilfe wünscht, sollte das ihr gutes Recht sein. Aber seien Sie nicht beleidigt, wenn sie es nicht will. Das hat nichts mit Lieblosigkeit zu tun. Manchmal ist sogar das Gegenteil der Fall – eine besonders enge Beziehung kann paradoxerweise ein Gefühl der Befangenheit hervorrufen. Oft ist Sex in emotionaler Hinsicht eine sehr delikate Angelegenheit, und es fällt einem sogar schon schwer, die Pros und Contras für sich selber zu formulieren. Deshalb wird Ihre Partnerin es vielleicht vorziehen, allein zu trainieren – zumindest am Anfang. Dann ist es besser, wenn Sie in aller Stille an sich selbst arbeiten, um ein möglichst guter Liebhaber zu werden, und sich nicht in ihr Trainingsprogramm einmischen.

Die wichtigsten Qualitäten eines guten Liebhabers

Bevor Sie mich beschimpfen, weil ich den Nerv habe, Ihnen so intime Ratschläge zu erteilen, halten Sie inne und versuchen Sie – wieder einmal –, die Sache aus einem anderen Blickwinkel zu betrachten. Würde es Sie stören, wenn Ihre Frau Bücher liest, um herauszufinden, wie sie Ihnen im Bett am besten Freude bereiten kann? Und vergessen Sie nicht – manche Frauen hätten viel weniger Schwierigkeiten beim Orgasmus, wenn ihre Liebhaber was vom Sex verstünden. Lesen Sie im dritten Kapitel, wie diese wundervollen Jungs auf Mangaia die Sache angehen, und Sie werden sehen, was ich meine. Das heißt keineswegs, daß Sie nur ein paar Kunstfertigkeiten erlernen und einige orientalische Texte über die Verzögerung der Ejakulation lesen müssen und – peng, schon ist das Problem gelöst. Belauschen Sie Frauengespräche über Sex, und Sie werden erkennen, daß es alle mögliche Qualitäten gibt, die wir an einem Liebhaber schätzen. Natürlich muß man von Ausnahmen absehen, aber ich glaube, die folgenden Vorschläge würden vielen Frauen aus der Seele sprechen.

1. *Ein guter Liebhaber merkt, welche anderen Einflüsse – oberflächliche oder tiefgreifende – ins Spiel kommen:* Die Sorge der Partner um eine mögliche Empfängnis, die Angst, nicht attraktiv genug auszusehen, Schuldgefühle, weil sie sich verzweifelt Sex wünscht, aber unfähig ist, Befriedigung zu finden. Vielleicht hassen Sie Kondome und beschließen, dieses eine Mal keines zu verwenden, aber damit könnten Sie Ihrer Partnerin die Chance auf einen Orgasmus verderben, weil sie womöglich fürchten wird, schwanger zu werden. Während Sie beim Sex lieber das Licht brennen lassen, kann sie sich vielleicht nicht entspannen, weil sie glaubt, sie wäre zu dick oder hätte zu kleine Brüste. Daß *Sie* ganz anders darüber denken, genügt nicht immer, um sie zu beruhigen. Schwarze Strümpfe mit Strapsen mögen sexy aussehen, sind aber verdammt unbequem. Denken Sie gründlich über diese Dinge nach, und geben Sie Ihrer Partnerin eine Gelegenheit, sich *wirklich* entspannt zu fühlen.

2. Ermutigen Sie Ihre Partnerin zur sexuellen Gleichberechtigung: Im Hite-Report lautet die zweitwichtigste Klage der Männer, die Frauen würden nicht die Initiative ergrei-

fen. Das beruht auf einem weiteren großen Mißverständnis zwischen den Geschlechtern, denn viele Frauen ärgern sich, weil sie eine untergeordnete Rolle spielen müssen, aber sie fühlen sich dazu gezwungen, weil man das nun einmal von einer Frau erwartet oder weil sie sich ansonsten »billig« oder »unweiblich« vorkämen. Vielleicht interessiert Sie das Resultat einer neueren Untersuchung: Frauen finden erotische Geschichten, in denen Frauen aktiv werden, viel aufregender als die althergebrachten, wo die Männer dominieren. Teilweise besteht auch deshalb ein Zusammenhang zwischen dem Bildungsstand und der Orgasmus-Fähigkeit, weil gebildetere Frauen entschlossener auftreten, wenn sie sexuelle Forderungen stellen. Der Genuß einer Frau kann sich erheblich steigern, wenn sie die Kontrolle übernimmt. *Erlauben* Sie Ihrer Partnerin, den ersten Schritt zu tun, *ermuntern* Sie sie dazu. Viele Frauen wünschen sich das, wagen es aber nicht, weil sie befürchten, als »vulgär«, »penetrant« oder »dreist« abgestempelt zu werden. Zeigen Sie Ihrer Partnerin, daß es Ihnen gefällt, wenn sie beim Sex die Initiative ergreift und die Kontrolle übernimmt.

3. *Lernen Sie Ihren eigenen Orgasmus zu kontrollieren.* Was ist vorzeitige Ejakulation? Wahrscheinlich haben Sie das für ein medizinisches Problem gehalten, das einige unglückliche Männer quält, die sofort ejakulieren, sobald sie in eine Frau eingedrungen sind – manchmal sogar schon vorher. Die Definition von Masters und Johnson in ihrem Pionierwerk über sexuelle Schwierigkeiten wird Sie vielleicht überraschen. Die beiden Autoren betrachten eine Ejakulation bereits dann als vorzeitig, wenn sie nicht mindestens bei fünfzig Prozent der Koitus-Begegnungen so lange hinausgezögert werden kann, bis die Frau befrie-

digt ist. Die vorzeitige Ejakulation bezeichnet also nicht nur die Geschwindigkeit, mit der ein Mann den Höhepunkt erreicht, sondern sie betrifft auch die Befriedigung, die er seiner Partnerin schenken kann. Ein reifer Liebhaber ist imstande, den Koitus so lange auszudehnen, bis *beide* Erfüllung finden.

Natürlich ist die Definition von Masters und Johnson ein bißchen zu einfach. Manche Männer leiden sehr unter dem Mangel, den wir traditionsgemäß als das *medizinische* Problem der verfrühten Ejakulation ansehen. Manche kommen schon innerhalb weniger Sekunden zum Orgasmus, obwohl sie beim Koitus ihr Bestes tun, um das zu verhindern. Mit dem richtigen Training und der Hilfe einer einfühlsamen Partnerin kann das korrigiert werden. Für viele Männer ist die Fähigkeit, lange genug durchzuhalten, um eine Frau zu befriedigen, entweder eine Fertigkeit, die sie sich mit ein bißchen Mühe aneignen könnten, oder sie besitzen dieses Talent bereits, halten es aber für überflüssig, es anzuwenden. Statt dessen ziehen sie es vor, zu ejakulieren, sobald sie den Drang dazu verspüren. In diesem Fall ist die vorzeitige Ejakulation kein medizinisches Problem mehr, sondern schlicht und einfach Trägheit und Selbstsucht.

Die einfachste und gebräuchlichste Methode, die Ejakulation hinauszuzögern, besteht darin, sich beim Vorspiel mehr Zeit zu nehmen und geduldig für die Entspannung und sexuelle Erregung der Partnerin zu sorgen. Das wird so oft praktiziert, daß es zu der irrigen Vermutung geführt hat, die Frauen würden im allgemeinen ein ausgedehntes Vorspiel einem ausgedehnten Koitus *vorziehen*. Doch das stimmt nicht – in Wirklichkeit ist das verlängerte Vorspiel für viele Frauen nur der leichteste Weg, genug Stimulanz zu erhalten.

Es wäre viel besser, wenn Sie eine Technik entwickeln könnten, die Ihnen hilft, die Ejakulation *während* des Geschlechtsverkehrs hinauszuzögern. Da gibt es verschiedene Methoden. Erstens können Sie alles etwas gemächlicher angehen. Die Frauen nähern sich ihrem Orgasmus langsamer als die Männer. Das Tempo Ihrer Bewegungen spielt allerdings eine geringere Rolle als die Konstanz, der Rhythmus und die Ausdauer. Zwanzig blitzschnelle Stöße werden vermutlich eine geringere Wirkung ausüben als zehn Minuten, in denen Sie die Geschwindigkeit langsam steigern. Wenn Sie zu hitzig werden, halten Sie inne, oder ziehen Sie sich kurz zurück. Männer kühlen viel schneller ab als Frauen, und wenn Sie dann weitermachen, wird Ihre Partnerin ihre Erregung in viel höherem Maße beibehalten haben als Sie. In der Zwischenzeit könnten Sie behutsam versuchen, sie mit den Händen oder dem Mund zu reizen.

Robert hat eine nützliche Methode gefunden, die sowohl ihm selbst als auch Miriam sehr hilft:

»Statt den Penis reinzuschieben und rauszuziehen, kann man ihn auch in der Vagina lassen und sanft die Hüften bewegen. Auf diese Weise stimuliert man die klitorale Zone der Partnerin, ohne sich selber vorschnell zu erregen.«

Die alten Asiaten, die der sexuellen Kunst sehr viel Zeit gewidmet haben, empfehlen einen besonderen Trick, um die Ejakulation hinauszuzögern. Wenn Sie sich dem Höhepunkt nähern, entspannen Sie alle Muskeln in Ihrem Körper, besonders in den Hinterbacken. Der Romancier Henry Miller schlug vor, den Kopf mit mechanischen Gedanken zu füllen (versuchen Sie es mit Multiplikationstabellen), um dem Orgasmus vorzubeugen, während ein alter chinesischer Philosoph eine andere Methode fand, die er für unfehlbar hielt: Er stellte sich vor, er würde höchst gefährlich auf einem Ast balancieren!

Verschiedene Bücher (blättern Sie in der Bibliographie) wurden verfaßt, um den Männern zu helfen, das Problem der vorzeitigen Ejakulation zu lösen. Und zu guter Letzt ein nützlicher Tip, falls Sie beabsichtigen, am späteren Abend mit Ihrer Partnerin zu schlafen, und befürchten, es würde Ihnen zu schnell kommen! Masturbieren Sie ein oder zwei Stunden vorher.

4. *Drängen Sie Ihre Partnerin niemals.* Wenn es einer Frau schwerfällt, einen Orgasmus zu erreichen, dann wird ihr das keineswegs erleichtert, wenn der Mann sie antreibt wie ein Rennpferd. Greta erklärt:

»Wissen Sie, was für mich das schlimmste Hindernis beim Orgasmus ist? Ich habe Angst, ich würde zu lange brauchen. Normalerweise habe ich keine Schwierigkeiten, zum Höhepunkt zu gelangen, ich benötige nur ein bißchen Zeit. Aber wenn ich anfange, mich zu sorgen, es könnte zu lange dauern, beginnt ein Teufelskreis. Durch diese Angst brauche ich nämlich noch länger, was die Sorge verstärkt und so weiter. Dann klappt es manchmal überhaupt nicht, und ich muß frustriert und wütend aufgeben.«

Bei Frauen mit Orgasmus-Problemen ist es sehr schwierig für einen Mann, zu erkennen, ob er weitermachen soll, bis sie befriedigt ist, oder ob sie lieber aufhören würde. Ein zu langer Koitus kann schmerzhaft und entmutigend sein. Bemühen Sie sich, auf die Stimmung Ihrer Partnerin einzugehen.

5. *Denken Sie niemals, der Sex müßte stets mit dem Orgasmus enden.* Das ist ein weitverbreiteter Irrtum. Frauen

legen besonderen Wert auf die Tatsache, daß es beim Sex *nicht* nur um den Orgasmus geht – jede Minute sollte ein Vergnügen an sich sein. Das zehnte Kapitel beschäftigt sich ausführlicher damit.

Ein wirklich guter Liebhaber sollte öfter sexuelle Situationen herbeiführen, die weder für seine Partnerin noch für ihn selber mit dem Höhepunkt enden. Liebkosen Sie einander, üben Sie sogar den Koitus aus, aber stellen Sie klar, daß keiner von beiden den Orgasmus anstreben soll. Wenn solche Situationen zum regelmäßigen, vertrauten Bestandteil Ihres Sexuallebens werden, helfen Sie Ihrer Partnerin besser als mit irgendwelchen anderen Methoden.

Dabei kommt es darauf an, die Aufmerksamkeit vom Thema Orgasmus wegzulenken und ihn nicht als Ziel aller Aktivitäten zu betrachten. Wenn Sie ankündigen, Sie würden Ihre Partnerin zum Orgasmus bringen, oder eine große Show abziehen, während Sie warten, bis es endlich bei ihr klappt, ist das für Sie beide unangenehm. Und in Zukunft wird es ihr noch viel schwerer fallen, den Höhepunkt zu erreichen. Nur schlechte Liebhaber glauben, es wäre befriedigender Sex, einfach loszulegen und nichts als den Orgasmus anzustreben. Ein guter Liebhaber veranlaßt seine Partnerin, sich zu entspannen und jeden einzelnen Augenblick zu genießen, statt ihr zu suggerieren, sie müsse unbedingt Erfüllung finden.

6. *Experimentieren Sie vorsichtig mit manuellen und oralen Techniken.* In beiden Fällen ist es für Männer schwieriger, Frauen damit zu befriedigen, als im umgekehrten Fall. Es ist nicht so leicht, die Genitalien einer Frau zu erforschen. Wie Sie im zwölften und im dreizehnten Kapitel lesen können, kommt es nicht einfach nur darauf an, die Klito-

ris zu finden und munter draufloszureiben. Denn die Klitoris ist ein viel sensitiveres Organ als der Penis, und wenn man sich zu sehr auf sie konzentriert, kann es extreme Schmerzen verursachen. Sie müssen lernen, die Klitoris indirekt zu stimulieren, oder die Haube, falls die Klitoris nicht exponiert ist. In dieser Hinsicht gibt es große Unterschiede zwischen den Frauen, und Sie sollten wissen, daß die Stimulationsmethode, die der einen Frau gefällt, einer anderen vielleicht gar nicht behagt. Wenn Sie guten manuellen und oralen Sex erlernen, werden Sie ein ausgezeichneter Liebhaber sein. Und falls Sie nicht genau wissen, wie Sie das bei Ihrer Partnerin machen sollen – *fragen Sie einfach.* Sogar sexuell erfahrene Männer werden fragen müssen (entweder direkt, oder sie verstehen es, die Reaktionen ihrer Partnerinnen zu deuten). Solche Fragen helfen Ihnen nicht nur, die Frau zu befriedigen, sie erzeugen auch eine hilfreiche intime Atmosphäre, die Ihr Sexualleben im allgemeinen verbessern wird.

7. *Stellen Sie keine Forderungen.* Viele Frauen beklagen sich über Männer, die Sex verlangen oder als ihr gutes Recht erwarten, dadurch aggressiv wirken und den Orgasmus von vornherein verhindern. Wenn Sie wollen, daß sich Ihre Partnerin gut fühlt und sexuelle Aktivitäten wünscht, bedrängen Sie sie nicht. Schieben Sie nicht einfach die Hand in ihre Hose – denn wie ich Ihnen aus persönlicher Erfahrung versichern kann, wird sie das keineswegs erregen, im Gegenteil. Und wenn Sie oralen Sex *wollen, fordern Sie* ihn nicht, drücken Sie auch nicht den Kopf Ihrer Partnerin nach unten. Es besteht ein großer Unterschied zwischen Forderungen und sanften Andeutungen, wie sehr Ihnen das gefallen würde. Sexuelle Forderungen sind bedrohlich und rufen Ärger hervor – insbesondere, wenn

es Ihrer Partnerin schwerfällt, ihre eigenen sexuellen Bedürfnisse zu befriedigen. Wie Robina es ausdrückt: »Ich liebe es, meinen Freund mit oralem Sex zu beglücken. Wann immer sich eine Gelegenheit bietet, schnüffle ich wie ein Hündchen zwischen seinen Schenkeln. Aber es stößt mich ab, wenn er es verlangt. Dann sinkt meine Erregung auf den Nullpunkt, ich bin angespannt und wütend.«

Und nur weil Sie selbst um etwas bitten würden, nehmen Sie nicht an, Ihre Partnerin würde das auch tun. Viele Frauen fühlen sich bemüßigt, im Bett selbstlos zu agieren und auf ihr eigenes Vergnügen zu verzichten. Vielleicht wird sie es nicht schaffen, Sie zu befriedigen, aber es ist unwahrscheinlich, daß ihr das aus reinem *Egoismus* mißlingt.

Es lohnt sich also, Ihrer Partnerin Aufmerksamkeit zu schenken. Wenn Sie ihre Selbstlosigkeiten genießen, sieht es vielleicht so aus, als wäre alles okay, und Sie sagen sich: »Sie ist bereit, das zu tun, warum sollte ich es also nicht ausnutzen?« Aber wenn Sie ihr entgegenkommen, wird sich das Sexualleben für Sie beide erfreulicher gestalten. Sie sollten es wenigstens versuchen.

8. *Positionen.* Das ist einer der schädlichsten Sexualmythen: Je exotischer die Stellung, desto »heißer« wird der Sex sein. Falls Ihre Partnerin nicht sehr erfahren ist, was Orgasmen betrifft, dürfte sie ausgefallene Positionen wohl kaum beglückend finden. Lesen Sie im zehnten Kapitel den Abschnitt über die einzelnen Stellungen, und machen Sie sich mit den diversen Vor- und Nachteilen für die Frauen vertraut. Wenn Sie Ihrer Partnerin helfen wollen, einen Orgasmus zu erreichen, überlassen Sie es ihr, die Stellung zu wählen. Nach gewissen Fortschritten wird sie

wahrscheinlich sehr gern etwas abenteuerlichere Positionen ausprobieren und Freude daran finden.

9. *Vorgetäuschte Orgasmen.* Sollten Sie den Verdacht hegen, Ihre Partnerin würde Orgasmen heucheln, werden Sie nicht böse. Die Frauen zeigen ihre Höhepunkte auf verschiedene Art und Weise, und bei ein und derselben Frau kann sich das von Tag zu Tag ändern, je nach den Umständen. Und falls Sie kein besonderes Meßgerät besitzen, können Sie niemals mit Sicherheit feststellen, ob ein Orgasmus echt ist oder nicht.
So gekränkt und unglücklich Sie auch sein mögen, Sie können sicher sein, daß Ihre Partnerin sich noch schlechter fühlt. Und wenn Ihr Verdacht berechtigt ist, bedenken Sie – keine Frau auf der Welt *will* Orgasmen vortäuschen, und *natürlich* würden wir es alle vorziehen, offen darüber zu sprechen. Lesen Sie das vierzehnte Kapitel, und Sie werden sehen, warum wir trotz allem schauspielern. Wenn Sie Ihre Partnerin zur Rede stellen, wird das weder ihr noch Ihnen selbst helfen, sondern die Situation nur verschlimmern. Betrachten Sie es als Herausforderung, versuchen Sie, Ihre Partnerin allmählich von der Heuchelei abzubringen. Am besten, sie hört von selbst damit auf, weil sie den Sex mit Ihnen aufregend genug findet, um einen richtigen Orgasmus zu erleben.
Wenn Sie meine Ratschläge beherzigen, wird das Ihrer Beziehung ganz sicher zugute kommen. Viel Glück!

Bibliographie

In einigen Fällen habe ich kurze Kommentare über die Bücher oder Artikel hinzugefügt, die Ihnen vielleicht weiterhelfen. Bei bekannten Werken, die in mehreren Ausgaben veröffentlicht wurden, ist das Erscheinungsjahr nicht angegeben.

Abel, E. L.: *Drugs and Sex: A Bibliography,* 1983.

Allardice, P.: *Aphrodisiacs and Love Magic,* 1989.

L'Escholle des Filles. Anonym.

Apollinaire, G.: *Die Abenteuer eines jungen Don Juan.*

Atkins, J.: *Sex in Literature,* Bände 1–4, 1970. Eine wertvolle, breitgefächerte Untersuchung, intelligent und humorvoll geschrieben.

Aubrey, J.: *Brief Lives,* 1949.

Beltrami, E.: »The Effect of Sexual Fantasy Frequencies on the Outcome of Short-term Treatment Program for Sexual Inadequacy in Heterosexual Couples« in *Progress in Sexology,* 1977.

Bond, S. B. & D. L. Mosher: »Guided Imagery of Rape: Fantasy, Reality, and the Willing Victim Myth« in *Journal of Sex Research,* Band 22, Nr. 4, Mai 1986.

Boston Women's Health Book Collective. *Unser Körper – Unser Leben,* 2 Bde., Reinbek bei Hamburg 1988. Ein ausgezeichnetes Buch, überzeugend intelligent und informativ.

Cole, M.: »Normal and dysfunctional sexual behaviour: frequencies«, in M. Cole & W. Dryden, *Sex Therapy in Britain,* 1988.

Crépault, C., G. Abraham, R. Porto & M. Couture: »Erotic Imagery in Women« in *Progress in Sexology,* 1977.

Davidson, J. K. & L. E. Hoffman: »Sexual Fantasies and Sexual

Satisfaction: An Empirical Analysis of Erotic Thought« in *Journal of Sex Research*, Band 20, Nr. 2, Mai 1986.

Dworkin, A.: *Pornographie. Männer beherrschen Frauen*, Köln 1987. Eine wichtige Lektüre für alle, die an den politischen Aspekten des Themas interessiert sind. Voller Power, provozierend und kühn.

Fisher, Seymour: *The Female Orgasm*, 1973.

Friday, N.: *Traumland der Lust*, München 1981, *Die sexuellen Phantasien der Frauen*, Bern, München 1978. Nach der Lektüre gewann ich den Eindruck, die Geheimnisse wären besser verborgen geblieben.

Garcia et al.: »Sex Difference in Sexual Arousal to Different Erotic Stories«, in *Journal of Sex Research*, Band 20, Nr. 4, November 1984.

Greer, G.: *Wechseljahre*, Düsseldorf 1991. Charakteristisch in ihrer Selbstherrlichkeit, sehr inspirativ.

Harrel, T. H. & R. D. Stolp: »Effects Erotic Guided Imagery on Female Sexual Arousal and Emotional Response« in *Journal of Sexual Research*, Band 21, Nr. 3, August 1985.

Harris, F.: *My Life* and *Loves*, 1947.

Heiman, J. R. & J. LoPiccolo: *Gelöst im Orgasmus*, Frankfurt/M. 1978. Eine Rivalin! Informativ und zweifellos gut gemeint, aber der weitschweifige, humorlose Ton mißfiel mir. Warum müssen Sexbücher so geziert wirken?

»Hello!«, 4.January 1992.

Hemingway, E.: *Wem die Stunde schlägt*, Reinbek bei Hamburg, 1977.

Hite, S.: *Das sexuelle Erleben der Frau*, 1989. Ein faszinierendes Buch, auf das ich oft hingewiesen habe.

Hite, S.: *Das sexuelle Erleben des Mannes*, 1990. Viel länger und nicht so scharfsinnig wie der erste Report, aber interessant, wenn Sie Zeit und Lust haben.

Ibara, Saikaku: *Life of an Amorous Woman*, 1963.

Jong, E.: *Angst vorm Fliegen,* Frankfurt/M., 1979.

Kaplan, H. S. – *Hemmungen der Lust.* Stuttgart 1981. Eine Art Klassiker.

Kinsey, Alfred Charles: *Das sexuelle Verhalten der Frau,* Berlin, Frankfurt, 1954.

Kilmartin, A.: *Blasenentzündung,* Düsseldorf, 2. Aufl. 1988. Auch für Frauen wertvoll, die noch nie eine Blasenentzündung hatten. Ich kann alle Bücher von Kilmartin sehr empfehlen.

Kitzinger, S.: *Sexualität im Leben der Frau,* München, 2. Aufl. 1986.

Krafft-Ebing, R. V.: *Psychopathia Sexualis, mit besonderer Berücksichtigung der konträren Sexualempfindung. Eine medizinalgerichtliche Studie für Ärzte und Juristen,* 12. Auflage, Stuttgart 1902.

Lazarsfeld, S.: *Wie die Frau den Mann erlebt,* Wien 1931.

Leiblum, S. R. & L. A. Pervin: *Principles and Practice of Sex Therapy,* 1980.

Lovesey, P.: *Ein bitterer Nachgeschmack,* Reinbek bei Hamburg 1988.

Maier. R. A.: *Human Sexuality in Perspective,* 1984.

Magoun, H. W.: »John B. Watson and the Study of Human Sexual Behavior« in *Journal of Sex Research,* Band 17, Nr. 4, 1981.

Markowitz, H. & W. Brender: »Patterns of Sexual Responsiveness During the Menstrual Cycle« in *Progress* in *Sexology,* 1977.

Marshall, D.S. & R.C. Suggs: *Human Sexual Behaviour Variations in the Ethnographic Spectrum,* 1971.

Masters, W.H. & V.E. Johnson: *Impotenz und Anorgasmie,* Frankfurt 1973.

Masters, W.H. & V.E. Johnson: *Die sexuelle Reaktion,* Frankfurt 1967.

McCarthy, M.: *Die Clique,* München-Zürich 1964.

Ovid: *Liebeskunst,* München 1976.

Percey Folio MS (c. 1620–50). Der Auszug stammt aus einem Vers, betitelt »Off a Puritanine«, bei Atkins zitiert. »Protest by the Medical Profession«, zitiert bei Atkins, als »nach Swinburne« bezeichnet.

Reage, P.: *Die Geschichte der O,* 1972.

Reuben, D.: *Alles, was Sie schon immer über Sex wissen wollten, aber bisher nicht zu fragen wagten,* München, Zürich 1970. Was immer das ist, fragen Sie lieber jemand anderen.

Roding, F.: *Some Sort of Spell,* 1989.

Sherfey, M. J.: *Die Potenz der Frau,* Köln 1974. Zitiert wurde nach: Sherfey, M. J.: *The Nature and Evolution of Female Sexuality,* 1972.

Sparks, J.: *The Sexual Connection,* 1979.

Stevens, S. D. & A. Klarner: *Deadly Doses: a writer'sguide topoisons,* 1990.

Stimpson, C. R. & E. S. Person: *Women: Sex and Sexuality,* 1980.

Symons, D.: *The Evolution of Human Sexuality,* 1979.

Sue, David: »Erotic Fantasies of College Students During Coitus« in *Journal of Sex Research,* Band 15, Nr. 4, November 1979.

Taberner, P. V.: *Aphrodisiacs – The Science and the Myth,* 1985.

»Teenage Sex« in *Woman's Own,* 25. November 1991.

Vatsyayana: *Kamasutram,* München 1966.

Winn, D.: *Below the Belt,* 1987.

»Woman of the 90s« in *Woman's Own,* 11. November 1991.

Lektüre für die Phantasie

Leider wurden viele unverblümte erotische Bücher von Männern verfaßt, die oft nicht richtig auf das Thema der Frauen und deren Wünsche eingehen. Ob Sie das stört oder nicht, müssen Sie selbst entscheiden. Ich habe versucht, eine kleine Auswahl zusammenzustellen, die dem literarischen Geschmack Rechnung trägt.

Amis, M.: Nicht mein Fall, aber viele schwören auf ihn.

Barbach, L.: Sie schrieb mehrere Bücher über Frauen und Sex und gab erotische Anthologien heraus.

Bibel: Das »Hohelied Salomos« ist ein wundervolles erotisches Buch. Manche Leute behaupten immer noch, es würde nur die Liebe zwischen der Kirche und dem Herrn ausdrücken, aber ganz so unschuldig ist es nicht.

Cleland, J.: *Die Memoiren der Fanny Hill,* München, 1991. Einer der berühmtesten obszönen Romane, mein Lieblingswerk.

Colette: Die »Claudine« – und »Cheri«-Geschichten (über die Affäre einer Frau mit einem jüngeren Mann).

Defoe, D.: *Moll Flanders und Roxona.* Geschichten über Frauen mit dezenter Libido, aber ich fand sie immer hübsch und anzüglich.

Friday, N.: *Traumland der Lust.* Ein Bericht über die sexuellen Phantasien der Frauen, von Frauen geschildert. Teilweise nicht allzu subtil, aber sehr ermutigend. Nancy Fridays Kommentare sind offenherzig, intelligent und erfrischend. Falls Sie interessiert sind – sie hat auch ein Buch über die Phantasien der Männer herausgegeben.

Heftchenromane: Dafür hatte ich stets eine Schwäche. Heutzutage werden sie etwas deutlicher. Einige Szenen, die von

Sex und Werbung handeln, können sehr anregend wirken. Die modernen Heldinnen stellen manchmal eine seltsame Mischung von Hausfrauen aus den fünfziger Jahren und Emanzen aus den Achtzigern dar.

Hollander, X.: *Emmanuelle* und ähnliche Werke.

Jong, E.: *Angst vorm Fliegen*. Ein sehr amüsantes Buch über eine gelangweilte Ehefrau auf der Suche nach sexueller Befreiung.

Lawrence, D. H.: *Lady Chatterley*. Dieses Werk wird allgemein als große Literatur betrachtet, und man glaubt, es würde tiefe Einblicke in die weibliche Sexualität gewähren. Ich war nie dieser Meinung.

Miller, H.: *Wendekreis des Steinbocks*. Falls Sie die Penisverherrlichung schätzen, ist dies das richtige Buch für Sie. Selbstverliebter Schund, wenn Sie mich fragen.

Nin, A.: *Kleine Vögel*.

Ovid: *Liebeskunst*.

Vidal, G.: *Myra Beckinridge*. Ein starkes, »bedeutungsvolles« Buch, aber ich hatte nie das Gefühl, die Bedeutung wirklich zu verstehen. Vielleicht wollte ich es auch gar nicht.

Vizinczey, S.: *Lob der erfahrenen Frauen*. Ein sensitives, humorvolles und sehr gut geschriebenes Buch über die Erlebnisse eines jungen Mannes in der Nachkriegszeit.

Zola, E.: *Nana*. Die Geschichte einer französischen Kurtisane, deren Korrumpierung männlicher Moral unwiderstehlich wirkt und die zu Frauen flieht, wann immer sie die widerwärtigen Männer nicht erträgt.

Erotische Anthologien
bei Knaur:

Nora Dechant (Hrsg.) – **Die Geheimnisse der Aphrodite**
Erotische Geschichten

Nora Dechant (Hrsg.) – **Übernachtung mit Frühstück**
Erotische Geschichten

Nora Dechant (Hrsg.) – **Das süße Fleisch der Feigen**
Erotische Geschichten mit Biss

Nora Dechant (Hrsg.) – **Nimm mich hier und nimm mich jetzt**
Spontane Geschichten. Ein erotisches Lesebuch

Nora Dechant (Hrsg.) – **Fühl mich!**
Erotische Fantasien im Rhythmus der Nacht

Maria Sahr (Hrsg.) – **Love for Sale**
Erotische Fantasien

Michael Menzel (Hrsg.) – **Schamlos**
Erotische Phantasien

Crestina di Raimondi (Hrsg.) – **Höhepunkte**
Ein erotisches Lesebuch

Crestina di Raimondi (Hrsg.) – **Liebhabereien**
Ein erotisches Lesebuch

Marie-Sophie Bollacher (Hrsg.) – **Zungenküsse**
Unmoralische Angebote und andere Lippenbekenntnisse

Tobsha Learner – **Quiver**
Erotische Phantasien

Knaur Taschenbuchverlag

Raffiniert und wild:
Die Lust kennt auf diesen Seiten keine Tabus.
Erotische Romane bei Knaur:

Clara Benton – **Nächte im Harem**
Ein erotischer Roman

Francesca Lia Block – **Die Leidenschaft des Surfers**
Roman

Stella Cameron – **Nackte Lügen**
Roman

Glen Duncan – **Obsession**
Ein erotischer Roman

Mariah Greene – **Küsse, Kerle & Karriere**
Roman

Ralf Kratzert – **Von Musen geküsst**
Ein erotischer Roman

Tobsha Learner – **Madonna Mars**
Ein erotischer Thriller

Anaïs Nin – **Das Delta der Venus**
Roman

Tracy Quan – **Das Tagebuch der Nancy Chan***
*Nancy Chan ist ein Callgirl in Manhattan

Knaur Taschenbuchverlag

Susan Page

Ich finde mich so toll –
warum bin ich noch Single?

10 Strategien, die Ihr einsames Dasein
dauerhaft beenden

Susan Page stellt in ihrem Buch zehn erprobte Strategien vor,
den Partner fürs Leben zu finden. Dabei weist sie immer wieder darauf hin, dass man vor allem sich selbst kennenlernen
muss und erst dann auf die Suche nach dem »richtigen Partner« gehen kann.
Ein praktischer Ratgeber für alle, die allein sind und sich nach
einem Partner sehnen, der zu ihnen passt.

Knaur Taschenbuchverlag

Ulla Rhan

Frauen wollen alles, Männer nur das Eine

...und warum es trotzdem klappt.

»Man wird doch wohl mal gucken dürfen!« Mit solchen und ähnlichen Aussprüchen rechtfertigen sich Männer, wenn sie einem wippenden Rockzipfel nachstarren. Irgendwann haben sie sich die Hörner abgeschlagen? Von wegen! Selbst Treueschwüre vor dem Standesbeamten ändern daran nichts. Ein spritziges Buch, das jeder Frau ihre Überlegenheit vor Augen führt: Während er ein gefangener seiner Triebe bleibt, hat sie den Kopf frei für alle anderen Dinge. Er bleibt geil – sie wird weise!

Knaur Taschenbuchverlag